国家社科基金重点项目（21AFX011）"全球视野下的刑事责任年龄制度研究"的阶段性成果

儿童权利和最低刑事责任年龄

基于全球视野的考察

CHILDREN'S RIGHTS AND
THE MINIMUM AGE OF CRIMINAL RESPONSIBILITY
A Global Perspective

［意大利］唐·西普里亚尼（Don Cipriani）◎著　姜敏 ◎译

上海三联书店

目　录

序 1
前言 1

第一章　针对儿童的视角转变、少年司法中的权利和刑事责任的转变 1
　一、权利、责任能力和"儿童"的各种解释 2
　二、福利模式和刑事责任延期 8
　三、刑事责任与司法模式 17
　结　语 33

第二章　福利和司法模式紧张关系中的儿童权利调解 35
　一、从福利到司法的儿童权利进路 37
　二、儿童最大利益和正当程序保障 46
　三、尊重儿童意见与有效参与审理 50
　四、儿童能力的发展 55
　五、回归社会 67
　结　语 69

第三章　最低刑龄与区际和国际法律文本中的国家义务 74
- 一、《公民权利及政治权利国际公约》.......................... 75
- 二、《经济、社会及文化权利国际公约》...................... 78
- 三、《美洲人权公约》.. 79
- 四、1949 年 8 月 12 日《日内瓦公约》第一附加议定书 81
- 五、《禁止酷刑公约》.. 90
- 六、《联合国少年司法最低限度标准规则》（《北京规则》）.. 92
- 七、《儿童权利公约》.. 100
- 八、《非洲儿童权利和福利宪章》.......................... 125
- 九、《欧洲社会宪章》.. 125
- 十、《欧洲人权公约》.. 127
- 结　语 131

第四章　对最低刑事责任年龄的历史影响 137
- 一、罗马法，欧洲法以及欧洲殖民法 138
- 二、伊斯兰法 151
- 三、苏联法 168
- 四、习惯法、传统法和宗教法体系 173
- 结　语 179

第五章　当前世界范围内的最低刑龄与现代走向 183
一、最低刑事责任年龄和惩罚：方法论上的考量 183
二、当前世界各国的最低刑事责任年龄梳理 193
三、《儿童权利公约》和最低刑事责任年龄升高的
　　互动关系审查 224
四、最低刑事责任年龄降低的压力：孤立的个罪影响
　　和广泛的媒体炒作 231
五、作为国际法一般原则的最低刑事责任年龄 255
结　语 263

第六章　最低刑事责任年龄实施的实践影响和挑战 267
一、年龄证据的缺乏与可靠年龄估计 268
二、国家对低于最低刑事责任年龄儿童犯罪回应所
　　产生的问题 277
三、缺乏对低于最低刑事责任年龄儿童犯罪的有效
　　反应 284
四、最低刑事责任年龄威胁儿童有效参与审判的
　　权利 295
五、对无犯罪能力和其他类似推定的破坏 303
六、成人利用儿童作为犯罪工具的问题 309
七、法院漠视最低刑事责任年龄和不按法定程序处置
　　儿童犯罪 314
结　语 318

第七章　让最低刑事责任年龄为儿童权利服务 322
　　一、界定具有意义的最低刑事责任年龄 323
　　二、最低刑事责任年龄：规定、执行和监督 327

附件一　联合国儿童权利公约 337
附件二　全球各国最低刑事责任年龄的规定及其法定渊源 368

序

《联合国儿童权利公约》(United Nations Convention on the Rights of the Child,简称 CRC)的各缔约国,虽未被强加设立最低刑事责任年龄的义务,但仍被敦促确立一个最低刑龄标准,且推定低于此年龄的儿童没有刑事责任能力(《儿童权利公约》第四十条第三款 a 项)。《联合国少年司法最低限度标准规则》(《北京规则》)建议应规定一个不应过低的最低刑龄(第四条 4.1),即我们所熟知的最低刑事责任年龄(the minimum age of criminal responsibility,简称 MACR)。但是,到底何为判断"最低"的标准?什么才是儿童应承担刑事责任最适宜的年龄?在少年司法政策方面,这些问题始终是没有确切答案且是最具争议性的问题。此类问题本身相当复杂,而本书则旨在从前述问题的本质和分歧两个方面努力,为读者提供一个前所未有的全球性视野。

上述争议的背景则是在当今全球范围内,各国关于最低刑事责任年龄的规定存在极大差别：一些国家将最低刑事责任年龄默认为0岁，而另一些国家则将其规定为16岁。这一差别，首先表明了我们缺少有关最低年龄的统一判断标准。尽管事实表明，大部分国家的最低刑事责任年龄均在7岁至14岁之间，但这一事实并不能排除其他国家在此方面存在的、完全不同却十分合理的看法。恰恰相反，根据这一事实还将不可避免地得出这样一个结论，即：最低刑事责任年龄的确定与儿童发展的考虑之间，几乎没有任何关系。然而，这一背景仅仅是有待解决的基础性问题的一个表征。当然，其反映了在确立最低刑事责任年龄之目的方面，存在根本分歧，而非简单地提出有关如何实现公认目标的不同看法。换言之，就最低刑事责任年龄这一儿童权利问题，各方可以达成共识的相同之处少之又少，且主要存在以下两种对立观点：

第一种观点的支持者旨在确保设立一个尽可能高的最低刑事责任年龄，甚至有支持者提出以18岁为标准——这无疑将会使"少年司法"本身从各个层面被逐渐抛弃、失去意义。尽管一些刑事司法体制是为处理少年犯问题而特别设立，并且该体制不仅包括法庭特别程序，还包括其他不同处置措施，但在此类观点的支持者看来，该正式（刑事）司法体制的设置，自始便对少年犯不利。但是，一个相当低的最低刑事责任年龄，又被其视为针对少年犯罪的一种压制性、惩罚性的方法。不可否认，在某些案件中，情况确实如此。但与此同时，在一些最低刑事责任年龄较低的司法系统中，对任何年龄的少年犯都只有最特殊的剥夺自由手段。同样，除了在累犯情形之下的最严重（暴力）犯罪，其他司法系统都将会转移大部分少年犯到法庭程序之外，尤其是所有否认涉嫌犯罪或对案件关键部分予以否认的少年犯罪案件。换句话说，最低刑事责任年龄的标准并不一定取决于对少年犯的总体政策。

另一种观点的支持者，并未将少年司法系统视为对被怀疑、起诉、认定触犯刑法的少年犯的一种先天的、本质消极的机制。如果这些少年司法系统都能够依照《北京规则》和《联合国儿童权利公约》所确定的原则和观点运行，包括其中一系列可供支配使用的建设性的应对措施，那么就没有理由认为，少年法庭与其他为犯罪者设置的不同程序一样，是剥夺少年人权的手段。相反，只有年龄在最低刑事责任年龄之上的儿童，才有可能受到法院的审理，并因此获得正当程序的保护，从而使其享有"无罪推定"原则的保护。在许多规定了相当高的最低刑事责任年龄的司法系统中，其会转而依赖行政诉讼以处理少年犯罪的问题,但该类诉讼无法有效地质疑案件所指控的事实。此类诉讼也常常会导致这样的结果:采取一些伪装成教育性、保护性的长期措施,而此类措施实际上并没有预先决定或者没有适当的监督和审查程序,其实质是对少年自由的强制性剥夺。因此,反过来说,一个较高的最低刑事责任年龄,并不预示着对儿童权利是更有效的保护。

关于最合适的最低刑事责任年龄问题之争,常常混合了感觉主义、各种曲解、过度简化问题和各种"神话":

感觉论——极少的少年犯的重罪案件,被一些人用来作为降低最低刑事责任年龄的证据,并声称降低最低刑龄能对很多问题提供充分的应对措施。

曲解——少年司法系统的目标和意图,被有意或无意地曲解:法院被一些人描绘成惩罚措施的提供者,而另一些人则将其他不同的措施和非司法性措施当作一种"宽容"的形式。而事实上,少年司法系统并非基于惩罚或者"宽容",它们的任务在于确保对少年犯的措施,能取得适当、有效,尤其是建设性的结果。

过度简化问题——比如有些争论认为,对少年犯采取何种措施,将取决于一个更高或更低的最低刑事责任年龄。

神话——例如,设定最低刑事责任年龄的理由,体现了

"社会"认为其子女可以辨别"对"与"错"之间的不同。

这一由唐·奇普里亚尼（Don Cipriani）进行的研究，是迄今为止在关于儿童最低刑事责任年龄的研究领域，对各个方面进行的最全面且采取分析性方法进行的研究。此研究详尽梳理了世界各国的现行最低刑事责任年龄，并分析了各个国家应在《联合国儿童权利公约》和其他国际和地区性文件指导之下，建立最低刑事责任年龄的义务。同时，该研究也讨论了最低刑事责任年龄付诸实践的实际意义和挑战，并最终为如何使最低刑事责任年龄为儿童权利保驾护航这一问题，提供了宝贵的意见和见解。因此，此项研究给最合适的最低刑事责任年龄这一广泛的议题，做出了广受欢迎且十分重要的贡献。

我们非常期望依照《联合国儿童权利公约》参与少年司法系统发展的政府和其他相关主体，能从此项具有里程碑意义的研究中受益。

奈杰尔·坎特韦尔（Nigel Cantwell）[①]
贾帕·E.多伊克（Jaap E.Doek）[②]

---

① 国际贫困儿童和婴幼儿协会创立者。
② 联合国儿童权利委员会前成员（1999—2007）和主席（2001—2007）。

前　言

　　针对与国际儿童权利有关的最低刑事责任年龄，此研究对全球范围的最低刑事责任年龄进行了分析。简言之，最低刑事责任年龄就是受少年司法犯罪裁判权约束的年龄下限——儿童可能被特定国家刑法追究刑事责任的最小年龄。在不同国家、法系和不同语系中，相关的专业术语有极大的不同，但是隐藏于其下的基本概念却是十分稳定的：在未达规定的最低刑龄之下，儿童将不会面临任何刑事责任、程序或者惩罚。刑法的基本原则以及各种各样的国际法律均认为，所有国家都必须规定各自的最低刑事责任年龄。当低于规定年龄的儿童被怀疑犯有违法行为时，民法上的福利、照顾、帮助和保护性措施将会被触发。而当他们达到了最低刑事责任年龄且涉嫌犯罪时，其将面临首次适用刑事程序和刑事制裁的可能性。但这并不意味着，所有存在上述情形的儿童都将面临刑法程序或者刑事惩罚。相反，其他替代性程序和措施常常会在此类情形之下被使用。虽然从这一层面来看，最低刑事责任年龄的规定似乎非常简单，但从理论和实践层面看，其复杂程度令人惊讶。

基于存在普遍的困惑，对最低刑事责任年龄和成年刑庭最低年龄进行区别，显得尤为重要。成年刑庭最低年龄是指儿童可以在成人刑事法庭上，被追究刑事责任的最低年龄。如本研究后期所探讨的，国际标准一贯坚持各国成年刑庭最低年龄必须为18岁或者更高的年龄——也就是说，儿童只应受到来自少年司法法院的诉讼。与这样的国际标准相反，一些国家的成年刑事法庭仍拥有对一些儿童的审判权。并且在某些情形之下，成年刑庭最低年龄甚至与最低刑事责任年龄相同（即达到了刑事责任的最低年龄，便意味着将在成人法庭上被追究刑事责任）。

从国际儿童权利角度来看，对于上述问题还存在许多其他的观点和看法。正如被世界192个国家中的190个国家批准或加入的《联合国儿童权利公约》清晰阐明的那样，国际儿童权利包括所有儿童的公民、政治、经济、社会和文化权利，以及执行这些权利的全面框架。《联合国儿童权利公约》下的国际专家机构——儿童权利委员会，将会定期审查各国关于儿童权利保护的进展。换言之，基于国际法进一步验证和支持而形成的普遍共识，儿童权利为解决儿童问题提供了一种共同的、原则性的方法。特别是，国际儿童权利委员会要求各个国家规定各自的最低刑事责任年龄，并对如何建立和运用该年龄标准进行限制。《联合国儿童权利公约》和国际儿童权利的国际合法性、法律重要性及其广泛平衡的框架、实际执行的方向以及与最低刑事责任年龄的内在联系，是本研究的重要基础。

最低刑事责任年龄并非世界范围内关于少年司法和儿童权利的最大挑战，但它却始终是一个突出且极具争议的问题。当儿童权利委员会在 2002 年考虑发表一项关于最低刑事责任年龄的一般性意见时，各方观点却始终难以达成一致。儿童权利委员会在 2008 年起草关于少年司法各方面的一般性意见时，最低刑事责任年龄仍然是争议最多的问题。鉴于其突出地位，对最低刑事责任年龄的详细分析，将具有夸大其相对意义或夸大特定年龄层重要性的风险。这并非当前研究的主要意图所在，我们也没有任何轻视世界各地少年司法系统中的其他常见问题的打算——例如对剥夺自由的过分依赖、监禁场所的一般条件和暴力适用、把儿童当作成年人审判和（或）惩罚、适用刑事程序和对身份犯罪的惩罚，就没有被我们轻视。①

然而，有关少年司法的大量研究，包括从明确的儿童权利角度进行的研究，往往主要用于解决上述问题，以及解决受其影响、年龄高于最低刑事责任年龄的儿童问题。同时，此类研究还经常会忽视最低刑事责任年龄及其影响，或者仅对最低刑事责任年龄于儿童权利之影响作出简单的假设——尤其是，在涉及更偏爱的最低刑事责任年龄层、各个政府关于最低刑事责任年龄的主张以低于最低刑事责任年龄儿童的问题时，也仅进行更多的简单假设。

当然，即便没有其他理由，仅限于关注最低刑事责任年龄，似乎也是合理正当的，因为对最低刑事责任年龄从未有过彻底地从儿童权利方面进行的分析。事实上，相关基础分析的缺位反映了历史上关于阐明最低刑事责任年龄如何融入儿童权利框架问题的欠缺。而在将最低刑事责任年龄付诸实践的过程中，这一缺口将会给儿童产生很大影响。当然其也给儿童权利提供了更广阔的分析前景。从此种意义看，加大对最低刑

---

① 身份犯罪是指成年人不构成犯罪的行为，如逃学和逃跑。关于少年司法挑战的概述，参见 Meuwese, Stan, ed., *KIDS BEHIND BARS: A study on children in conflict with the law*, Amsterdam, Defence for Children International The Netherlands, 2003。

事责任年龄的仔细审查，不仅使我们对最低刑事责任年龄本身有更充分的了解，而且在再次回望时，其似乎也为更广阔的儿童权利背景及一些相关基本原则提供了有益见解。这一举措的确是有意而为之的，但以此为研究视角，能为正在进行的关于儿童权利的实质和适用的争论，提供智识。这项对最低刑事责任年龄的研究，试图揭示最低刑事责任年龄如何能最好地融入儿童权利框架之中，并起到保护儿童权利的效果。

因此，简言之，该研究的范围为：全球各地的最低刑事责任年龄、最低刑事责任年龄与儿童权利相关联的关键连接点。尽管对此研究的关键方面进行了主题性讨论，并利用案例分析来阐明共同的问题，但其所付的努力，不幸排除了对任何特定国家的刑事司法制度、社会、文化和历史的背景的全面考证。除此之外，本研究还存在着对其他一些不可避免的某些问题的简化。一些密切相关的话题将在本研究中也只被简要提及，或者完全忽略——例如，减轻儿童在减刑方面的罪责，在军事冲突、国际犯罪、引渡和难民法背景之下的刑事责任问题，就被完全忽略了。[①] 纵使存在上述限制，目

[①] 更多关于此问题的精彩讨论，分别参见 Scott, Elizabeth S., and Laurence Steinberg, Blaming Youth, 81 *Texas Law Review* 799, 2003; and Happold, Matthew, *Child Soldiers in International Law*, Manchester, Manchester University Press, 2005。

前的研究亦试图为此类研究提供有益的贡献。

为研究以上阐述的内容，本研究共分七章。七章将以一定的逻辑顺序，连续剖析最低刑事责任年龄的一系列重要观点。该研究的基本框架如下：

第一章介绍关于权利的基本观点。本章阐释了儿童的认识能力如何以及在多大程度上决定了儿童自己行使权利的范围，并说明了少年司法史是如何围绕最低刑事责任年龄这一中心点，在两种主要的模式之间摆动。

第二章直接介绍了国际儿童权利和由此衍生出的国际少年司法标准，并探究这些标准是如何缓解围绕在最低刑事责任年龄周围的、典型的少年司法紧张关系。

第三章记录了在区域和国际法律文书及其正式解释之下，各个国家承担的关于最低刑事责任年龄的确切义务，以此来确定目前有关最低刑事责任年龄及其适用的国际共识。

第四章对当今各国行之有效的最低刑事责任年龄进行了全面解释，并分析了其主要的历史影响。

第五章展示了当今各个国家的最低刑事责任年龄——包括相关的关键性条款、法定的引文以及多数案件中的摘录，并总结了关于最低刑事责任年龄的国际法一般原则和论点。该章同时也展示了在最低刑事责任年龄的年龄水平方面的现代趋势和关于最低刑事责任年龄的国家间的争议动态。

第六章分析了最低刑事责任年龄在实际运用中反复出现的主要挑战和影响。

最后,第七章借鉴了前述的所有观点,并以此为根据,概括了要保护儿童权利,最低刑事责任年龄在理论和实践方面应考量的主要因素。

唐·奇普里亚尼(Don Cipriani)

第一章

针对儿童的视角转变、少年司法中的权利和刑事责任的转变

本章从展示一系列关于不同权利的基本概念开始,探讨行为能力在这些权利中所扮演的角色。随着研究的深入,就会发现这些概念是建立在成人社会对儿童行为能力的假设上,并与如何解释和构建儿童的概念、是否赋予儿童某项权利(的讨论)紧密联系在一起。

历史上的少年司法的核心理论,为这些理论的发展提供了案例研究素材。古典的福利和司法路径是建立在关于儿童的不同观念上的,这导致对于权利和刑事责任在少年司法中所扮演的角色的理解,是非常多样的。以行为能力和刑事责任为临界点,从福利路径到司法路径的变化,在现实中的细微差别远比现在的理论研究所提供的差别更加明显。然而,如本章所强调的一样,这一历史展示:几乎每个国家所提出

的各种理论,都在某种程度上存在固有缺陷和面临普遍的困境。

一、权利、责任能力和"儿童"的各种解释

"权利"一词的含义被证明对儿童以及其家人的生活,会产生现实的影响。在最广泛的意义上,"权利"是一种特殊的或者被正当化的声明,又或者是一种对抗某人已由一系列政府规定或者道德准则所确立的声明。① 这样的意识既将权利正当化,又将权利与其他类型的声明区别开来。

根据权利属性的不同,哲学家们通常将权利分为自由权利和保护性权利两类。自由权利通过要求他人履行不干涉的义务,确保了人们在某些范围内自由行动的特权,即他们的行动并不受限制。② 例如,具体的自由权利包括言论自由、

---

① Feinberg, Joel, The Nature and Value of Rights, in *Rights, Justice, and the Bounds of Liberty: Essays in Social Philosophy*, Princeton, Princeton University Press, 1980, p.155.
② Ekman Ladd, Rosalind, Rights of the Child: A Philosophical Approach, in Alaimo, Kathleen, and Brian Klug, eds., *Children as Equals: Exploring the Rights of the Child*, Lanham (Maryland), University Press of America, 2002; and Fagan, Andrew, Human Rights, in *The Internet Encyclopedia of Philosophy*, 2005, http://www.iep.utm.edu/h/hum-rts.htm.

宗教自由、选举自由。根据权利内容的不同，儿童并不被要求拥有自己行使各种不同的自由权利的能力。但这并不是指儿童被剥夺了这些权利，而是负有相应责任的成人根据保护性权利帮助儿童维护他们的这些权利。

诚然，保护性权利是一种他人负有保护权利人重要利益之义务的声明。① 例如，受教育权、健康权以及人身安全就是保护性权利，这些权利关系到每个人的基本利益。权利人明白这些权利，是通过他人保护他们的利益的方式实现的。与自由权利不同，保护性权利存在于每一个涉及核心利益存在风险的地方。因此，不论儿童自身行使权利的能力如何，他们都享有这些权利。

主流观点是儿童享有保护性权利，但根据具体权利的内容和儿童的行为能力，存在他们亲自能够或者不能够行使自由权利这两种情况。因此，在重要的权利语境中，行为能力成了决定性的因素。一个独立的主体必须有相应的行为能力，才能行使他被赋予的具体的自由权利。尽管"保护"和"自由"都被定义为权利，但二者之间的关系是互为彼此的反面，而区分两种权利的核心标准是行为能力的不同。当行

---

① Fagan, Andrew, Human Rights, in *The Internet Encyclopedia of Philosophy*, 2005, http://www.iep.utm.edu/h/hum-rts.htm.

为能力不足时，保护性权利首先发挥作用，而自由权利退居其后；当行为能力较强时，自由权利则更加突出地发挥作用。① 因此，相比于权利问题中的其他问题，行为能力所扮演的角色是一个极具争议的问题。

正如行为能力在权利中有至关重要的地位，其对不断变化的儿童和儿童的观念，也有重要的影响。更广泛地分析，"儿童"的标准和定义本身，并不是一个自然现象或者科学事实，即使其确实与自然、儿童的生物学事实存在联系。② "儿童"是一个将年轻人和关于他们的社会角色的观念和期待融合在一起的概念。③ 因此，"儿童"的含义是一种社会性构建，并随着时间推移和不同文化背景的不同而有所不同，且没有统一的含义。④ 不同的"儿童"概念，会促使人

---

① 参见 Ekman Ladd, Rosalind, Rights of the Child: A Philosophical Approach, in Alaimo, Kathleen, and Brian Klug, eds, *Children as Equals: Exploring the Rights of the Child*, Lanham (Maryland), University Press of America, 2002。
② Freeman, Michael, *The Moral Status of Children: Essays on the Rights of the Child*, The Hague, Kluwer Law International, 1997.
③ Goldson, Barry, Childhood: An Introduction to Historical and Theoretical Analyses, in Scraton, Phil, ed., *Childhood' in "Crisis"*, London, University College London Press, 1997.
④ Franklin, Bob, Children's rights and media wrongs: changing representations of children and the developing rights agenda, in Franklin, Bob, ed., *The New Handbook of Children's Rights: Comparative Policy and Practice*, London, Routledge, 2002.

们从不同角度理解、解释和解决儿童问题，包括通过制定有关儿童的法律规范和标准。①

在行为能力方面，有关儿童行为能力的主要观念，被转化为精确的法定年龄限制，法定年龄限制是儿童和青少年的界限。②这种将年龄与行为能力联系起来的解释，将儿童在社会中动态成长的过程转变为固定的年龄限制，并牵强地将行为能力与权利联系在一起。当法律规定具体年龄限制以表明儿童在特定领域中的法律能力的起点（例如，为自己做出医疗决定）时，其即为特定自由权的产生划定了界限，而无需再对该年龄是否合理以及使其合理化的假设进行论证。在这种情况下，法律假定未满规定年龄的儿童在特定法律上不具有行为能力。他们仍然因自己的利益享有保护权，但不享

---

① Boyden, Jo, Childhood and the Policy Makers: a Comparative perspective on the globalization of Childhood, in James, Allison, and Alan Prout, eds., *Constructing and Reconstructing Childhood: Contemporary Issues in the Sociological Study of Childhood*, London, Falmer Press, 1997.

② Boyden, Jo, Childhood and the Policy Makers: a Comparative perspective on the globalization of Childhood, in James, Allison, and Alan Prout, eds., *Constructing and Reconstructing Childhood: Contemporary Issues in the Sociological Study of Childhood*, London, Falmer Press, 1997. James, Allison, and Alan Prout, Re-presenting Childhood: Time and Transition in the Study of Childhood, in James, Allison, and Alan Prout, eds, *Constructing and Reconstructing Childhood: Contemporary Issues in the Sociological Study of Childhood*, London, Falmer Press, 1997.

有代表自己维护自己利益的自由权利。最后，基于儿童的主要形象及其能力，可以就保护权与自由权的合理程度以及成年人所拥有的在决定和保护儿童利益的控制力度，进行讨论。① 因此，行为能力成为关于儿童的意义中的核心方面。

在大多数国家，当儿童跨过赋予其在不同领域所享有的法律能力和责任的年龄界线时，儿童就连续地获得自由权利。例如未经父母同意的法律和医疗咨询权、其义务教育权、婚姻权和性同意权以及最低刑事责任年龄权。例如，德国公布了不少于 25 个这样的年龄界线，这些年龄限制与 11 个不同的年龄段相关。② 通常，每个国家规定的成年年龄是最后或接近最后的年龄界线。在大多数情况下，达到这一年龄意味着获得成年人应享有的权利和应承担的责任。《联合国儿童权利公约》（CRC）广泛地反映了这种方法，尤其是《联合国儿童权利公约》第二章，对此有全面的规定。《联合国儿童权利公约》第一条将 18 岁定为成年人的一般年龄，将

---

① Asquith, Stewart, When Children Kill Children: The Search for Justice, 3 *Childhood* 99, 1996.
② Committee on the Rights of the Child, *Initial Reports of States Parties Due in 1994: Germany*, CRC/C/11/add.5, 16 sept. 1994.

所有未达到该年龄的人定义为儿童。

根据《联合国儿童权利公约》的规定而提交的相关信息，可以肯定地得出以下结论：就年龄界线而言，无论是不同国家之间的相同年龄界线，还是相同国家内部的不同界线，都存在很大差异。除了国际规范外，这似乎是各国政治、历史、文化和其他因素的不同所导致的自然结果——这些因素推动了"儿童"概念的构建和年龄界线的确定。但是，无论在哪个国家，有一个一致性原则：不同年龄界线的原因，应与法律环境基本一致。[①] 尽管与享有各种自由权所必需的最低能力有所不同，但通常并不应当认为：既定年龄的儿童在一个领域中被认为是成熟的和能负责任，但尚不具备在类似领域中有代表自己行使权利的能力。实际上，不同的年龄界线是对儿童及其法律地位的不一致描述。这种现象也进一步表明儿童的年龄界线，象征着儿童的行为能力以及儿童获得自由权利的门槛，在很大程度上取决于社会对儿童概念的动态界定，而不是儿童本身。

---

① 除此之外，参见 Archard, David, *Children: Rights and Childhood*, 2nd ed., London, Routledge, 2004。

二、福利模式和刑事责任延期

当代有关少年司法的争鸣是关于前述权利、行为能力和儿童之讨论的例证。简而言之，少年司法模式逐渐从几乎消除了儿童的行为能力和刑事责任的福利模式，发展到以刑事责任和儿童行为能力作为基础的司法模式。与成人刑事司法制度不同，现代少年司法制度开始具有强烈的福利倾向，但近几十年来，少年司法制度已明显转向了司法模式。尽管基于本研究的目的，本研究简化了对福利——司法模式逐渐发展过程的描述，但仍对福利模式的历史概述和现代少年司法制度建立的相关问题，进行了阐述。

（一）备受争议的救援和援助之起源

一般而言，少年司法起源于较早的贫民法、刑事司法系统、儿童保护系统和其他制度。在英格兰的封建末期，当局制定了一系列政策以应对贫困；在 16 世纪和 17 世纪时，这些政策中包括强制剥夺贫穷父母对儿童的监护的权力。[①] 在成年之前，为确保这些被剥夺了监护权的贫穷父母的儿童能

---

① Rendleman, Douglas R., Parens Patriae: From Chancery to the Juvenile Court, 23 *South Carolina Law Review* 205, 1971.

被恰当地抚养，当局安排这些儿童与其他人一起做学徒。随着欧洲人不断向北美洲移民，这些法律就被带到了西方，美国殖民地引入了英格兰的贫民法，其中包括强迫学徒制度。在学徒期间，童工的劳动抵销了照料和教育的费用，但是这种学徒制所提供的照料之质量是有问题的。

工业革命改变了童工、照料和教育的本质。与其他国家一样，在美国，以家庭为基础的经济及儿童在家庭中的作用的减弱，推动了有关儿童在家庭和社会中应有正当地位之新观念的发展。① 从工业化之前的儿童作为小成年人参与家庭生活的观念，逐渐发展到社会越来越多地将儿童与婴儿和成年人进行区分，儿童成为一个既无辜又令人印象深刻的阶级。② 社会改革者试图隔绝并保护儿童不受任何不当的影响，尤其是在新兴的工业中心的背景下不受这种影响。尽管这一运动带来了诸如公共教育系统和童工法等历史性发展，但许多人认为，它用仁慈精神掩盖了对城市贫困人口、少数民族和移民家庭的子女进行社会控制的深层目的。

---

① Feld, Barry C., Race, Politics, and Juvenile Justice: The Warren Court and the Conservative "Backlash", 87 *Minnesota Law Review* 1447, 2003.
② 一般参见 Cipriani, Don, *The Minimum Age of What? Criminal Responsibility, Juvenile Justice, and Children's Rights*, unpublished draft, Florence, UNICEF Innocenti Research Centre, 2002。

在针对穷人的社会政策方面，在19世纪，美国越来越关注使穷人制度化、集中劳动的救济处、工舍和贫民窟。这些以成人为中心的地点，并不适合儿童。与此同时，强制使家庭分离和儿童学徒现象继续存在，为适应这些现象，为儿童设置的专门机构应运而生。庇护所、疗养院和培训学校接管了贫困儿童的监护权，并负责他们的教育、抚养和职业培训。犯罪儿童也被收养，但犯罪儿童属于少数。更重要的是，贫困或不适格父母的定义与社会改革者对危害儿童成长环境的定义，一起发展。

社会改革者为干预找到了新的正当化理由。首先，在这样的时代和背景下，"国家亲权"的概念开始变得尤为重要。① 自封建英国以来，国家亲权的法理已经在封建法庭中发展起来了，最初是从正式代表国王的封建大臣的法庭中发展起来的。该学说通常表示该州有权代父母解决个别案件，这些案件通常是关于财产或监护权的问题，但并不意味着让刑事法律被应用到违法儿童的身上。② 在19世纪，国家亲权

---

① Cipriani, Don, *The Minimum Age of What? Criminal Responsibility, Juvenile Justice, and Children's Rights*, unpublished draft, Florence, UNICEF Innocenti Research Centre, 2002.

② Cogan, Neil Howard, Juvenile Law, Before and After the Entrance of "Parens Patriae", 22 *South Carolina Law Review* 147, 1970.

的概念第一次被嫁接到了贫穷法律的一个分支上，成为政府作为儿童最终监护人的理由。当父母或监护人不能或不愿意提供适格的照料时——正如本身所认为的那样，州可以直接接管父母对儿童的监护。

同样在19世纪后期，实证主义的法学和犯罪学理论也受到了广泛的关注，其重点是关注刑法中的人格问题及刑法对人格的影响。实证主义法学和犯罪学理论认为，犯罪的根源在于生物、社会、环境和其他因素，而不是个人选择实施违法行为。除了关注实际施行的罪行外，还应该将注意力转移到罪犯、罪犯的个性和他们的康复需求上。

总而言之，到19世纪后期，社会改革者开始以更开阔的视野看待需要国家援助的儿童、长期对家庭生活进行干预的贫民法、经过修正的国家亲权概念以及实证主义的理论框架，这些都可以证明广泛的干预措施具有合理性。改革者们寻求建立在精神和现实方面均与成年刑事司法制度分开的独特的儿童制度：家长式制度。该制度将基于法官的个性化干预对儿童进行保护。[①] 这些因素和其他因素的融合共同催

---

① 一般参见 Cipriani, Don, *The Minimum Age of What? Criminal Responsibility, Juvenile Justice, and Children's Rights*, unpublished draft, Florence, UNICEF Innocenti Research Centre, 2002。

生了1899年世界上第一个现代的少年法庭,即伊利诺伊州芝加哥少年法庭。由于许多理论已经在国际上产生了巨大影响,例如儿童保护和少年司法制度改革和法律实证主义等,因此少年司法制度得以迅速传播,遍及美国、加拿大和欧洲;这也使得这些地区迅速制定了执行这一制度的新法律。少年法庭也从欧洲向拉丁美洲和世界各地的许多欧洲殖民地传播,并迅速遍及这些地区。

尽管如此,少年司法并非注定要遵循这一历史轨迹。[①]塔纳豪斯(Tanenhaus)记录了在19世纪末期美国如何废除了奴隶制,并促进了关于儿童权利的复杂讨论。这些关于儿童权利的论述,仔细地探讨了自由权利与保护权利之间的平衡。社会改革者最初在抚养权案件中已经设置了正当程序保证,但是改革者们对权利的理解很快转向了儿童的需求和保护权,以及各州负有的确保这些权利实施的义务。本可能成为少年司法制度的一个完全不同的路径起点,后来却被转化为传统的福利模式。福利模式很少关注程序权利。此外,少年司法系统从发展之初直到现在,就不断地根据各个地区的现实挑战调整自身结构,从而导致不断多样化发展。因此,

---

① Tanenhaus, David S., Between Dependency and Liberty: The Conundrum of Children's Rights in the Gilded Age, 23 *Law and History Review* 351, 2005.

一直保持纯福利模式的少年法庭也很罕见。①

（二）克服固有缺陷的过程

尽管具体的模式差异很大，但早期各个国家的基本根据和特征非常相似，且对刑事责任产生了重大影响。国家亲权理论认为，儿童是国家提供援助的个体，而不是作为犯罪分子接受审判和惩罚。这意味着"没有必要确认儿童是否有能力以卑鄙的方式行事。"② 行为能力、刑事责任概念以及最低刑事责任年龄，与早期的少年司法制度一样，在福利模式下几乎都无关紧要。儿童的尚未成熟以及缺乏刑事责任能力，仅仅凸显了干预的必要性。这些根据使诉讼变成了民事事务，并否定了刑法的义务。这使得查明事实、证明有罪的对抗程序以及刑事辩护，都是多余的。

在这样的系统中，儿童成为没有自由权利或权利的对象，国家当局代表儿童做出了善意的决定。③ 尽管偶尔会让

---

① Tanenhaus, David S., Between Dependency and Liberty: The Conundrum of Children's Rights in the Gilded Age, 23 *Law and History Review* 351, 2005, *Juvenile Justice in the Making*, New York, Oxford University Press, 2004.
② Walkover, Andrew, the infancy defense in the new Juvenile Court, 31 *UCLA Law Review* 503, 1984, p.516.
③ 一般参见 Cipriani, Don, *The Minimum Age of What? Criminal Responsibility, Juvenile Justice, and Children's Rights*, unpublished draft, Florence, UNICEF Innocenti Research Centre, 2002。

儿童参加听证会，但儿童的积极参与——甚至理解过程的能力，仍然被视为是次要的。但适得其反的是，在此过程中的所有时间点，为使能够满足儿童的一些假定需求，决策者的自由裁量权得到了最大化。同时，还导致潜在的结构性问题，尤其是由于工业资本主义的发展而引起的问题，并没有得到足够的重视，也未能被解决。①

1912年比利时《儿童保护法》，是许多国家立法的典范，其背后的思想理念进一步规定了相关的假设和实际后果。② 该法令假定儿童不能明智地采取行动，但并不意味着就是暗示儿童不具有辨别能力，而只是表明该辨别能力与决定对儿童（应获得）的最佳待遇无关。③ 这使各国把设置较高的最低刑事责任年龄问题，视为是社会政策问题，并且从理论上，更少地将青年人视为犯罪分子，而更多地将其视为是需要帮助的青少年。按照这种观点，各国通常将最低刑事责任

---

① Tanenhaus, David S., Book Review: Victoria Getis, The Juvenile Court and the Progressives', 21 *Law and History Review* 240, 2003.
② 一般参见 Cipriani, Don, *The Minimum Age of What? Criminal Responsibility, Juvenile Justice, and Children's Rights*, unpublished draft, Florence, UNICEF Innocenti Research Centre, 2002。
③ Tulkens, F., Les impasses du discours de la responsablité dans la repénalisation de la protection de la jeunesse, in *La criminologie au prétoire*, Gand, Editions Storyscientia, 1985.

年龄设置在少年儿童被认为能够承担刑事责任的年龄之上。

比利时的少年司法制度仍主要基于 1912 年的《儿童保护法》，这部法律仍以福利方法作为应对儿童问题的主要方法，且让其发挥着核心作用。然而，近几十年来，越来越多的批评导致比利时正式引入了司法路径和刑事法律内容。① 例如，批评者声称所谓的非惩罚性照顾、监护、预防和教育措施，有效掩盖了惩罚性之失职，而且这些所谓的非惩罚性措施还没有程序保证。②

在拉丁美洲，相同的模式激发了以前存在的"不寻常情况"学说，这在很大程度上证明了此类问题的广泛存在。③ 在 20 世纪，拉丁美洲少年司法的主要趋势是"不寻常情况"处置方法，其影响占据主导地位。针对这种趋势，国家拟以法律取代这种"不寻常情况"措施并不断做出努力。阿根廷

---

① 除此之外，还可参见 Delens-Ravier, Isabelle, La justice juvénile en Belgique: nouvelles pratiques et évolution d'un modèle, presented at the II International Conference, International Juvenile Justice Observatory, *Juvenile Justice in Europe: A framework for integration*, Brussels, 24—25 October 2006。
② Walgrave, Lode, Restorative Juvenile Justice: A Way to Restore Justice in Western European systems, in Asquith, Stewart, ed., *Children and Young People in Conflict with the Law*, London, Jessica Kingsley Publishers, 1996.
③ 一般参见 Cipriani, Don, *The Minimum Age of What? Criminal Responsibility, Juvenile Justice, and Children's Rights*, unpublished draft, Florence, UNICEF Innocenti Research Centre, 2002。

1919 年法案是第一个规范的以"不寻常情况"为模式的法案，这部法案已经在 2005 年被废止。在该法案通过后的 20 年内，几乎每一个拉丁美洲国家都采纳了该立法模式。从本质上讲，"不寻常情况"是指处于"不寻常情况"中的需要政府干预和援助的广大儿童。这是福利方法的直接应用和发展，也是福利模式的极端情况：从理论上看，国家应在必要时通过采取福利措施和保护措施介入，为所有处于不寻常情况下的儿童提供帮助。

在实践中，法官通常命令儿童在少年矫正机构中进行不定期的矫正。但儿童几乎不享有任何权利，没有任何保护和待遇。这种自相矛盾的做法，使国家应保护儿童利益的整个机制正当化。"不寻常情况"假定儿童没有犯罪能力，因此，刑事责任和最低刑事责任年龄被相应地提高了，以适应成人刑事法院管辖权的起点。从历史角度看，满足儿童需要的自由裁量权本身就受到社会经济地位和种族歧视等因素的影响。满足儿童需求采用的广泛自由裁量权的核心问题是："不寻常情况"的举证责任，落在了来自较低社会经济背景的儿童身上。[1] 第六章进一步研究惩罚性程序和治疗方法经

---

[1] Feld, Barry C., *Bad Kids: Race and the Transformation of the Juvenile Court*, New York, Oxford University Press, 1999.

常适用于低于最低刑龄的儿童——这通常与福利方法及其固有的弱点有关，这已是现代趋势。

三、刑事责任与司法模式

无论比利时、拉丁美洲和其他国家／地区最近的趋势如何，对福利路径的支持在 20 世纪中期都悄然消失。在 1966 年到 1970 年间，三个由美国最高法院作出的判决，终结了福利模式的突出地位。最高法院的判决引起对以福利路径为基石的少年司法制度的重新评估，并促使世界范围内的法律改革迅速转向司法模式，并将刑事责任作为少年司法制度的核心。

特别是，随着第二次世界大战后社会环境的变化，福利模式基础上的理论和假设，在很大程度上幻灭了。[1] 实证主义通常因未能阐明两个矛盾的目标之间的模糊性而受到批评：康复措施是否确实在寻求使罪犯从中受益？或是想要将少年罪犯从社会中移除以此来保护整个社会？[2] 在整个政治

---

[1] Tanenhaus, David S., Book Review: Christopher P. Manfredi, "The Supreme Court and Juvenile Justice", 17 *Law and History Review* 415, 1999.

[2] Von Hirsch, Andrew, *Past or Future Crimes: Deservedness and Dangerousness in the Sentencing of Criminals*, Manchester University Press, 1986.

领域，针对少年司法制度的抱怨泛滥成灾：无端的社会控制；过度的自由裁量权导致罪犯之间的不平等待遇；同时，几乎没有任何明确的处罚。① 同时，几乎所有干预措施都轻易地被标记为康复措施。到 20 世纪 70 年代初期，研究发现康复措施的治疗效果并不明显。在 20 世纪 60 年代，当这些因素首次合并成为对基于福利的少年司法制度进行广泛批判的根据时，美国最高法院通过判决推动了正当程序权的确立。最高法院在很大程度上遵循 20 世纪 50 年代主要由民权决定的精神和法律推理，进一步发展了通过个人自由对刑事司法中的国家权力进行限制。②

肯特诉美国案（Kent v. United States）(1966)、格特案（Gault）(1967) 和因温克（温希普）(1970) 案使持续不断的讨论达到顶峰。在此案中，美国最高法院坚决地拒绝了关于福利模式的许多假设，并认为："正式地将刑事责任的概念，作为少年司法程序的核心。"③ 本质上，最高

---

① Feld, Barry C., Race, Politics, and Juvenile Justice: The Warren Court and the Conservative "Backlash", 87 *Minnesota Law Review* 1447, 2003.
② Feld, Barry C., Race, Politics, and Juvenile Justice: The Warren Court and the Conservative "Backlash", 87 *Minnesota Law Review* 1447, 2003.
③ *Kent v. United States*, 383 U.S. 541, 1966; *In re Gault*, 387 U.S. 1, 1967; *In re Winship*, 397 U.S. 358, 1970; and Walkover, *supra* note 21, p.521.

法院审查了少年司法制度中的处遇措施和条件，并坚持任何可能导致类似处分的程序都应保证最低限度的公正审判。福利主义的理论及其关于国家亲权的论证并没有能够为这种制度辩护，当然也没有为声称州可以被看作是仁慈的父母提供依据。在美国的福利少年司法中，法官的自由裁量权受到限制，开放式的治疗令被削减和取消。

许多导致福利模式从神龛走向衰落的批评，也都在导致实证主义的普遍衰落。在刑法理论的转变的辩论中，同样发挥了作用。到20世纪70年代初期，共识观点是支持恢复传统刑法原则，尤其是支持采用该当理论或公正性该当理论。① 该理论借用道德哲学的观念并认为，人们仅应受到与其所实施的行为相称的惩罚，并应在对其负有责任的范围内接受惩罚。该理论的核心考虑的是已实际实施的罪行、证据证明和程序保障、确定的与所犯行为的严重程度相称的刑罚。② 但是，正如下面将进一步讨论的那样，加强正当程序保障措施

---

① Feld, Barry C., Race, Politics, and Juvenile Justice: The Warren Court and the Conservative "Backlash", 87 *Minnesota Law Review* 1447, 2003.
② Von Hirsch, Andrew, *Past or Future Crimes: Deservedness and Dangerousness in the Sentencing of Criminals*, Manchester University Press, 1986.

将为惩罚的正当化提供依据。①

鉴于最高法院的历史性判决和该当性理论的兴起，世界各地的新立法为儿童提供了正当程序权：这是少年司法从福利模式转为司法模式的决定性步骤。② 与这些更广泛的变化相一致的是，司法模式的根据是可责难性、正当程序和惩罚，而少年诉讼比儿童保护和福利制度更直接地隶属于刑事司法系统。③ 法院通常会进行正式和对抗性的法律诉讼，由起诉和辩护律师代理，公诉机关必须证明对被告的指控。犯罪嫌疑人一经证明有罪，就要对自己的行为负责。因此，当刑事干预成为少年司法的核心问题时，这导致对治疗和保护措施的关注明显减少。对于20世纪80年代和20世纪90年代的美国、加拿大以及后来的欧洲的刑罚发展趋势而言，少年司法制度的这一特点是非常显著的。

---

① Feld, Barry C., Race, Politics, and Juvenile Justice: The Warren Court and the Conservative "Backlash", 87 *Minnesota Law Review* 1447, 2003.
② 一般参见 Cipriani, Don, *The Minimum Age of What? Criminal Responsibility, Juvenile Justice, and Children's Rights*, unpublished draft, Florence, UNICEF Innocenti Research Centre, 2002。
③ Muncie, John, The globalization of crime control—the case of youth and juvenile justice: Neo-liberalism, policy convergence and international conventions, 9 *Theoretical Criminology* 35, 2005.

(一)道德和刑事责任以及自由权利和最低刑事责任年龄

如前所述,该当理论和司法模式将个人刑事责任作为所有考虑因素中的核心因素。相关的法律制度借用了道德主体的概念——简而言之,道德主体是指对其所实施的行为负有道德责任的人,并将刑事责任施加限于符合道德主体定义的行为人。这些理论系统认为人类的行为受理性支配,并假设个体能够在某种程度上达到最低限度的理性,并据此行事。①同样,这种观点认为人们对自己的选择和行为具有一定程度的所有权、因果关系和控制权。也就是说,人们按照自己的自由意志行事。②

这些假定没有被应用于年龄低于特定最低刑事责任年龄的孩子;结论性的推定是:这些儿童,并不具备充分的自己选择行为、控制行为的能力,因此,他们无法承担刑事责任。对于假定具有法律效力的所有其他人,承担责任的根据

---

① Morse, Stephen J., Immaturity and Irresponsibility, 88 *Journal of Criminal Law and Criminology* 15, 1997.
② O'Connor, Timothy, Free Will, in Zalta, Edward N., ed., *Stanford Encyclopedia of Philosophy*, Stanford, Stanford University Center for the Study of Language and Information, 2002, http://plato.stanford.edu/entries/freewill.

是其具有自由地自主选择和行动的能力。① 在没有这种条件的情况下，根据这些论点——"他不能控制自己"或"他别无选择"或"他没有真正的选择"，② 将证明追究个体的刑事责任在道德上是错误的。

阐述到此，刑事责任的基本特征与道德主体和责任的界限大致吻合，尽管如下一节所述，它们并不具有直接的关联性。与基本权利概念的直接联系性，特别重要。只有那些具有自主权和选择权或自决能力的人，才能享有并行使某些自由权。在特定情况下，当儿童能力不足，但仍然享有他人保护自己利益的权利。在拥有享有自由权的基本能力时，这些权利及其相关责任都相应地会产生。为尊重和保护适格个体的选择，自由权利的合理主张必须将选择和行动的责任分配给做出选择的个体。

道德责任和刑事责任的相似之处并非偶然。享有自由权所必需的能力与道德所必需的能力之间，存在着大致的相似之处。实际上，当自由权所需的能力以及道德所需的能力达到各

---

① Hart, H.L.A., *Punishment and Responsibility: Essays in the Philosophy of Law*, Oxford, Clarendon Press, 1968.
② Hart, H.L.A., *Punishment and Responsibility: Essays in the Philosophy of Law*, Oxford, Clarendon Press, 1968, p.152.

自的能力门槛水平时，通常会追究责任，包括道德责任甚至刑事责任。因此，当一个人对其行为承担刑事责任时，社会通过刑事司法机制传达对这些行为的道义谴责，即刑事司法机制是在该人确实对这些行为应负有道德责任的前提下运作。

因此，采用司法模式的法律体系的任务是评估儿童的道德规范能力，并指定一个年龄段作为其潜在刑事责任的起点。该解释说明了是依据童年和能力概念而设定年龄界限。年龄在指定年龄及以上的儿童，被视作为一般性的团体，且具有相关的法律身份。该类儿童具有故意行为的能力，能对其行为承担刑事责任。在确认刑事责任之前，法院仍必须确定单个儿童是否是故意实施某特定犯罪行为。年龄、成熟度和相关因素，被重新作为减轻刑事责任程度和施加制裁的因素而受到审查。

从这个角度看，司法模式的核心特征变得更加清晰。司法模式要求尊重和关注自由、自治和个体，因其倾向于支持人权和儿童权利。只有在对个人的自由选择作出合理反应的情况下，才允许政府干预个人生活并通过刑事司法机制进行社会控制。如果人们没有能力或没有机会采取自由行为，则不能施加刑事制裁。

因此，刑事责任对于刑事和少年司法系统的道德合法性至关重要。证明潜在的刑事责任和服从刑事诉讼程序,将会产生某些权利以部分地确保合法性。从这个意义上说,最低刑事责任年龄是刑事诉讼中儿童权利的重要基础;与成人一样,儿童潜在的刑事责任能力限制了政府干预其生活的能力。① 如果认为儿童的刑事责任无关紧要,或者假定儿童不承担刑事责任,则政府应有更大的自由裁量权。如第二章所阐述的,年龄低于最低刑事责任年龄的儿童确实享有一系列重要的权利,但是对于被指控或确认为触犯刑法的达到最低刑事责任年龄的儿童,则需要针对具体情况分别对待,才会享有更广泛的权利。

(二)道德诱饵、社会良知的减弱

尽管司法模式具有优势,但这一模式也存在很多复杂问题。出于当前的目的,其遭受的核心批评是:理论上对自由意志的依赖以及人们根据自己的自由意志行事的假设,可能更多地基于神话而不是现实。大多数哲学家承认,他们很容易想象出人们进行非自由选择的例子,而且自由意志的概念

---

① 一般参见 Cipriani, Don, *The Minimum Age of What? Criminal Responsibility, Juvenile Justice, and Children's Rights*, unpublished draft, Florence, UNICEF Innocenti Research Centre, 2002。

在一定程度上也不一致。① 尽管对个人及其选择的基本尊重仍然是重要的价值，但其过于简单：认为个人能严格根据自己的思考做出决定并采取行动的主张，忽略了限制个人选择以及促使他们最终做出决定的一系列因素。根据该论点，法律没有有效或公平地考虑其机制受到现实中的如此广泛的影响：

> "在法律体系中，与行为有关的自由意志的观点不是对事实的陈述，而是与决定论或自由意志的形而上学无关的价值偏好。……简单来说，法律将人的行为视为是自主和自愿的，不是因为事实如此，而是因为被希望如此。"②

即使在只支持最大限度地限制免除刑事责任的学者中，也承认"自由意志是法律基于便利诉求而进行的虚构，这是必要的，因为如果法律不依靠这个神话就无法运作。"③

关于刑法如何接受这一神话的问题，需要思考道德责任

---

① O'Connor, Timothy, Free Will, in Zalta, Edward N., ed., *Stanford Encyclopedia of Philosophy*, Stanford, Stanford University Center for the Study of Language and Information, 2002, http://plato.stanford.edu/entries/freewill.
② Packer, Herbert L., *The Limits of the Criminal Sanction*, Stanford, Stanford University Press, 1968, pp.74—75.
③ Wilson, James Q., *Moral Judgment: Does the Abuse Excuse Threaten Our Legal System*, New York, Basicbooks, 1997, p.40.

与刑事责任之间的差异。实际上，法律制度在确定自己的刑事责任阈值时，是通过自己的程序完成的，因为程序有效地"使公认的道德责任概念本身变形，而截断对道德责任的追问。"① 例如，道德责任的重要支撑理由是："普通法采用了非常低的认知阈值——知道'对与错'的区别就可以确立存在刑事罪责"，这是一种"仅需要最小程度的理性理解"的标准。② 尽管道德追问可能试图考虑各种情况的相关性，并分析某种具体行为的具体情景，但传统刑法则会积极消除这种情景。③ 法律无法轻易接受更多主观、心理和难以证明的考量。④ 法律将道德责任和自由意志概念简化为易于法庭管理的术语。

就儿童而言，这些分析是非常正确的。⑤ 在司法模式中，

---

① Wright, R.George, The Progressive Logic of Criminal Responsibility and the Circumstances of the Most Deprived, 43 *Catholic University Law Review* 459, 1994, p.463.
② Feld, Barry C., Abolish the Juvenile Court: Youthfulness, Criminal Responsibility, and Sentencing Policy, 88 *Journal of Criminal Law and Criminology* 68, p.98.
③ Armour, Jody, Just Deserts:Narrative, Perspective, Choice, and Blame, 57 *University of Pittsburgh Law Review* 525, 1996.
④ Hart, H.L.A., *Punishment and Responsibility: Essays in the Philosophy of Law*, Oxford, Clarendon Press, 1968.
⑤ King, Michael, and Christine Piper, *How the Law Thinks about Children*, Aldershot (England), Gower, 1990.

刑法以非常有限的方式，理解、寻求和接受有关儿童的知识。假如刑法扩大其追问范畴，例如从医学和社会心理学的角度看，也仅仅是一种惯例做法。这种现象是利用更广泛的权威和合法性，来满足刑法自身逻辑的需求。① 相反，通过与周围人的关系，儿童的道德能力以及他们的道德主体资格和责任，会随着时间的推移而动态发展。② 许多因素对于理解儿童能在多大程度上自己做出决定，并作为个体自由行动，都是至关重要的，但严格的司法模式可能会轻描淡写或完全忽略这些因素。

当然，对神话假定的依赖，在各个司法层次上，都造成了很大的问题。从根本上讲，对深化假定的依赖颠覆了司法模式的核心要素——尊重个体自主权和个体的选择：

通过司法系统假装被剥夺了道德责任选择能力者确实应承担道德责任，这并不能增加这些人的尊严。从本质上来说，难以想象司法系统能通过错误地将道德责任归于任何人的方式，来提升人的尊严。③

---

① King, Michael, *A Better World for Children? Explorations in Morality and Authority*, London, Routledge, 1997.
② Fagan, Jeffrey, Context and Culpability in Adolescent Crime, 6 *Virginia Journal of Social Policy and the Law* 507, 1999.
③ Wright, R.George, The Progressive Logic of Criminal Responsibility and the Circumstances of the Most Deprived, 43 *Catholic University Law Review* 459, 1994, p.501.

公正的法律系统——以同样的支持和维护司法模式的措辞进行的界定那样，如果要让人承担责任，则人必须是真正自由的。

实际上，体现这些矛盾之处的刑事程序最终使社会控制和惩罚具有正当性。① 在极端情况下，这是一种公开的制度诱饵。法律主张只有道德上应负责的人才应被追究责任，刑事定罪和处罚实际也都肩负着沉重的道德谴责。然而，对刑事责任的淡化测试为刑事惩罚留出了机会。通过这种方式，刑法统一地对"最大程度被剥夺权利者"群体施加道德责任并对其予以惩处。但尽管刑法不会让"最大程度被剥夺权利者"这一群体对导致其犯罪的更大环境承担任何责任，却会拒绝承认这样做的道德考量中的矛盾之处。② 即使国家会维护社会秩序，但对于作出适当道德评价而言，刑事法院是一个糟糕的地方。③

这些法律体系使广大公众能够维护个人自由行为的信念；

---

① Arenella, Peter, Convicting the Morally Blameless: Reassessing the Relationship between Legal and Moral Accountability, 39 *UCLA Law Review* 1511, 1992.
② Wright, R.George, The Progressive Logic of Criminal Responsibility and the Circumstances of the Most Deprived, 43 *Catholic University Law Review* 459, 1994.
③ Arenella, Peter, Convicting the Morally Blameless: Reassessing the Relationship between Legal and Moral Accountability, 39 *UCLA Law Review* 1511, 1992.

几乎只专注于个人在犯罪中的作用；并告诫制度本身被惩罚者是对自己的行为负道义上责任的主体，且只接受应得的惩罚。① 没有地方可以直接评估除儿童行为之外的更多因素，即使这些因素可能会限制儿童的选择并推动儿童实施犯罪：

> 社会控制策略定位了引起个人犯罪的"原因"……[而]少年法庭的个体化司法则侧重于[青年]的个人情况和实际需求。尽管年轻人可以并且确实会为自己的行为做出"选择"，但社会结构条件和经济机会却会决定他们选择的质量。最终，少年和刑事司法政策，几乎无法改变促使一些年轻人会"选择"犯罪，而其他年轻人"选择"大学的社会结构力量。②

一旦认识到这些更广泛的因素，那么就会更加清晰地认识到核心问题实际上就是普遍的社会问题——对此问题，施加的应是集体责任。③ 因此，刑法可以作为集体社会良知的

---

① Arenella, Peter, Convicting the Morally Blameless: Reassessing the Relationship between Legal and Moral Accountability, 39 *UCLA Law Review* 1511, 1992.
② Feld, Barry C., Abolish the Juvenile Court: Youthfulness, Criminal Responsibility, and Sentencing Policy, 88 *Journal of Criminal Law and Criminology* 68, p.98, p.285.
③ Feld, Barry C., Abolish the Juvenile Court: Youthfulness, Criminal Responsibility, and Sentencing Policy, 88 *Journal of Criminal Law and Criminology* 68, at 98; and Tulkens, F., Les impasses du discours de la responsablité dans la repénalisation de la protection de la jeunesse, in *La criminologie au prétoire*, Gand, Editions Storyscientia, 1985.

镇痛药：如果罪犯在道德上应负道德责任，那么公众就不应承担道德责任，也就不应考量任何潜在的集体道德责任。①刑法侧重对犯罪儿童进行责罚和道义上的谴责：

"法律所做的是从儿童的某些特征中进行选择，法律选择的是涉及违反刑法的行为，而不是他们缺乏体面的教育（缺乏体面的教育不是他们自己的过错），不是他们生活在破败的贫民窟中的位置（这也不是他们自己的过错），更不是无人看管的健康问题（这也不是他们自己的过错）等。只要法律制度孤立并突出儿童的从理性层面看需要最少同情的因素，而忽略其生活中会唤起寻求帮助的条件，那么法律就只会强化公众针对少年犯罪态度的严重程度。"②

针对儿童的真正正义——道德上的以及不严格的法律正

---

① Armour, Jody, Just Deserts: Narrative, Perspective, Choice, and Blame, 57 *University of Pittsburgh Law Review* 525, 1996; and Tulkens, F., Les impasses du discours de la responsablité dans la repénalisation de la protection de la jeunesse, in *La criminologie au prétoire*, Gand, Editions Storyscientia, 1985.
② Fox, Sanford J., Responsibility in the Juvenile Court, 11 *William and Mary Law Review* 659, 1969—1970, p.674.

义,"当然必须建立在充分考虑社会和经济不平等及不公正现象影响的基础上,这正如必须充分考量这些因素对刑法制定规则和标准的影响一样。"① 如前所述,少年法院的创建者还广泛关注了单个儿童及其家庭的问题,但并没有评估或解决现有的潜在结构性问题。然而,福利模式忽略了所有的道德谴责,而司法模式却包含了道德谴责模式最有力的谴责因素。

正如使用"童年"的含义一样,刑事责任和道德责任的含义和使用的风险也很高,因此,把它们看作复杂的社会建设问题也就不足为奇了。在这种紧张关系以及最终如何分配责任方面,政治权力和意识形态斗争显得格外重要。② 政府的接受和执法通过界定刑事责任的组织而合法地施加于他人。如果责任能被分配,社会控制就可以通过刑法扩大,注意力被转移、道德责任也就被转换,而更广泛的社会责任则被忽略了。鉴于这些动态情况,如果对责任进行严格的道德

---

① Asquith, Stewart, When Children Kill Children: The Search for Justice, 3 *Childhood* 99, 1996, p.114.
② Wright, R.George, The Progressive Logic of Criminal Responsibility and the Circumstances of the Most Deprived, 43 *Catholic University Law Review* 459, 1994.

解释成为主流趋势，就将是十分令人惊讶的。①

　　同样，实际上，司法模式中的最低刑事责任年龄并非依据儿童的规范道德行为和责任而确定的。强大权力介入社会构建，与刑法之刑事责任标准几乎没有关系，这也可能取决于自由意志的神秘假设。最终，立法者在某个时代、某个时间点，依据特定的社会政治文化背景，固定有关儿童能力的一些想法以及社会对儿童适当角色的期望。在固定的这个年龄段，儿童能对自己的行为承担刑事责任。从法律角度而言，国家首先可以合法地对他们进行刑事制裁。

　　因此，在各个国家之间，甚至在同一国家的不同时间，设计最低刑事责任年龄的计算方法都可能会有所不同。第四章概述了主要的历史影响，第五章研究了最低刑事责任年龄变化的现代趋势以及《联合国儿童权利公约》报告过程的广泛影响。第五章还调查了遵循司法模式逻辑的法律改革通常是如何体现上述冲突的，并指出司法模式越来越占主导地位，且使此类冲突在少年司法讨论中处于中心地位。如此处详细阐明的那样，许多国家已经接受了司法范式——从严格意义看，少年犯罪是个体儿童自己决定的事项这一范式，并

---

① Balkin, J.M., The Rhetoric of Responsibility, 76 *Virginia Law Review* 197, 1990.

且依照司法范式的闭环系统运转。

结　语

由于儿童本身具有某些天生的本性，社会对"童年"的理解没有提升。相反，"童年"是一种构建性的概念，在任何既定的时代或地方，都会引起激烈的争论并不断地被修改。主流的"童年"的概念在很大程度上决定了权利、法律地位、父母权威以及政府干预的能力等问题，包括儿童可能无法自己主张的合法权利。特别是，儿童的能力——或成年人解释和描述的儿童能力，被证明是一个决定儿童权利和政策的特殊政治问题。

少年司法史反映了对儿童能力的不同描述的影响。少年儿童福利模式的起源是基于儿童无能力和缺乏刑事责任之信念。这个基础观念使广泛的国家权力强力干预儿童的生活，事实证明，这种干预对儿童来说是灾难性的。部分是基于对此类问题的回应，少年司法从福利模式转向司法模式，从而在行为能力和刑事责任的基础上建立了"童年"这一概念。在司法模式中，最低刑事责任年龄象征着关于童年、能力、自由权利和保护性权利，以及福利—司法模式前后的连续发展。

然而，司法模式中的责任概念通常是一个陷阱，而不是一种保障。其不能确保责任概念不受国家干预，相反，责任概念的含义可能会失真，并导致对不应负有责任儿童的社会控制合法化。如果根本的道德责任缺失，对道德谴责和惩罚造成影响的后果也会随之而来。以牺牲个人自由、道德合法性和正义为代价，缓和了公众的良知，当局的社会控制加强了。矛盾的是，福利模式也带来一些同样麻烦的后果。两种模式可能对儿童的权利概念有不同的吸引力，但对于整个社会而言，均没有发挥明确的作用，并且都将问题的重担落到了单个儿童和家庭身上。这些固有的缺陷，使司法模式和福利模式都成为有问题的模式。

第二章
福利和司法模式紧张关系中的儿童权利调解

1948年,联合国大会一致通过了《世界人权宣言》,这是一个使人权概念受到国际关注的里程碑式事件。《世界人权宣言》庄重地宣告了这样一种信念:基于人的自然属性,所有人都应当得到某些道义上的考量。此后,1989年通过的《儿童权利公约》(以下简称"《公约》")是继《世界人权宣言》以来正式通过的九项核心国际人权公约之一,《公约》详细阐明了儿童不仅基于人而且同时作为特殊主体而应当享有的道义主张,且该主张应成为世界儿童权利保护的基石。[①] 同时,

---

① 1989年11月20日,由联合国大会第44/25号决议通过。《儿童权利公约》全文见附件1。其他核心人权公约包括:1965年《消除一切形式种族歧视国际公约》、1966年《公民及政治权利国际公约》、1966年《经济、社会、文化权利国际公约》、1979年《消除对妇女一切形式歧视公约》、1984年《禁止酷刑和其他残忍、不人道或有辱人格的待遇或处罚公约》、1990年《保护所有移徙工人及其家庭成员权利国际公约》;2006年《保护所有人免遭强迫失踪国际公约》以及2006年《残疾人权利公约》。

《公约》也是"有史以来覆盖范围最广的国际公约"——除索马里和美国外,世界各国均签署加入了这一公约。[①]

《公约》详尽地约定了未成年人司法问题,而在一系列不具约束力的国际文件中,又对所有未满18周岁的人应当如何在司法体系中行使权利作出了进一步阐释。[②]《公约》与其他相关文件共同构建了国际未成年人司法标准。该标准框架着眼于解决儿童福利保障和司法方式中共存的制度缺陷。更确切地说,这些标准有助于调解福利与司法之间的关系,而非解决二者之间的冲突,包括儿童应当承担何种刑事责任及其最低刑事责任年龄的核心问题。本章先后审视了这一调适工作中的关键问题,包括低于最低刑事责任年龄的儿童所享有的权利、儿童的最大利益和正当程序保障、尊重儿童意见和有效参与审判、儿童能力不断提升且能因此重新融入社会的原则。

[①] Alston, Philip, and John Tobin, Laying the Foundations for Children's Rights: An Independent Study of Some Key Legal and Institutional Aspects of the Impact of the Convention on the Rights of the Child, Florence, UNICEF Innocenti Research Centre, 2005, p.ix.

[②] 参见1985年版《联合国少年司法最低限度标准规则》、1990年版《联合国预防少年犯罪准则》及1990年版《联合国保护被剥夺自由少年规则》。

一、从福利到司法的儿童权利进路

国际儿童权利确认了儿童在许多情形中的法律地位。随着法律环境的不断改变，福利和司法的天平逐渐向着司法倾斜，儿童享有的权利内容和保护范围也随之逐渐扩大。当幼儿犯罪时，将其转由其所在家庭、学校以及社区的项目或公共事业进行看管，这往往是处置其不当行为的主要方式。许多国家通过地方性福利、关怀、保护、行政的以及相关的民事诉讼来提供此类服务。在所有这些（对儿童）进行诉讼、实施行为和采取刑事手段的过程中，国际儿童权利都确保儿童的重要权益能得到保障且其会受到周全考虑。同时，在某些特殊情形下，这一以福利为导向的诉讼可能剥夺儿童的人身自由权，鉴于此，儿童有权获得进一步权利保障和人身保护。本节重点介绍了未满最低刑事责任年龄的儿童，在参与此类诉讼中所享有的主要权利，包括一般情形和在被允许剥夺人身自由权的极端情况下所享有的权利。

由于福利原则逐渐转化为司法保护，因此本章本节以后的其余部分主要聚焦于权利：这些权利在未成年人司法体系中被直接赋予了儿童，而他们在其他方面均已达到最低刑事责任年龄。根据定义，只有达到最低刑事责任年龄的儿童才可以"指控、控告或认定其违反了刑法。"① 尽管有些权利可同时适用于已满或未满最低刑事责任年龄的儿童,但这种指控、控告或认定将引出下文对年龄较大儿童的权利及其保护问题的更广泛讨论。②

(一)以福利为基准对幼儿行为作出权利回应

不论是对已满最低刑事责任年龄的儿童,还是未满最低刑事责任年龄的儿童,所有涉及儿童所采取的行为,都应以儿童的最大利益为首要考虑因素。作为《公约》的监督机构,儿童权利委员会将其视为《公约》四项基本原则之一。③对于不满最低刑事责任年龄的儿童而言,最大利益原则显得尤其重要,它在对儿童行为所实施的以保护为导向的行为、诉讼和刑事手段中具有指导意义。④《公约》第三条第(1)款至第(2)款对最大利益原则作了最全面的阐述:

---

① 当儿童权利委员会描述了不满最低刑事责任年龄的儿童面临这种指控、控告或认定时,显然理解了不满最低刑事责任年龄且不受司法(刑事)诉讼程序的、涉嫌违法儿童的广泛特征。参见 General Comment No.10: Children's Rights in Juvenile Justice, CRC/C/GC/10, 25 Apr 2007, par. 33。
② 《儿童权利公约》第40(1)条。
③ Committee on the Rights of the Child, General Comment No.5: General Measures of Implementation of the Convention on the Rights of the Child, CRC/GC/2003/5, 27 Nov 2003.
④ 这一讨论并不涉及出于其他原因而启动的福利程序,例如虐待或忽视。

1. 一切涉及儿童的行为，不论是由公立或民营的社会福利机构，还是法院、行政当局或立法机构所实施，均应以儿童的最大利益为首要考虑因素。

2. 缔约国承诺，将考虑儿童的父母、法定监护人或任何对其负有法律责任的其他人的法定权利义务，确保儿童能够得到使其身心健康所必需的保护和照顾，并且，缔约国应当采取一切适当的立法和行政措施达到这一目的。

第三条第 2 款内容是关于父母和法定监护人的权利义务。该条款认为，通过协助各个家庭处置其年幼子女的不当行为是实现儿童最大利益原则的主要方式。《公约》第五条规定了应当尊重负有（监护）责任的成年人向儿童所提供的适当的指引和指导，而在第十八条明确规定了各国在协助父母和监护人们抚育其子女，以及发展相关服务方面应当发挥的作用。同样，《经济、社会及文化权利国际公约》第十条第 1 款也强调了各缔约国应当在照顾和教育儿童方面，对各个家庭提供"尽可能广泛的保护和协助"。

除这些一般性原则外，1990 年《联合国预防青少年犯罪准则》为制定和实施与之相关的所有政策提供了具体指导，它们广泛地关注家庭、学校和社区（针对儿童）所采取的措施。结合大量证据，这些指导方针认为：最有效的青少年犯罪预防和早期干预计划都是非惩罚性的、以家庭和学校为基础进行的。第六章将对这项研究作出更为详细的论述。

国际未成年人司法标准强烈鼓励对所有表现出问题行为的儿童也使用此类方法，包括在一些与国际法相冲突等其他情形中，即使他们已经达到了最低刑事责任年龄。但是，这一标准对未满最低刑事责任年龄的儿童而言显得更为重要，他们面对的对不当行为处置，几乎都是这一类措施。虽然上述措施一般不具有强制性，但在特定情形下，司法机构和行政机构可以强制命令家庭和儿童参加某些活动（例如育儿技能课程、社区服务学习）。在极少数情形下，民事法律规定可能意味着剥夺儿童自由，下文将会具体讨论。

对于不满最低刑事责任年龄的儿童而言，这一以保护为导向的不当行为对策，使得国际儿童权利显现出了很强的优势：儿童最大利益驱动着政策和实践行为；强调尊重父母和监护人的地位；同时，不当行为对策几乎完全覆盖了对家庭、社区和学校所提供的帮助。相反，传统的以福利为指引的未成年人司法方式，倾向于擅自替儿童作出有关其生活重大决定，并将国家权威强加于儿童及其家人。

（二）剥夺自由情境中的权利

与儿童最大利益原则一样，被剥夺自由时应当享有的权利适用于所有儿童，包括不满与已满最低刑事责任年龄的儿童，无论其是否涉身于未成年人司法体系中。然而，对于剥夺不满最低刑事责任年龄儿童人身自由的行为，则更加需要予以充分指导和限制。这是由于他们在技术层面不能被宣称、指控或认定为犯罪，因此他们很少能得到较充分的未成年人司法保护。尽管如此，只要存在被剥夺自由的可能性，他们就应当享有广泛的保障，这些措施通过未成年人司法、儿童福利、保护、医疗、教育、培训及其他任何形式或借助其他安排来实现。1990年通过的非约束性文件，即《联合国保护被剥夺自由少年规则》，对"剥夺自由"作出了广义理解："剥夺自由是指采取任何形式对某人进行拘留或监禁，或依据任一司法、行政或其他公共机关的命令，将某人放置于一个公共的或私人的拘禁处所，不准其随意离开。"① 这一定义包括在被正式逮捕前，对未满最低刑事责任年龄的儿童所实施的逮捕、关押和／或拘留行为。②

---

① 《联合国保护被剥夺自由少年规则》第十一条 b 款的规定。
② 《联合国保护被剥夺自由少年规则》第三节。

作为起点,《公约》第三十七条 b 款规定,剥夺自由"应仅作为最后手段,并在最短的恰当期间内使用。"此外,儿童还享有一系列附加的权利与法律保障,包括:

非经法律规定,不得被任意剥夺自由(第三十七条 b 款);

有权即时获得法律及其他援助(第三十七条 d 款);

有权向法院或其他独立、公正的权力机构就其被剥夺自由之合法性问题提出质疑,并有权要求上述机构立即作出裁定(第三十七条 d 款);

在基于照顾、保护或治疗身心健康目的而剥夺儿童自由的情形下,应当对剥夺儿童自由的执行机构进行定期审查,包括其所提供的治疗以及其他与被剥夺自由的场所条件有关的所有情况(第二十五条);

除非为了儿童的最大利益,否则被剥夺自由的儿童应与成人分开看管(第三十七条 c 款);

有权同家人保持联系(第三十七条 c 款);

给予其人道待遇,尊重其作为人所享有的固有尊严,在对待他们的方式上应考虑他们这个年龄段的人的切实需要(第三十七条 c 款);

赋予父母额外的权利,可以进一步限制其子女被剥夺自由的可能性。如《公约》第九条第 1 款规定:"缔约国应确保不得违背父母意愿使其子女与其分离，除非经司法审查，判定主管部门分离父母与其子女的行为是严格按照现行有效的法律和适用程序，且系符合儿童最大利益的必要行为。"此外，应当允许所有利益相关方都能参与这一司法审查程序，并就此公开发表各自观点。①

因此，国际儿童权利确实允许剥夺儿童自由的行为，其认为在打破各种限制、符合各类条件、经过强制性审查措施后，这可能是一个适当的做法，但它只能作为最后手段，且在最短的恰当期间内使用。有权下令剥夺儿童自由的政府官员理应担当很大的重任。在未成年人司法体系中，对比已满最低刑事责任年龄的儿童，由不满最低刑事责任年龄的儿童所引发的福利诉讼尤为需要特殊对待。鉴于此，上述政府官员剥夺自由权利的行使则更加受限。剥夺自由完全不能被视作一种惩罚或处罚不满最低刑事责任年龄儿童的方式。通常而言，剥夺不满最低刑事责任年龄儿童的自由似乎只有两种可能的情形，但这两种情形仍应受到上述限制：（1）执法人员**当场**暂扣一个被合法逮捕的儿童；（2）儿童的行为对其本人或者他人的人身构成严重威胁，而在其家庭中安排的专门

---

① 《儿童权利公约》第九条第 2 款。

服务不能充分化解此类风险。① 对于那些已经达到最低刑事责任年龄且触犯了法律的儿童而言，所有关于限制剥夺自由的一般性规定同样适用，同时，对他们的处置方式也不能具有严厉的惩罚性。但在极端情况下，剥夺自由仍有可能被视为一种制裁。②

《公约》缔约国在正式报告《公约》执行情况时，应向儿童权利委员会提供相关资料。所要求提供的资料信息表明了审查的严苛程度，这是基于福利准则，为了限制剥夺自由的行为，而对该行为所施加的沉重负担。例如，各缔约国应当从立法、司法、执法或其他层面，报告其在处置被剥夺自由儿童与父母的分离问题和定期审查剥夺自由儿童安置情况时，如何体现了儿童最大利益原则。③ 报告纲要还要求缔约国提供其为保护剥夺自由儿童所采取措施的相关信息，以及与父母分离的儿童的各项分类数据、对其安置的期限以及对

---

① 例如参见 the 1990 UN Guidelines for the Prevention of Juvenile Delinquency, Guideline 46。
② 参见 General Comment No.10: Children's rights in juvenile justice, CRC/C/GC/10, 25 Apr. 2007, par. 71。
③ 关于缔约国根据《公约》第四十四条第 1 款（b）项提交的定期报告的形式和内容的一般准则，参见 CRC/ C/58/Rev.1, 29 Nov. 2005, par. 28。

他们安置情况进行审查的频率。① 同时，还要求各缔约国提供安置被剥夺自由儿童的机构数量、可用空间数量以及照顾者与儿童比例的分类数据。②

因此，与传统福利方法相比，在剥夺自由的情形下，儿童权利体系显现出了更大的优势，尤其是在应对不满最低刑事责任年龄儿童的不当行为方面。国际少年司法标准致力于全面保护儿童的人身自由权，并阻止了几乎所有剥夺不满最低刑事责任年龄儿童自由的情形发生。不同于正当的儿童不当行为处置体系，传统的福利方式冠冕堂皇地通过无限期剥夺儿童自由的方式，对那些名义上不负刑事责任的儿童不当行为作出反应。尽管父母通常被认为是导致儿童违法问题的罪魁祸首，政府部门也总是不管不顾地对父母行为强加干预，但国际标准却拥护父母的权利，并将其视作是对国家权力的进一步制衡。

---

① 参见 General Comment No.10: Children's Rights in Juvenile Justice, CRC/C/GC/10, 25 Apr. 2007, par. 38 and Annex, par. 12。
② 参见 General Comment No.10: Children's Rights in Juvenile Justice, CRC/C/GC/10, 25 Apr. 2007, Annex, par.12。

二、儿童最大利益和正当程序保障

前文主要探讨了一般情形下，以及在可能被剥夺自由的情形下，儿童在福利程序中的权利问题。本节以及本章余下部分，将把注意力集中在已达最低刑龄的儿童在少年司法程序中的权利事项。一般而言，不论具体情况如何，许多项儿童权益都平等地适用于未达最低刑龄和已达最低刑龄的人，但是，司法程序和审判的本质决定了已达最低刑龄的儿童需要得到更广的保护。

然而，国际少年司法标准也并不完全就呈现出司法程序的特性，因为"福利—司法"这套系统间的张力以多种方式被予以调和。国际标准既注重儿童的最大利益，也注重正当程序保障——这在一定程度上既体现了福利面向，也体现了司法面向。儿童最大利益与正当程序保障具有很强的关联性和互动性，因为儿童的人权必须得到尊重。也许某一单个条款只会显示出单一的福利或司法特性，但是所有相关的权利都必须得到最充分的考虑。正如前文所述，在国际标准中，对于福利面向来说，儿童的最大利益是其基础，不过这只是一个方面："对儿童最大利益的理解不能与公约所保障的其他权利相悖。"①

儿童最大利益原则意味着，在所有针对儿童所采取的行动中，儿童的福利和最大利益是首先要考量的事项。理论上，这样的考量会给传统的福利程序和司法程序施以直接的限制，而传统的福利程序和司法程序经常会和儿童的利益相悖。同时，什么是儿童的最大利益这终归是由成年人来决定的，因此才有了第一章所讨论的范围更广的保护权。②基于儿童的最大利益，再加上所谓的不适格、无辜和欠缺刑事责任能力，国家会介入到家庭和儿童的生活中，这是早期的少年法庭的基本特征。③《儿童权利公约》出台以前，儿童最大利益是一个"经常被误用和滥用的概念"；尽管这种局面有所改善，"但这种误用和滥用带来的后果仍然影响深远，在今天依旧严重影响着儿童的正当

---

① Hodgkin, Rachel, and Peter Newell, *Implementation Handbook for the Convention on the Rights of the Child*, New York, UNICEF, 2002, p.39.
② Bellon, Christina M., the Promise of Rights for Children: Best Interests and Evolving Capacities, in Alaimo, Kathleen, and Brian Klug, eds, *Children as Equals: Exploring the Rights of the Child*, Lanham (Maryland), University Press of America, 2002.
③ Minow, Martha, *Making All the Difference: Inclusion, Exclusion, and American Law*, Ithaca, Cornell University Press, 1990.

权利。"① 就其本身而言，儿童最大利益并不能成为以权利为导向的少年司法的唯一指引。

所以，国际少年司法标准一定程度上也反映了向司法面向倾斜的重大转变。国际标准"排斥权力机关用不受约束的自由裁量权以儿童最大利益为名来改造儿童"，同时"对国家监护人的绝对信任也已经被摒弃。"② 儿童最大利益这一概念依旧很重要，但是由于国际标准对正当程序保障的反复强调，其得到了一定的缓和。③ 在众多的国际文书中，《儿童权利公约》第四十条详细规定了少年司法中的各种程序保障，其大体包括以下内容：

● 行为实施前该行为必须被法律明确规定为刑事犯罪[第40(2)(a)条]。

● 法律应明确规定最低刑龄，低于该年龄的儿童将被视为不具备实施犯罪的能力[第40(3)(a)条]。

---

① Cantwell, Nigel, The impact of the CRC on the concept of 'best interests of the child, in Bruning, Mariëlle, and Geeske Ruitenberg, eds, *Rechten van het kind in (inter)nationaal perspectief*, Amsterdam, Amsterdam Centrum voor Kinderstudies, 2005, pp.66—67.

② Van Bueren, Geraldine, Child-Oriented Justice-An International Challenge for Europe, 6 *International Journal of Law and the Family* 381, 1992, at 381—382.

③ Zermatten, Jean, *The Swiss Federal Statute on Juvenile Criminal Law*, presented at the Conference of the European Society of Criminology, Amsterdam, 25—28 August, 2004.

- 除非被证明有罪，儿童应被视为无辜者［第40（2）(b)(ⅰ)条］。
- 有权被及时告知所受指控［第40（2）(b)(ⅱ)条］。
- 有权获得法律援助［第40（2）(b)(ⅱ—ⅲ)条］。
- 有权要求父母或监护人在场，除非其有悖儿童最大利益［第40（2）(b)(ⅲ)条］。
- 应由有资质的、独立的、公正的国家机关或司法机关通过公正审理并及时作出决定［第40（2）(b)(ⅲ)条］。
- 有权保持沉默和向证人对质［第40（2）(b)(ⅳ)条］。
- 有权获得关于决定的司法审查［第40（2）(b)(ⅴ)条］。
- 有权获得免费翻译辅助［第40（2）(b)(ⅵ)条］。
- 其隐私应全程得到尊重［第40（2）(b)(ⅶ)条］。

被声称、控告、认为违反了刑事法律且已达最低刑龄的所有儿童都应享有这些保护。然而，广泛的程序性保障并不绝对意味着完全的司法导向。例如，根据1985年的《联合国少年司法最低限度标准规则》(《北京规则》)，"在那些遵循刑事法院（司法）模式的法律制度中也应当对少年的幸福予以重视强调，从而避免只采用惩罚性的措施。"① 国际少年司

---

① 规则5的评注。

法标准兼顾了儿童最大利益和正当程序保障，而其他原则甚至能提供更进一步的说明。

三、尊重儿童意见与有效参与审理

尊重儿童的意见，以及让儿童有效参与到审理当中，这对于国际少年司法标准对"福利—司法"这对范畴间张力的调和来说，至关重要。《儿童权利公约》第十二条规定的尊重儿童的意见被儿童权利委员会视作公约四项"基本原则"之一，并且适用于所有情形下的所有儿童，根据该条：①

1. 缔约国应确保有主见能力的儿童有权对影响到其本人的一切事项自由发表自己的意见，对儿童的意见应按照其年龄和成熟程度给予适当的看待。

2. 为此目的，儿童特别应有机会在影响到儿童的任何司法和行政诉讼中，以符合国家法律的诉讼规则的方式，直接或通过代表或适当机构陈述意见。

《儿童权利公约》第三条和第十二条之间的平衡直观地

---

① Committee on the Rights of the Child, General Comment No.5: *General Measures of Implementation of the Convention on the Rights of the Child*, CRC/GC/2003/5, 27 Nov. 2003.

予以显现。正如前文所述，第三条涉及的儿童最大利益，其本身并未在关涉儿童的各种行动中明确赋予儿童积极的角色。实际上是由成年人来决定并保护儿童的最大利益。然而，第十二条确保了儿童在所有可能影响其权益的事项中发表意见的权利；这样一来，儿童自然就有了一席之地，并有了机会表达自己。因此整个过程就会完全不同，当然成年人对决定的作出还是有最终的决定权和职责："虽然最终的结果依然由成年人来决定，但该结果同样会受到儿童意见的影响。"① 就此而言，对于第三条儿童最大利益的理解和适用，第十二条为成年人施加了相应的义务。

除了尊重儿童的意见之外，被声称、控告、认为违反了刑事法律且已达最低刑龄的儿童，同样有权在少年司法中得到公平审理，这就要求儿童能够有效地参与到相关的程序中。儿童权利委员会指出："声称一名儿童应负刑事责任，意味着对于如何处理那些针对他或她的犯罪指控，他或她都应当有资格有效参与到决议过程中。"② 因而，有效参与就不

---

① Lansdown, Gerison, *The Evolving Capacities of the Child*, Florence, UNICEF Innocenti Research Centre, 2005, p.4.
② Committee on the Rights of the Child, General Comment No.10: Children's Rights in Juvenile Justice, CRC/C/GC/10, 25 Apr. 2007, par. 45.

仅仅是形成自己的意见：

公平审理要求被控违反刑事法律的儿童，应当能够有效地参与到审理当中，这意味着其应当能够理解针对其的指控以及可能带来的结果和惩罚，以便于对法律代理人提出要求，与证人对质，对相关事实作出解释，对证据、证言以及所要施加的措施作出正确的认识。《北京规则》第十四条规定，诉讼程序应在一种谅解的氛围中进行，从而让儿童可以自由地参与其中并表达自己的意见。对儿童年龄和成熟度的考量，可能同样要求对常规的庭审程序和实践做出调整。①

儿童有效参与的要求，对少年司法程序有着深远的影响。如果某一儿童，无法就针对他或她的刑事指控有效地参与到决议过程之中，那么可能就有必要对常规的庭审程序和实践做出一定的调整，比如为儿童提供有效的直接援助。如果儿童根本就无法有效参与，那么合乎逻辑的结论是：该儿童不能被置于指控其涉嫌刑事犯罪的程序中。实际上，在这种情况下，任何涉及刑事责任或惩罚的事项都应该避免。问题不再是少年司法本身，而是对于那些不负刑事责任的儿童，应该如何做出福利导向的回应。其实，对于未达最低刑

---

① *General Comment No.10: Children's Rights in Juvenile Justice*, CRC/C/GC/10, 25 Apr. 2007, par. 46.

龄的儿童的处理，应遵循前文所述的权利、保障和指引，在其中，针对儿童的行为有一系列可供选择的回应方式，同时又兼顾了对儿童相关权利的考量。对儿童有效参与权的强调意味着，儿童绝不仅仅是出席福利或司法程序就足够了。

欧洲人权法院对《保障人权和基本自由公约》中的公正审理条款的理解，基本持相同立场："第六条……保证了被告有效参与刑事审判的权利。这通常意味着，其不仅有权出席，还应当能够在诉讼程序中保持及时跟进。这样的权利是对抗制诉讼模式的应有之义……"[①] 在涉及儿童的案件中，欧洲人权法院探讨了儿童的有效参与权：

在此，"有效参与"意味着，被控诉者应当对审判的性质以及与其密切相关的事项有着充分的理解，包括可能被施加的惩罚所代表的意义。因此，他或她本人，或者在翻译者、律师、社工以及朋友提供的必要帮助下，能够理解法庭中相关事项的要点。被告应当能够明白控方证人所要表达的意思，并且，如果其有代理人的话，其应当能够向其律师表明自己对事情的看法，同时指出其抱有异议的证人陈述，以

---

① European Court of Human Rights, *Case of Stanford v.the United Kingdom: Judgment*, 1994, par. 26.

及让其律师知晓任何需要在法庭上提出的辩护事项……①

这些准则与儿童权利委员会提出的有效参与的标准非常相似。此外，即使儿童符合英国的"适宜答辩"标准，或者说达到了适格审判的最低限度，欧洲人权法院也认为这并不一定就表明儿童有能力有效参与到其应诉当中。② 因此，其认为这样的程序背离了儿童的有效参与权与公正审理的要求。③

《世界人权宣言》第十条和第十一条是《儿童权利公约》和《保护人权和基本自由公约》，以及其他相关的国际和地区文件中涉及的公正审理要求的前身。④ 因此，儿童有效参

---

① European Court of Human Rights, *Case of S.C.v. the United Kingdom: Judgment*, Strasbourg, 2004, par.29. 也可参见 European Court of Human Rights, *Case of T.v.the United Kingdom: Judgment*, Strasbourg, 1999; European Court of Human Rights., *Case of V.v. the United Kingdom: Judgment*, Strasbourg, 1999。

② 例如参见 European Court of Human Rights., *Case of S.C.v. the United Kingdom: Judgment*, Strasbourg, 2004, par. 36。

③ European Court of Human Rights., *Case of V.v. the United Kingdom: Judgment*, Strasbourg, 1999; European Court of Human Rights., *Case of S.C.v. the United Kingdom: Judgment*, Strasbourg, 2004, par.36, European Court of Human Rights, *Case of T.v. the United Kingdom: Judgment*, Strasbourg, 1999; European Court of Human Rights., *Case of V.v. the United Kingdom: Judgment*, Strasbourg, 1999.

④ 例如参见 International Covenant on Civil and Political Rights, Art. 14; American Convention on Human Rights, Art. 8; and African Charter on the Rights and Welfare of the Child, Art. 17。

与权在国际法中有着坚实的基础。第六章将讨论儿童通常能够获得相应能力的年龄，以及由此对最低刑龄的设定可能带来的影响，从而进一步探讨以上问题。

四、儿童能力的发展

《儿童权利公约》在国际人权公约中首次提出儿童能力发展的概念。① 其第五条第 2 款着重介绍了该概念的完整内容："缔约国应当尊重父母的责任、权利和义务。在适用时，家庭成员、所居住的社区、法定监护人及其他负有监护责任的人应当在儿童行使本公约所承认的权利时，为其提供符合儿童能力发展的指导与协助。"

此外，该公约的第十四条第 2 款规定了思想、良知及宗教自由："缔约国应当尊重父母双方的权利与义务。在适用该条款时，法定监护人应当以符合儿童能力发展的方式指导儿童行使其上述权利。"

以上两个条款都涉及了父母及其他监护人在儿童教育和成长所应发挥的作用，但却更强调儿童的权利是根本性

---

① Lansdown, Gerison, *The Evolving Capacities of the Child*, Florence, UNICEF Innocenti Research Centre, 2005, p.4.

的，并且确立上述原则适用于所有年龄段的儿童。学者兰本达（Lansdown）指明儿童能力发展的三个基本框架：作为一个儿童发展的概念、作为一个参与式或解放式的概念以及作为一个具有保护性的概念。① 这三个维度解释为何儿童能力发展在调解权益与正义的紧张关系中，对于儿童权利是关键性的。

第一，作为一个发展的概念，儿童能力发展认为尊重儿童天性和培养儿童能力，是成年人义不容辞的责任。正如《儿童权利公约》第六条第 2 款的规定："缔约国应尽最大可能确保儿童的发展"，这里的"发展"包括儿童成长所需要的技能、知识、能力和素质。总之，使儿童得到充分发展被证明是保护儿童权利、落实《儿童权利公约》及国际少年司法准则的核心。②

第二，作为一个参与式或解放式的概念，其核心框架在于鼓励处于权利过渡期的儿童积极地为自己的利益行使权利。鉴于该公约第三条的规定，儿童有权享有最大化的利益

---

① Lansdown, Gerison, *The Evolving Capacities of the Child*, Florence, UNICEF Innocenti Research Centre, 2005, p. 4.
② 参见《儿童权利公约》序言，第二十三条第 3 款、第二十七条第 1 款以及第二十九条第 1 款 a 项；《北京规则》第 1.2 条、第 17 条评注。

是（成人）在所有有关儿童的行为中所需考虑的首要因素，第十二条则保障儿童对可能影响到他们利益的一切问题发表意见的权利（成年人应当对这些意见给予应有的重视），第五条及第十四条则相应地调整为儿童如何行使权利。在引用"儿童行使其权利"和"儿童行使本公约所承认的权利时"，这些条款说明了"在儿童获得了相应能力与意愿的前提下，决策制定的主体从法定监护人转移到了儿童。"① 正如该公约第一章所述，该概念与权利过渡直接相关，即儿童具备完全意志后，有能力行使基于其能力范围内的自由权利。② 正是由于保护主义的干预措施必须考虑到儿童能力发展及法定监护人的指导，基于儿童权利最大利益的国家行动才能得到进一步调整。③

如第一章所论述，作为个体的儿童，其技能与能力发展

---

① Lansdown, Gerison, *The Evolving Capacities of the Child*, Florence, UNICEF Innocenti Research Centre, 2005, p. 4.
② Bellon, Christina M., The Promise of Rights for Children: Best Interests and Evolving Capacities, in Alaimo, Kathleen, and Brian Klug, eds, *Children as Equals: Exploring the Rights of the Child*, Lanham (Maryland), University Press of America, 2002.
③ Ronen, Ya'ir, Protection for Whom and from What? Protection Proceedings and the Voice of the Child at Risk, in Douglas, Gillian, and Leslie Sebba, eds, *Children's Rights and Traditional Values*, Aldershot (England), Ashgate/ Dartmouth, 1998.

水平并非完全不变。例如在某些情况下，儿童可能很快变得足以胜任某些工作，然而有时却需要更进一步地鼓励和成长。因此，儿童在不同的成长阶段会开始行使不同的权利。①总之，在某种程度上，儿童对于自由和责任的期待是一致的，而保护权的重要性却在下降。随着儿童能力的成长、参与性的更加活跃，自由权利和责任义务也应该随之而来。但这既不符合逻辑，也不符合儿童权利的内涵，并将上述的权利与义务推向了完全相反的方向。相反，儿童的能力发展应当推动权利义务顺利前行。

此时，能力发展的概念不仅意味着鼓励儿童获得更大的参与力度和自主性，同时也培养了他们对自己生活和社会角色的支配力和责任感。这些内容被相关的国际文件反复提及，包括少年司法标准。②因此，随着儿童能力的全面发展，应当鼓励他们作为个体和作为社区成员承担更大的自主权和责任。

最后，兰本达关于儿童能力发展的第三个，即作为一个

---

① Lansdown, Gerison, *The Evolving Capacities of the Child*, Florence, UNICEF Innocenti Research Centre, 2005, p. 4.
② 参加《儿童权利公约》序言，第二十九条第 1 款 a 项；1966 年《公民权利和政治权利国际公约》序言；1990 年《联合国预防青少年犯罪准则》第十八条及第二十三条；1990 年《联合国保护被剥夺自由青少年规则》第十二条。

保护性的概念，其认为儿童发展能力指向责任和个体独立。在没有相应合理的支持下，儿童不应被强迫承担他们没有能力履行的责任。只有在满足知识、经验和其他能力的相关先决条件下，其责任范围与强度才能提升。例如，儿童在特定的环境中，无法进行有意义的社会参与，这表明该儿童需要进一步地帮助和成长，才能承担做出相应决定的责任。

儿童也应得到适当保护，免受可能使他们或其能力持续发展受到伤害的责任。诚然，有"道德论"认为："儿童有权享有已获承认的自主权，以及未来已获保障的自治能力。这是为了认识到儿童，特别是年幼的儿童，需要养育、照顾和保护。"[1]根据儿童发展能力的需要维持这些微妙的平衡是棘手的问题，即：

《儿童权利公约》提出的一个最根本的挑战是，儿童必须获得充分且适当保护的权利，其才有能力自主决定行动承担责任并与获得的权利之间取得平衡。[2]

部分难点在于该平衡的本质，即其并非单纯的二分法，

---

[1] Freeman, Michael, *The Moral Status of Children: Essays on the Rights of the Child*, The Hague, Kluwer Law International, 1997, p.37.

[2] Lansdown, Gerison, *The Evolving Capacities of the Child*, Florence, UNICEF Innocenti Research Centre, 2005, p.32.

而是在儿童保护和其自由权利之间构建起一致性。① 同样地，第一章中所提到的关于自由权利的国家最低年龄限制，在某种意义上是指该一致性的各个节点。鉴于儿童在不同环境及不同年龄段的能力仍处于发展期，儿童权利委员应当审查相关限制和措施，以确保"儿童不被强迫承受不适当甚至承担有害儿童成长的责任、风险或经历。"②

（一）儿童能力发展、责任和刑事责任

在少年司法中，儿童能力发展与权益——司法连续统一体，具有显著的相关性。伴随着儿童在参与决策制定过程中的成长，他们必须意识到责任意味着对或好或坏的决定负责。在少年司法中，"儿童不仅被视为脆弱且处于发展阶段的个体，同时也被视为基于理性选择发展能力以及愈加独立制定决策的个体。因此，也将承担日渐增长的道德与法律责任。"③ 随着儿童责任能力的增强，在一个尊重其权利的支持

---

① Freeman, M.D.A., *The Rights and Wrongs of Children*, London, Frances Pinter Publishers, 1983.
② Lansdown, Gerison, *The Evolving Capacities of the Child*, Florence, UNICEF Innocenti Research Centre, 2005, p.7.
③ Doek, Jaap E., Modern Juvenile Justice in Europe, in Rosenheim, Margaret K., Franklin E. Zimring, David S. Tanenhaus, and Bernardine Dohrn, eds, *A Century of Juvenile Justice*, Chicago, University of Chicago Press, 2002, p.522.

性及学习性环境中,应当鼓励他们对其决定负责,包括在少年法庭。① 国际少年司法准则支持上述观点,着重强调儿童有权参与司法活动,拥有与其年龄相应的诉讼权利及地位。② 这本质上要求少年司法机制应当与处于不同年龄段且具有能力差别的儿童需求相协调。

刑事责任的概念正体现于这个框架中。《北京规则》第4.1条规定及其相关评注、《儿童权利公约》第四十条第3款a项规定最为具体。《北京规则》第4.1条认为最低刑事责任年龄"不应当过低,应考虑情感、心智和智力成熟程度等客观因素。"该规定呼吁对于儿童能力发展进行保护。考虑到儿童日益成熟的情感、心智和智力,年幼的儿童可能无法承担其选择和行为所带来的责任,特别是在刑事责任预防方面。因此,最低刑事责任年龄应该设定得足够高以保护儿童免于承担不适格的责任,以及儿童没有准备且可能带来伤害的经历。

《北京规则》第4.1条的评注强调了上述观点,并归纳了

---

① Doek, Jaap E., The Future of the Juvenile Court, in Junger-Tas, Josine, et al., eds, *The Future of the Juvenile Justice System/L'avenir du système pénal des mineurs*, Leuven, Acco, 1991.
② 参见《儿童权利公约》第十二条和第四十条第1款;《北京规则》第四条第1款;1996年《公民权利和政治权利国际公约》第十四条第4款。

现代发展趋势：

"考虑到一个孩子能否承担刑事责任的道德与心理因素，换句话说，这是指基于儿童个人的辨认能力及认知，儿童能否对其反社会行为负责。如果刑事责任年龄规定得太低或者根本没有最低限度，刑事责任将会变得毫无意义。总之，犯罪违反行为与其他社会权利责任具有显著的相关性（如婚姻关系、民事多数等）。"

通过引导儿童道德心理发展、辨别力及认知，该评注强调儿童整体能力发展与刑事责任能力的关联关系。该关联关系实质上确立了一个原则，即随着儿童能力的发展，他们将获得更多的自由权利（与保护性权利相比）、自治权以及随之而来的责任。当然期望儿童有足够的能力承担刑事责任是不合理的，正如在其他情境下儿童不会被授予完全的独立和自由权利一样。而随着儿童的成长，儿童承担刑事责任的先决条件逐渐成熟。根据儿童能力发展水平，使儿童更加独立行使权利和承担更多的责任是合理的。因此，在适当的年龄，儿童也可以承担刑事责任。

《儿童权利公约》第四十条第3款a项同样规定"缔约国应当设立最低刑事责任年龄，低于该年龄的儿童应当被推定不具备违反刑法的能力。"《北京规则》采用了上述观点。该规则明确了缔约各国应当基于儿童能力发展水平规定最低刑龄。这也保护低于最低年龄的儿童免于面对其尚未准备好的权利以及责任。从某种意义上,《儿童权利公约》界定了上述儿童并不具备相较成熟的能力。

然而,该条款的内容不能完全被解释为一种保护性措施。审视以儿童能力发展为核心相关概念,应该站在解放发展的角度。① 该条款的发展观点是其内核,即"从根本上来讲,这是儿童能力的根本性问题。"低龄儿童能力不足,随着时间增长,其将会在支持和鼓励下成长,年龄较大的儿童则与之相反。在这过程中,儿童需要支持、鼓励及获得学习机会。这说明承担刑事责任需要儿童能力发展的客观事实。

从解放的视角,第四十条第 3 款 a 项同时适用于年龄稍长的儿童。儿童达到了特定年龄,就在法律上被推定具有刑事违法性的责任能力。这不仅意味着他们将达到最低刑事责任年龄,更是少年司法的程序起点。一旦儿童达到该年龄阈限,从而被指控、控告以及认定具有刑事违法性,他们可以主张适用第四十条及相关条款所规定的权利与保障。幼童和未被指控、指控或被认为触犯法律的儿童并不享有上述特定

---

① Lansdown, Gerison, *The Evolving Capacities of the Child*, Florence, UNICEF Innocenti Research Centre, 2005, p.7.

情况下的权利与保障。

从儿童能力发展的角度看，将儿童刑事国际少年司法责任能力纳入标准，可以在权利保护导向的少年司法中发挥适当作用。作为一种儿童能力发展的延伸概念，儿童刑事责任能力是儿童权利的必要组成部分，这尊重了儿童能力从低到高的成长过程。同时在社会中使他们为成人的权利义务做好准备。

因此，从儿童权利的理论角度出发，主张永不追究儿童的刑事责任，或者认为应当将刑事责任年龄提高到18岁都是不合理的。在许多情况下，刑事责任能力并不适当，因此必须予以抵制。例如"使儿童面临高度风险、对于其未来发展带来影响的伤害行为，以及对儿童直接适用成人刑事司法系统"，都是不适当的。从这个意义上看，权利框架假定儿童刑事责任肇始于严格适用所有其他少年司法标准的背景。刑事责任不能合法化剥夺自由、适用极刑以及报复性惩罚措施等，这些都被相关国际准则禁止、严格限制以及管制。

此外，承担刑事责任的可能并不必然意味着应当对触犯法律的儿童适用或将要适用刑罚。国际准则设想了对涉嫌犯罪行为的儿童适应刑罚措施以及保安措施，但更加偏好适用非刑罚性质的保安措施以及感化。同时，每当儿童被认定实施违法行为,其能力发展水平仍然是适应相关措施所需要考虑的重要因素。《儿童权利公约》第四十条第 4 款体现了上述目的,并规定"确保对儿童采取的相关措施符合其身心发展,并与个案情况、罪行吻合。"与儿童情况相适应的刑事反应机制,说明"不仅儿童所实施的犯罪行为很重要,在责任能力增强到足以对行为负责的情境下,其罪责程度也很重要。"①

换言之,根据儿童的成长情况和实际罪行,所有被判决认为应当对违法行为负责的儿童都应当受到妥当的措施处置。儿童能力发展同样要求儿童必须对他们违法行为所带来的后果具有一定经验,即"所采取的措施能够促进其理解自己的选择且能够承担个人责任"。这也期待随着儿童的成长,其能够对其行为承担更多的责任。对儿童的犯罪行为不予回应并不能培养他们在社会上独立生活的能力。相反,国际少年司法准则要求各国制定并采取一系列的适当措施以服务上述核心目的。②

---

① Doek, Jaap E., The Future of the Juvenile Court, in Junger-Tas, Josine, et al., eds, *The Future of the Juvenile Justice System/L'avenir du système pénal des mineurs*, Leuven, Acco, 1991. p.206.
② 参见《儿童权利公约》第四十条第 4 款。

即使刑事责任由于年龄因素被禁止，儿童能力发展仍然对幼童持同样的原则。他们的能力需要被发展、尊重以及培养。在相关领域，当儿童有相应资格能力时，儿童既应该有行使自治权的机会，也有机会从该实践所带来的结果中汲取经验。所有儿童应当被允许获得发展适当的独立，支持并鼓励其接受独立以及相应的责任。

因此，所有实施违法行为的儿童都应当受到相关的司法反应，该差别化且适当的司法反应考虑儿童能力差别，并有助于进一步发展其能力，同时保护他们免于承担过度的责任而受到伤害。如前文所述，这并不必然意味着政府干预。实施违法行为的幼童，包括低于刑事责任年龄最低限度的儿童，应当从对他们上述行为的适当司法反应中学习到经验：

虽然《儿童权利公约》不支持将儿童纳入犯罪主体体系，但这并不意味着青少年犯罪人应该被认定没有任何责任。相反，使青少年犯罪人对其行为负责是重要的目的。例如，前者参与修复其所造成的损害。[1]

---

[1] Hammarberg, Thomas, *The Human Rights Dimension of Juvenile Justice*, presented at the Conference of the Prosecutors General of Europe, Moscow, 5—6 July 2006.

这本质上并非关于如何惩罚的论述，正如第六章所述，这将会对青少年罪犯起到相反作用。刑事指控、刑事诉讼程序以及刑罚措施对年龄低于刑事最低年龄的儿童并不适用，其所受到的司法反应不具备强制性且应尊重儿童权利。① 在儿童交流的层面上，该司法反应更多的是立足于教导，即"通过对话的方式培养儿童对其所造成的伤害的道德意识。"② 与受人敬重的长者对话，道歉、调解和恢复性司法经验不仅提供了对儿童行为表达不满的有效渠道，同时也要给予他们所需要的建议、支持和包容。③ 正式的司法机构实际上反而可能会阻止这种有意义的交流。

五、回归社会

就缓解权益与司法的紧张关系而言，国际少年司法的最

---

① 《1990 年联合国预防青少年犯罪准则》的文本，参见 Guidelines 2—4, 5(a), 5(d), 6, 7, 10, 20, and 52。
② Weijers, Ido, The Moral Dialogue: A Pedagogical Perspective on Juvenile Justice, in Weijers, Ido, and Antony Duff, eds, *Punishing Juveniles: Principle and Critique*, Oxford, Hart, 2002.
③ Walgrave, Lode, Not Punishing Children, but Committing Them to Restore, in Weijers, Ido, and Antony Duff, eds, *Punishing Juveniles: Principle and Critique*, Oxford, Hart, 2002.

后原则目的是使其回归社会。《儿童权利公约》第四十条第1款将儿童回归社会列为少年司法的核心目标，即"每个儿童都有权得到能够促进尊严和个体价值的对待，并考虑到儿童回归社会以及如何参与社会建设。"这一原则同时适用于年龄低于或高于最低刑事责任年龄限度的儿童，尤其是所有涉及剥夺自由的案件。

肇始于《儿童权利公约》，回归社会在国际少年司法准则中日趋重要。[①] 其否定了这样一种假设，即个别儿童是出现问题的根源，转而着眼于结构性影响以及社会层面的责任和因素。例如，在违法犯罪成为问题之前，强调社会要积极地帮助儿童融入社区生活，并以保障儿童的权益为出发点。[②] 被剥夺自由或触犯法律的儿童应与家人取得联系、继续与社区保持关联、参加职业技能培训、提前释放，指导以及其他帮助，为其回归社会奠定基础。[③] 由于回归社会需要愿意接受和欢迎儿童重返社区生活，准则强调社区在保障儿童回归

[①] Van Bueren, Geraldine, Child-Oriented Justice—An International Challenge for Europe, 6 *International Journal of Law and the Family* 381, 1992, pp.381—382.

[②] 参见《北京规则》评注1；1990年《联合国预防青少年犯罪准则》第二条及第二十一条准则。

[③] 参见《北京规则》第二十六条第1款、第二十九条及评注；1990年《联合国预防青少年犯罪准则》第三、八、三十八、五十九条及第七十九、八十、八十一条。

社会中所起到的重要作用。①

回归社会法案的原则旨在限制过度的权益及司法行为，包括前两者的共同缺陷，即仅仅将犯罪当成儿童的个人问题看待，与社会及系统结构性等因素带来的影响割裂开来。从儿童权利层面来看少年司法，社会义务被直接处理。此外，作为少年司法的首要目标，就违反法律的儿童而言，必须重视并且致力于帮助其回归社会的各个方面。任何试图污名化儿童的诉讼地位、程序以及刑事制度裁违背了回归社会的原则，把儿童当作道德或政治的牺牲品、使其与社会脱节、积极地孤立他们等行为亦侵犯了该原则。国际少年司法准则强调回归社会的重要性，因此重视少年司法职能，并叩问"这是否与儿童充分回归社会的目的相一致？"

结　语

本章审视了儿童权利的主要原则，这些原则有助于缓解福利—司法联系统一体的紧张关系。这在儿童权利保护的语境下，赋予了最低刑事责任年龄限度积极意义。与传统的权

---

① 详见 1990 年《联合国预防青少年犯罪准则》第八条及第八十条。

益保护、少年司法相比,《儿童权利公约》对儿童保护有着更丰富的概念,涵盖了国家、家庭、儿童等综合关系。同时,通过制定一套更宽泛的核心原则,以试图避免权益保护和少年司法中的系统性缺陷。儿童权利的核心要求更加尊重个体尊严。例如,《儿童权利公约》第四十条第 1 款所强调的少年司法的基本原则规定"以符合促进儿童尊严和个体价值的方式对待儿童。"

国际少年司法准则通过权益及司法方面权利进步来应用以上原则。首先,年龄低于最低刑事责任年龄的儿童在实施违法行为后,针对其行为的司法反应将得到特殊的考虑。儿童权利最大化是中心,在处理儿童行为时,任何福利、保护、教育、程序以及行为都必须侧重于对家庭和学校的援助。绝不允许剥夺儿童自由,《儿童权利公约》缔约国应当就上述细节向儿童权利委员会报告。

针对年龄高于最低刑事责任年龄的儿童,当被指控、控告以及判决触犯刑法时,应当为其提供更大范围的保障。从这个意义上看,年龄低于最低刑事责任年龄的儿童所享有的具体保障措施,要少于年龄满足刑事责任年龄最低年龄且违反法律的儿童所享有的保障措施。对于年龄较长的儿童,儿童权利最大化仍然是首要考虑的因素。一系列少年司法权利与保障措施进一步确保其可以享有公正的审判与保护。这就是为何最低刑事责任年龄在少年司法与儿童权利中如此重要的原因。例如，较高的最低刑事责任年龄会将更多的儿童排除在少年司法之外，但也意味着在相当程度上限缩了该儿童在特定框架下的权利。

其他原则进一步限制过度的权益与司法。在审判中，尊重儿童的意见以及保障其有效参与诉讼的权利，证明诉讼参与的核心作用远远超出了权益保护和司法。假如儿童不能自由地表达自己、有效地参与审判，则儿童应该得到更多的援助以及程序的修正。如前所述，若相关措施规定得不够充分，则必须排除适用少年司法程序，转而适用于以权益保护为导向的方式处理该无刑事责任儿童的行为。

同样，国际准则注重回归社会，既对福利模式，也对司法模式进行了批判：福利模式和司法模式均孤立地看待儿童个体，即要么把儿童视为遇到问题需要帮助的客体，要么视为只会犯罪且应受刑罚的主体。与之相反，国际准则明确提倡对青少年犯罪应进行结构性—制度性理解，且这种模式同时提倡采取一种原则性的模式，且这种模式把儿童推定为在社会中能发挥建设性作用，且重视儿童的成就。

儿童能力发展的概念十分重要，其否决了儿童是非适格犯罪主体的任何假设。儿童的能力需要尊重及培养，随着儿童能力的发展，保护权的重要性降低，反而自由性权利与责任会增加。儿童的刑事责任正体现在这一规律中，其支持儿童在制定决策中承担更大的作用、代表自己行使权利以及为自己的行为负责。因此，儿童权利原则不支持全面否定儿童的刑事责任，并将最低刑事责任年龄设置在了18岁。儿童能力发展则认为所有儿童应当接收到对其问题行为的恰当反应，包括在低于最低刑事责任年龄时学校与社会的援助，以及达到最低刑事责任年龄之后少年司法的反应。

上述原则表明，国际儿童权利原则在构建童年价值理念时并不中立。除了前述的方法外，其还融合了儿童、儿童权利与责任等重要概念。该视角带来了许多优势，包括更大的透明度、国际合法性、一致的道德理念基础以及指导社会了解儿童群体的准则。从这个意义出发，国际儿童权利原则需要对童年和儿童做出新的解释。该解释需要对保护性权利和自由性权利、前两者的先决条件、双方的平衡互动、实施条件以及社会成人所扮演的角色，进行综合而非零散的叙述。这种儿童权利叙述为儿童道德扩展了更丰富、更富原则性的空间。这超越了道德上的谴责与非难，兼顾了个案正义与社会正义。

然而，围绕着国际儿童权利原则，文化差异、对儿童的观念差别以及争论，仍然存在讨论空间，实际上也有许多模糊地方和摩擦点需要研究。这仅仅是一个动态发展所产生的自然结果。① 儿童权利的生命力很大程度上在于其原则的普遍相关性，这一点强调了在不断重新审视和忠实于这些原则时需要保持警惕。事实上，儿童权利作为一种界定儿童问题的方式，依赖于实践中如何运用这些原则以及如何成功整合这些原则以面对新的挑战。

---

① 比如，可以参见 Nelken, David, Afterword: Choosing Rights for Children, in Douglas, Gillian, and Leslie Sebba, eds, *Children's Rights and Traditional Values*, Aldershot (England), Ashgate/Dartmouth, 1998。

第三章
最低刑龄与区际和国际法律文本中的国家义务

大量的区际和国际法律文本都对最低刑龄问题予以特别关注，有的文本还为相关国家创设了法律义务。本章将按照时间顺序对这些主要的文本进行研究，尤其是会关注这些文本的发展关系，并初步梳理出相关规定以及监管部门和其他司法机关对这些规定所作的解释背后的历史脉络。① 许多观点虽然仍有待于讨论或者需要进一步说明，但因得益于儿童权利委员会所做的工作，对这些问题现有的说明和指导已十分详尽和广泛。儿童权利委员会建议，在国际范围内对各国的最低刑龄规定及其实施情况进行综合汇总。该建议逐渐得到其他法律文本和机构的极大肯定，这一章就是从第二章中

---

① 至少在 2008 年 6 月之前，本章中的信息是完整的。

对更广泛的少年司法框架之分析出发,对最低刑龄规定的这一非常具体的事项进行综述和概览。

一、《公民权利及政治权利国际公约》

和《儿童权利公约》一样,1996年制定的《公民权利及政治权利国际公约》(ICCPR)是国际人权条约的核心之一。① 在《公民权利及政治权利国际公约》的缔约国中,只有两个国家没有批准《儿童权利公约》,这两个国家分别是索马里和美国。该条约虽然同时适用于成人和儿童,但这是第一个明确要求缔约国对刑事案件中的儿童提供特殊对待并规定特别程序的国际人权条约。虽然该条约没有对"未成年人"进行定义,但其中第14(4)条明确使用这个术语来指代最低刑龄与刑罚最低年龄之间的年龄跨度范围。② 这就预先假定了"未成年人"是有一个精确的年龄下限的概念。学者们也纷纷指出,依据《公民权利及政治权利国际公约》的这些规定,可以得出如下结论:

---

① 1966年12月16日联合国大会通过的第2200 a (XXI) 号决议。
② ICCPR art. 14(4): "就未成年人而言,程序上应考虑到他们的年龄及其重塑的意愿。"

1. 各缔约国有义务规定各自的最低刑龄。

2. 各缔约国可以选择各自的最低刑龄层次，条件是所选择的最低刑龄须在国际公认的一般限度内。

3. 各缔约国必须将所选择的最低刑龄平等地适用于男童和女童。①

相应地，人权委员会作为《公民权利及政治权利国际公约》的监管机构，负责对该公约进行解释。② 在对《公民权利及政治权利国际公约》第 14 条之履行的一般解释中，人权委员会指出，几乎所有缔约国的报告都没有提供关于最低刑龄规定的充分的信息，而且也没有提供这些规定如何考虑到促使青少年矫正的有利条件的充分的信息。但该公约第 14（4）条规定应提供充分的信息。③ 人权委员会还对特定缔

---

① Muhammad, Haji N.A. Noor, "Due Process of Law for Persons Accused of Crime," in Henkin, Louis, ed., The International Bill of Rights: The Covenant on Civil and Political Rights, New York, Columbia University Press, 1981; and Nowak, Manfred, U.N. Covenant on Civil and Political Rights: CCPR Commentary, Kehl (Germany), N.P. Engel, 1993.

② 一般参见 Cipriani, Don, *The Minimum Age of What? Criminal Responsibility, Juvenile Justice, and Children's Rights*, unpublished draft, Florence, UNICEF Innocenti Research Centre, 2002。

③ "第 13 号一般性意见（1984 年第二十一届会议）"，载 *Compilation of General Comments and General Recommendations adopted by Human Rights Treaty Bodies*, HRI/GEN/1, 1992, par. 16。

约国的最低刑龄规定进行了考察并进行了批评。在最后的总结中，人权委员会认为，将最低刑龄定于 7 岁、8 岁和 10 岁就过低了，这是不可接受的，也不符合国际标准——特别是不符合《公民权利及政治权利国际公约》第 10（2）(b）条、第 14（4）条以及第 24（1）条的规定。人权委员会因此建议这些国家应提高各自的最低刑龄。①

除了年龄层次之外，人权委员会还对与最低刑龄相关的其他规定进行了评价，包括无犯罪能力原则（doli incapax）。该原则被许多国家所采纳，本章的研究对其所涉及的各个方面进行了密切关注。简而言之，无犯罪能力原则是一个法律推定，即推定介于最低刑龄与更高年龄界限之间的儿童没有能力承担刑事责任。理论上来说，这一推定可能会被法庭上有关个别儿童的成熟度和理解能力的证据所推翻。如果该推定就这样被推翻，那么就有可能对儿童施加刑事责任，儿童将受到审判；而该推定如果没有被推翻，那儿童在法律上就没有能力承担刑事

---

① 其中，参见下述：*Concluding observations: Cyprus*, CCPR/C/79/Add.39, 21 Sept 1994; *Kenya*, CCPR/CO/83/KEN, 29 Apr 2005, par. 24; *Sri Lanka*, CCPR/C/79/Add.56, 27 Jul 1995; and *Suriname*, CCPR/C/80/SUR, 4 May 2004, par. 17. ICCPR Art. 10(2)(b):"被指控的未成年人应与成年人分开，并尽快送交法院审判。" ICCPR Art. 14(4); and Art. 24(1):"每一儿童，作为未成年人，其有权获取来自家庭、社会和国家的保护，这种权利不因其种族、肤色、性别、语言、宗教、国籍或社会出身、财产或出生而受到歧视。"

责任，而且理论上，儿童不会进入刑事诉讼程序中。考虑到斯里兰卡的立法规定，人权委员会指出，无犯罪能力制度作为一项具有重大而深远意义的制度，显然在儿童的可能承担刑事责任这一问题上，赋予了法官很大的自由裁量权。①

二、《经济、社会及文化权利国际公约》

1966 年制定的《经济、社会及文化权利国际公约》没有明确解决少年司法问题，但该公约的监管机构——经济、社会、文化权利委员会，认为该公约第十条暗含了重要的最低刑龄意指。② 该委员会表达了对 7 岁和 9 岁作为最低刑龄的担忧，认为这个年龄下限规定得太低了，同时，该委员会明确鼓励和号召缔约国提高各自的最低刑龄下限，使之符合公约第十条规定的义务。③

---

① *Sri Lanka*, CCPR/C/79/Add.56, 27 Jul 1995. Cipriani, Don, *The Minimum Age of What? Criminal Responsibility, Juvenile Justice, and Children's Rights*, unpublished draft, Florence, UNICEF Innocenti Research Centre, 2002.
② 联合国大会 1966 年 12 月 16 日第 2200 A（XXI）号决议通过。索马里是该条约的缔约国。除其他问题外，第十条涉及家庭保护和援助，特别是儿童照料和教育，以及保护和援助儿童的特别措施。
③ 参见下述：*Concluding observations: Malta*, E/C.12/1/Add.101, 14 Dec 2004, pars. 21 and 38; and *(Hong Kong): China*, E/C.12/1/Add.58, 21 May 2001, pars.24 and 43。

三、《美洲人权公约》

负责监督 1969 年《美洲人权公约》条款之执行的两个机构是美洲人权委员会和美洲人权法院。① 2001 年，美洲人权委员会先于美洲人权法院要求一份关于儿童司法状况及人权的咨询意见。② 这一要求虽然比最低刑龄规定要宽泛得多，但却是出于对法官在判断儿童是否缺乏完全的辨别能力之裁决中的自由裁量权有关的法律和司法实践充满担忧。如同第一章指出的那样，尽管有些人认为这符合儿童的最大利益，但这样的裁决在历史上曾导致了事实上剥夺儿童的权利、法律保护以及保证的措施，尤其是在刑法中。

在关于这些问题的广泛讨论中，美洲人权法院的多数意见简要论述了最低刑事责任年龄的概念，并将其称为是"可控诉性"的概念：

"刑事法的视角与那些被界定为犯罪并可科以刑罚的行为有关，而且也与刑事制裁这一后果有关。从前述的这种刑

---

① 《第 36 号条约汇编》，于 1969 年 11 月 22 日由美洲国家组织的美洲内部人权专门会议通过。
② Inter-American Court of Human Rights, *Juridical Condition and Human Rights of the Child*, Advisory Opinion OC-17/2002 of August 28, 2002.

事法视角看，可控诉性指的是一个人承担罪责的能力。如果行为人不具备这种能力，那他就不可能像一个可控诉的人那样在诉讼案件中受到指控。当行为人不能理解其作为或不作为的性质，并且/或者根据其理解进行行为时，那么指控性的能力就不具备。人们普遍认为，低于特定年龄的儿童是缺乏上述这种能力的。尽管这是一个通用意义上的法律评价，并且其不能根据个案而对未成年人的具体情况进行审查，但是其完全地将未成年人排除在刑事审判的范围之外。"①

随后，美洲人权法院的该意见还引用了《儿童权利公约》和《联合国少年司法最低限度标准规则》相关条款，并根据非常规情况（situación irregular）原则驳斥了刑法的适用。② 正如我们在上面的引文中所讲的那样，美洲人权法院的多数意见重申了最低刑龄必须用法律加以规定这一理念，而且明确反对在个案中分别评估行为人刑事责任能力的理念，比如无犯罪能力原则中的理念就不受欢迎。其他的并存意见确实对在不对个人承担刑事责任的能力进行评估的情况

---

① Inter-American Court of Human Rights, *Juridical Condition and Human Rights of the Child*, Advisory Opinion OC-17/2002 of August 28, 2002, par. 105.
② Inter-American Court of Human Rights, *Juridical Condition and Human Rights of the Child*, Advisory Opinion OC-17/2002 of August 28, 2002, par. 106 *et seq*.

下规定最低刑龄标准提出了质疑。①

四、1949 年 8 月 12 日《日内瓦公约》第一附加议定书

在 1949 年制定的《日内瓦公约》的基础上，1977 年第一附加议定书（关于保护国际性武装冲突受难者）中，关于各国规定最低刑龄义务的隐含意指并不是出现在协议文本中——因为协议文本并没有提及最低刑龄问题，而是出现在协议起草时有关最低刑龄的大量争论中。第二次世界大战后的数十年间，国际援助进一步促进了人道主义法律的发展，特别是更新了 1949 年的《日内瓦公约》。② 国际红十字会（ICRC）完成了 1949 年《日内瓦公约》的两个协议草案的最初文本，这两个文本于 1973 年分发给世界各国政府。于是，瑞士政府召集了外交会议，会期从 1974 年延至 1977 年，会议邀请了所有的《日内瓦公约》缔约国以及所有的联合国成员。

---

① Judge Sergio García Ramírez, Concurring Opinion, ibid., pars. 10—12.
② 参见 Pictet, Jean, General introduction: The task of the development of humanitarian law, in Sandoz, Yves, et al., eds, *Commentary on the Additional Protocols of 8 June 1977 to the Geneva Conventions of 12 August 1949*, Geneva, International Committee of the Red Cross, 1987。

45 　　我对国际红十字会的第一附加议定书草案具有非常大的兴趣。第一附加议定书草案第68（3）条规定，实施与特定的某些国际武装冲突相关联的罪行时不满18岁的，禁止对行为人判处死刑。① 该规定所规定的年龄范围具有相对的局限性，正如可提出证据加以证明的那样，其将普通刑事犯罪排除在外，这在最终文本第77（5）条所采用的版本中也有所示。② 对于草案第68（3）条，巴西代表团提议增加下面的规定："对于犯罪行为发生时不满16岁的人，不应该提起刑事诉讼，也不应对其宣告刑事判决。"该规定同时仍适用于与某些特定国际冲突相关的犯罪。③

---

① International Committee of the Red Cross, Article 68—Protection of children, *Draft Additional Protocols to the Geneva Conventions of August 12, 1949*, Geneva, 1973, reprinted in Volume I, *Official Records of the Diplomatic Conference on the Reaffirmation and Development of International Humanitarian Law applicable in Armed Conflicts, Geneva, 1974—1977*, Bern, Federal Political Department, 1978.
② "对与武装冲突有关罪行实施的死刑，不得对犯罪时不满18岁的人执行。"参见 Pilloud, Claude, and Jean Pictet, Protocol I: Article 77—Protection of children, par. 3205, in Sandoz, Yves, et al., eds, *Commentary on the Additional Protocols of 8 June 1977 to the Geneva Conventions of 12 August 1949*, Geneva, International Committee of the Red Cross, 1987, p.904。
③ *Amendments to Draft Additional Protocol I and Annex: Article 68, Protection of Children [Art. 77 of the Final Act]: Brazil*, CDDH/III/325, 30 Apr 1976, reprinted in "Volume III," *Official Records of the Diplomatic Conference on the Reaffirmation and Development of International Humanitarian Law applicable in Armed Conflicts, Geneva, 1974—1977*, Bern, Federal Political Department, 1978, p.301.

在瑞士外交会议的三个主要全体委员会中，第三委员会负责审议草案第68条以及该条款的修正案。在第三委员会就该条款召开的第一次会议中，来自巴西的代表正式介绍了巴西代表团的提案，并明确参考了巴西刑法关于将最低刑罚年龄下限划定为18岁的规定。在当时，从技术层面来说，18岁也是巴西的最低刑龄，因为对于被指控的刑事犯罪发生时不满18岁的人，刑事诉讼、刑事判决或者刑罚都是不会被适用的。这位代表解释称，巴西代表团提议的施加刑事诉讼和判决的年龄下限是16岁，而不是18岁，"希望这个年龄下限被证明是普遍可接受的。"① 即使将年龄下限划为16岁是不可接受的，这位代表仍然认为规定一些确定的年龄下限是可取的。有意思的是，第三委员会的讨论，特别是关于巴西代表团提案的讨论，即前述详细提及的巴西代表团的提案，关注并且主要评论的是国内的刑法规定。

在对巴西代表团提案的第一轮直接评议中，来自日本的代表注意到，许多国家的刑法将刑事诉讼的最低年龄下限规定为

---

① *Summary Record of the Forty-Fifth Meeting held on Wednesday, 5 May 1976, at 10.20 a.m.: Article 6—Protection of children*, CDDH/III/SR.45, par. 12, reprinted in "Volume XV," *Official Records of the Diplomatic Conference on the Reaffirmation and Development of International Humanitarian Law applicable in Armed Conflicts, Geneva, 1974—1977*, Bern, Federal Political Department, 1978, p.66.

14岁；表面上，日本当时的最低刑龄也是划定在14岁。因此，这位日本代表建议，巴西代表团的提案必须将最低刑龄降低至14岁，否则将是不可接受的。① 很明显，第三委员会对于协商一致决策的强烈倾向，暗含地偏向于一种平衡各方利益的解决方式，这种解决方式可能会导致对各国国内的刑法进行调节。

而加拿大的代表则对巴西的修正案表示反对，并同时指出：固定刑事责任年龄是一项国家责任，但各个国家在适用该原则时，都将考虑到自己国家的特有文化、发展水平及实际需求。议定书制定的相关条款对国家主权造成了冲击。在许多国家看来，这是对主权的无端干涉，因此，是不可接受的。②

加拿大的最低刑龄相对较低——直至1984年仍规定为7

---

① *Summary Record of the Forty-Fifth Meeting held on Wednesday, 5 May 1976, at 10.20 a.m.: Article 6—Protection of children*, CDDH/III/SR.45, par. 20, reprinted in "Volume XV," *Official Records of the Diplomatic Conference on the Reaffirmation and Development of International Humanitarian Law applicable in Armed Conflicts, Geneva, 1974—1977*, Bern, Federal Political Department, 1978, p.67.

② *Summary Record of the Forty-Fifth Meeting held on Wednesday, 5 May 1976, at 10.20 a.m.: Article 6—Protection of children*, CDDH/III/SR.45, par. 24, reprinted in "Volume XV," *Official Records of the Diplomatic Conference on the Reaffirmation and Development of International Humanitarian Law applicable in Armed Conflicts, Geneva, 1974—1977*, Bern, Federal Political Department, 1978, p.68.

岁。这对这位代表的论证产生了影响，该论证以主权原则为基础，由此回避了调节不同国家法律的现实问题。

各国政府的代表纷纷就该提案发表意见，并提出了大致相似的观点。其中乌拉圭的代表以"很难达成一个各国普遍接受的条款"为基础，反对巴西提出的修正案。① 最后的结果是：建议第三委员会的事务委员会，仔细考虑精确的刑事责任年龄下限。第三委员会同意将整个第68条草案交由事务委员会进一步讨论。②

事务委员会对该条款草案进行了持续一周的讨论，并就巴西代表团提案的有关的讨论向第三委员会作出如下报告：

在报告中，一位代表希望增加一个新的第6款，禁止对

---

① *Summary Record of the Forty-Fifth Meeting held on Wednesday, 5 May 1976, at 10.20 a.m.: Article 6—Protection of children*, CDDH/III/SR.45, par. 28, reprinted in "Volume XV," *Official Records of the Diplomatic Conference on the Reaffirmation and Development of International Humanitarian Law applicable in Armed Conflicts, Geneva, 1974—1977*, Bern, Federal Political Department, 1978, at 69. See also *Ibid.*, par. 25 at 68, par. 31 at 69, par. 34 at 70, and par. 36 p.71.

② *Summary Record of the Forty-Fifth Meeting held on Wednesday, 5 May 1976, at 10.20 a.m.: Article 6—Protection of children*, CDDH/III/SR.45, pars. 37and 40, reprinted in "Volume XV" *Official Records of the Diplomatic Conference on the Reaffirmation and Development of International Humanitarian Law applicable in Armed Conflicts, Geneva, 1974—1977*, Bern, Federal Political Department, 1978, p.71.

犯罪行为发生时尚未达到理解其行为可能产生的后果之成熟程度的儿童提起任何刑事起诉或施加任何刑罚。然而，事务委员会决定，对这种年龄标准的划定，交由各国在其法律中进行规定更为妥当。①

事务委员会将该条款的草案回呈第三委员会，而没有附加巴西代表团提出的修正案。草案在许多条款中提出，在国际法中强化一个奠定最低刑龄规定之基础的核心原则，各方基本上已经准备一致同意采纳该条款。

为了从整体上完成其任务，第三委员会停止了对条款草案的讨论，但同时允许各代表团事后对各自就该条款的投票进行说明。②在第六十八条草案被采纳后，来自意大利的代表进行了陈述：

意大利的巴里莱（Barile）先生说，第一附加议定书草

---

① *Report to Committee III on the work of the Working Group, submitted by the Rapporteur*, CDDH/III/391, reprinted in "Volume XV," *Official Records of the Diplomatic Conference on the Reaffirmation and Development of International Humanitarian Law applicable in Armed Conflicts, Geneva, 1974—1977*, Bern, Federal Political Department, 1978, p.522.

② *Summary Record of the Fifty-Ninth Meeting held on Tuesday, 10 May 1977, at 3.15 p.m.: Proposals submitted by the Working Group for further study*, pars. 1 and 17—18, CDDH/III/SR.59, reprinted in "Volume XV," *Official Records of the Diplomatic Conference on the Reaffirmation and Development of International Humanitarian Law applicable in Armed Conflicts, Geneva, 1974—1977*, Bern, Federal Political Department, 1978, pp.209, 212.

案第六十八条以及第二附加议定书草案第三十二条中,存在一处疏漏[原文如此]。这两个条款没有提及一个公认的原则,即:如果一个儿童在犯罪行为发生时没有认知能力,那么无论其年龄大小,都不能受到审判。如果划定一个具体的认知年龄下限是不可能的,那么在第一附加议定书第六十八条的一个单独的条款中至少应该规定一个一般性的原则,第二附加议定书中也应规定这个一般性规则。这个单独的条款可以这样表述:"在犯罪行为发生时,基于年龄原因而不具备辨别能力的儿童,不能因与武装冲突相关的犯罪受到审判"。意大利代表团认为,对该规则进行详细说明已经被视为毫无必要的,每一个法律制度中都可以见到该规则的身影,尽管如此,该规则必须得到适用。因此,在最后的报告中,上述解释以及那个一般性原则都应该被特别提及。①

第一附加议定书和第二附加议定书中没有规定这样的条款,但是在第三委员会随后讨论最后的工作报告中,在旨在起草第六十八条的那部分时,一位意大利代表突然插入说,

---

① *Summary Record of the Fifty-Ninth Meeting held on Tuesday, 10 May 1977, at 3.15 p.m.: Proposals submitted by the Working Group for further study*, par 62, CDDH/III/SR.59, reprinted in "Volume XV," *Official Records of the Diplomatic Conference on the Reaffirmation and Development of International Humanitarian Law applicable in Armed Conflicts, Geneva, 1974—1977*, Bern, Federal Political Department, 1978, pp.209, 219.

其也寻求相同的目标：

他将其理解为，事务委员会中没有任何人质疑过这个一般原则的存在，即行为人在犯罪行为发生时不能理解其行为之意义的，不能被视为应对该罪行负有罪责。他认为在第六十五条中规定这个原则是可取的，并认为最后一句可以用下面的文本进行替换：

"第三委员会虽然认可这是一个一般性的国际法原则，即如果在犯罪行为发生时，行为人不能理解其行为的后果，那就不能宣判其犯有刑事犯罪。不过，第三委员会还是决定把这个原则的适用留给各国的国内立法来处理。"①

紧接着，事务委员会的会务报告人证实，"对他而言，被提议的文本准确、清晰地反映了第三委员会的意图。"② 同

---

① *Summary Record of the Sixtieth (Closing) Meeting held on Friday, 13 May 1977, at 10.20 a.m., [Fourth Session], Adoption of the Draft Report of Committee III*, CDDH/III/SR.60, par. 4, reprinted in "Volume XV," *Official Records of the Diplomatic Conference on the Reaffirmation and Development of International Humanitarian Law applicable in Armed Conflicts, Geneva, 1974—1977*, Bern, Federal Political Department, 1978, pp.221—222.

② *Summary Record of the Sixtieth (Closing) Meeting held on Friday, 13 May 1977, at 10.20 a.m., [Fourth Session], Adoption of the Draft Report of Committee III*, CDDH/III/SR.60, par. 5, reprinted in "Volume XV," *Official Records of the Diplomatic Conference on the Reaffirmation and Development of International Humanitarian Law applicable in Armed Conflicts, Geneva, 1974—1977*, Bern, Federal Political Department, 1978, p.222.

样地，第三委员会的正式工作报告——虽然在第一附加议定书的采纳文本中无迹可寻，提出如下观点：

一位代表希望在报告中指出，他倾向于增加一个新的第6款，以禁止对犯罪行为发生时尚未达到理解其行为可能产生的后果之成熟程度的儿童，提起任何刑事起诉或施加任何刑罚。第三委员会虽然认可这是一个一般性的国际法原则，即如果在犯罪行为发生时，行为人不能理解其行为的后果，那就不能宣判其犯有刑事犯罪。但第三委员会还是决定把这个原则的适用，留给各国的国内立法来处理。①

第一附加议定书于1977年6月8日被采纳，但该议定书最后没有对刑事起诉的年龄下限进行规定。不过，第三委员会的最终报告载明了首个正式的声明，即：在这一领域存在一个一般性的国际法原则。与会者一致同意——实际上从未真正地质疑——这一原则的存在，即：如果犯罪行为发生时，行为人不能理解其行为所致后果的，不能被判有罪。最后，正如可提出证据加以证明的那样，这蕴含了许多相关的

---

① *Report of Committee III*, CDDH/407/Rev. 1, par. 65, reprinted in "Volume XV, Annex II," *Official Records of the Diplomatic Conference on the Reaffirmation and Development of International Humanitarian Law applicable in Armed Conflicts, Geneva, 1974—1977*, Bern, Federal Political Department, 1978, p.466.

语境：该原则是在有关儿童犯罪的情况下被理解，以及被认为与儿童在不同年龄段的理解能力相关联；该原则禁止刑事起诉、定罪以及刑罚；无论所实施犯罪行为的性质如何，该原则均可适用；该原则的有效性不受冲突情形是否存在的影响。很明显，由于在划定一个共同的年龄下限问题上困难重重，有人认为，各国的国内立法应该规定该原则的适用。最近的学术研究已经试探性地支持第三委员会的这一结论，即存在一个一般性的法律原则。同时，从表面上看，学术界也注意到这个规则，要么将允许规定一个固定的年龄下限，要么将允许在儿童潜在的刑事责任问题上进行个案审查。① 在介绍了全球范围的现行最低刑龄规定之后，这些问题将在第五章中作进一步的探讨。

五、《禁止酷刑公约》

1984年制定的《禁止酷刑和其他残忍、不人道或有辱人格的待遇或处罚公约》（CAT）是核心国际人权条约之一，禁止酷刑委员会则负责监管缔约国——其中包括索马里和美国，

---

① Happold, Matthew, *Child Soldiers in International Law*, Manchester, Manchester University Press, 2005, p.144.

对该公约的履行。① 《禁止酷刑公约》平等地适用于儿童和成年人，禁止酷刑委员会定期对《禁止酷刑公约》履行中的儿童状况进行特别观察。在最低刑龄方面，禁止酷刑委员会对于那些将下限划定在 7 岁、8 岁和 10 岁的最低刑龄表示担忧，认为这样的划定太低了，并且建议相关国家提高最低刑龄下限，在某些时候"这是一件迫切的事情。"② 同时，禁止酷刑委员会还鼓励布隆迪履行其提出的将最低刑龄从 13 岁提升至 15 岁的计划。③

在阿根廷方面，禁止酷刑委员会将关注的焦点放在最低刑龄规定与某些严重侵害儿童权利之间的内在联系。正如第一章中讨论的那样，在当时，随着把非常规情况规定适用于更年幼的儿童，阿根廷将最低刑龄划定为 16 岁的规定与该国成人刑事法庭的最大责任能力相重叠。关于这些更年幼的儿童，禁止酷刑委员会表示：

---

① Adopted by the UN General Assembly, Resolution 39/46, 10 Dec. 1984.
② 参见下述 *Concluding observations: Yemen*, CAT/C/CR/31/4, 5 Feb. 2004, pars. 6(i) and 7(l); *Indonesia*, CAT/C/IDN/CO/2, 16 May 2008, Advance Unedited Vers., par. 17 ("urgency"); *Zambia*, CAT/C/ZMB/CO/2, 26 May. 2008, par. 18; *New Zealand*, CAT /C/CR/32/4, 11 Jun. 2004, par. 5(e)。
③ *Concluding observations: Burundi*, CAT/C/BDI/CO/1, 15 Feb. 2007, par. 13. 布隆迪的最低刑事责任年龄与多数刑罚的执行年龄都在 13 岁。在这一极类似案件中，不清楚委员会该举动是否特别出于对最低刑事责任年龄和/或低龄成人刑事法院责任的担忧。

对此表示担忧……关于逮捕和拘留低于刑事责任年龄的儿童的报告，被关在警察局的儿童当中，大多数是"流浪儿童"和乞讨者，他们不仅和成年人关在一起，还受到所谓的酷刑和虐待，甚至还有些儿童因此死亡……①

六、《联合国少年司法最低限度标准规则》(《北京规则》)

4. 刑事责任年龄

4.1. 在那些认可少年刑事责任年龄的法律体系中，年龄下限不应该被划定得过低，要时刻牢记少年的情绪、心理和智力方面的成熟度这些事实。

评 注

由于历史和文化差异，各国划定的最低刑事责任年龄不尽相同。现代的解决方式是充分考虑儿童是否具备刑事责任的道德与心理要件；也就是说，凭借其个人的辨别能力和理解能力，儿童是否能对那些本质上反社会的行为承担责任。如果刑事责任年龄被划定得太低或者完全不存在更低的年龄下限，那么责任理念就会变得毫无意义。一般而言，犯罪行

---

① *Concluding observations: Argentina*, CAT /C/CR/33/1, 10 Dec. 2004, par. 6(f).

为的责任理念和其他社会权利与责任（诸如婚姻状况、法定成年等等之类的）之间存在密切的联系。

因此，各国应努力在国际通用的合理的最低年龄下限问题上达成一致意见。

在众多国际人权文本中，1985年制定的《联合国少年司法最低限度标准规则》（通常被称为《北京规则》），第一次同时处理少年司法和最低刑龄两个问题，在这两个问题上也规定得最为详尽。①其中第四条以及对该条的注释——被认为是《北京规则》的一个不可或缺的部分，在国际文本中首次直接提到要适当地考虑划定一个最低刑龄，也是首次直接告诫说最低刑龄不应该划定得太低。这些条款虽不具有约束力，儿童权利委员会还是建议将《北京规则》应用于所有的儿童。而且，正如下文讨论的那样，国际红十字会制定的最低刑龄条款以及随后对这些条款的解释，均是直接来源于《北京规则》。如果对《北京规则》的历史作更加细致的考察，能让我们对理解最低刑龄提供更为深刻的洞察力。②

1980年召开的联合国第六届预防犯罪和罪犯待遇大会还

---

① Adopted by the UN General Assembly, Resolution 40/33, 29 Nov. 1985.
② 一般参见 Cipriani, Don, *The Minimum Age of What? Criminal Responsibility, Juvenile Justice, and Children's Rights*, unpublished draft, Florence, UNICEF Innocenti Research Centre, 2002。

为《北京规则》创设了授权管理。在这次会议中，大会批准了其委员会经过深思熟虑所作的报告，即"少年司法：犯罪行为实施之前和之后"。报告指出：

　　许多国家论及了他们各自的刑事责任年龄和社会责任年龄，从这些各式各样的讨论中我们可以发现，从总体上来说，这两种年龄表现出这样的意义，即：如果青少年自什么年龄开始，从法律义务上来说就需要对其行为产生的后果承担社会责任——尽管绝对不承担责任与承担责任之间存在着过渡的年龄阶段。在这个问题上，人们也注意到一些问题，其中较为突出的是责任能力的标准问题：责任能力应该是实足年龄还是心智年龄？此外，考虑到现在普遍认可的少年司法的福利目标，我们的社会应该继续把少年司法建立在责任能力的基础上，还是应该以福利计划的阶段和类型为根据？众所周知，立法上的年龄划定——以及随之而来的宪法权利——特别是正当程序，导致的结果是，阻却了那些对涉嫌犯罪的青少年来说非常有利，而且也是更加急需的福利计划的适用。[①]

[①] Report of Committee II, par. 150, in UN Department of International Economic and Social Affairs, *Sixth UN Congress on the Prevention of Crime and the Treatment of Offenders: Caracas, Venezuela, 25 August—5 September 1980: Report prepared by the Secretariat*, A/CONF.87/14/Rev.1, New York, United Nations, 1981, p.65.

第三章　最低刑龄与区际和国际法律文本中的国家义务

上述评论展示了一个有关少年司法之演进以及最低刑龄的具有悖论意味的观点。尽管福利方式在全世界广受推崇，但美国最高法院1966年至1970年间作出的三个关键性裁决——第一章中对此已经探讨过，其很明显把司法方式推向越来越突出的位置。该评论虽是1980年作出的，但它似乎偏向于"目前广泛接受的旨在解决少年司法问题的福利目标。"大会委员会本质上是提倡福利方式的，该委员会表明，最低刑龄条款阻却了那些对儿童来说十分有利，而且也急需的福利计划的规定，这种阻却达到这样的程度，以至于意味着这些福利条款是可随意丢弃的过时东西。相比之下，《日内瓦公约》第一附加议定书的起草者则坚信，在1977年的时候，对于某些特定国家的最低刑龄规定，存在着一个一般性的法律原则。颇具启发意义的是，大会委员会虽然认可宪法权利以及正当程序权利应该与最低刑龄相伴随，但对此还没有足够的重视。由此产生的必然结果是，成年人对儿童施以的福利行动并不必然会衍生这些权利，这一点虽没有明确说明，但却是具有优先性的。这样的立场与儿童的权利实现路径是相矛盾的。

更概括地说，联合国第六届预防犯罪和罪犯待遇大会的最终决议，呼吁发展有关少年司法管理的现代规则——这也就是后来的《北京规则》。这次大会之后，联合国社会发展和人道主义事务中心的预防犯罪和刑事司法处，主要负责大会拟定的这些规则，该部门要求霍斯特·舒勒-斯普林戈朗姆（Horst Schüler-Springorum）教授独立完成一个初步的工作草案。① 正如下面的摘录中看到的那样，舒勒-斯普林戈朗姆教授1983年夏天完成的初始版本——他将该版本提交给联合国，与《北京规则》的最终文本十分相似："刑事责任年龄的下限不应该划定得太低。各国普遍将年龄下限划定在12和14岁之间，而更低的年龄下限似乎很难与刑事责任的法律意义及社会意义相匹配。"②

就现行的有关年龄规定的《公民权利及政治权利国际公约》条款，以及这些条款对最低刑龄的隐含要求而言，在舒勒-斯普林戈朗姆教授起草工作方案时，1966年的《经济、社会及文化权利国际公约》没有对他产生影响。③《公民权利及政治权利国际公约》与后来的《北京规则》之制定和批准

---

① 一般参见 Cipriani, Don, *The Minimum Age of What? Criminal Responsibility, Juvenile Justice, and Children's Rights*, unpublished draft, Florence, UNICEF Innocenti Research Centre, 2002。
② Schüler-Springorum, Horst, *Report on the standard minimum rules for the administration of juvenile justice and the handling of juvenile offenders*, unpublished draft, Summer 1983, e-mail correspondence with author, May 2002.
③ 一般参见 Cipriani, Don, *The Minimum Age of What? Criminal Responsibility, Juvenile Justice, and Children's Rights*, unpublished draft, Florence, UNICEF Innocenti Research Centre, 2002。

也没有直接的关系。显然,《公民权利及政治权利国际公约》在它对责任年龄的总体考虑中,只是扮演了一个《北京规则》和《儿童权利公约》的早期先行者角色。在制定《北京规则》的时候,尚无明确的成熟的最低刑龄解释,也还没有得到公认。《日内瓦公约》对于第一附加议定书的起草之影响,也同样可以这样说。

舒勒-斯普林戈朗姆教授 1983 年起草的工作方案中的精华——即最低刑龄不应划定在一个太低的年龄层次上,一字不差地复制在《北京规则》中,而国际谈判和争论则导致该方案的第二次修订。① 然而,这次修订过程并没有反映出对于最低刑龄或者最低刑龄对儿童权利之影响的任何更深层次的理解。② 基于历史、文化和法律传统的争论,对于修订版本的起草是极为重要的。通过在世界各地举行的一系列地区性会议,以及在具有决定性意义的北京会议上,就最低刑龄问题达成更加广泛的共识很明显已经是不可能的了。正式的最低刑龄——在当时,世界各国都有这样的规定——的跨度从 0 岁至 18 岁不等。在其他国家和地区中,伊斯兰国家的

---

① 一般参见 Cipriani, Don, *The Minimum Age of What? Criminal Responsibility, Juvenile Justice, and Children's Rights*, unpublished draft, Florence, UNICEF Innocenti Research Centre, 2002。

② Schüler-Springorum, Horst, e-mail correspondence with author, May. 2002.

沙里亚法（shari'a）发挥了强有力的作用。① 由此产生的结果是，舒勒-斯普林戈朗姆教授提出的 12 岁至 14 岁是合适的最低刑龄下限之建议，就被抛弃了，而且划定一个全球通用的最低刑龄底线的希望，就变成一个将来方可期望的建议。

在最终采用的文本中，《北京规则》就最低刑龄问题对联合国各成员国的指南，表达了对于将最低刑龄划定得不是太低这一问题的强烈关注。② 无论在国家层面，还是怀着就国际通用的合理的最低刑龄下限取得一致意见之希望，均是如此。然而，这个建议应该放在对最低刑龄所显示出的含义所进行的不完全理解的语境中来审视。尽管没有关于最终谈判和起草者意图的正式记录，但划定更高的最低刑龄下限可能是一种持续性的偏向，以便在福利干预政策中能保留自由裁量权。在某种程度上，考虑到成熟度和发育程度"这些事实"，对更高最低刑龄下限的追求是与文本中责任的"现代解决方式"相关联的。然而，这种追求假定了一种有偏见的观点，即在达到较大的年龄层次之前，儿童尚不够成熟也尚未充分发育，甚至暗示说刑事责任年龄应该推迟到将近法定

---

① 参见第四章关于伊斯兰法运行中的政治转变史。
② 一般参见 Cipriani, Don, *The Minimum Age of What? Criminal Responsibility, Juvenile Justice, and Children's Rights*, unpublished draft, Florence, UNICEF Innocenti Research Centre, 2002。

成年或者准许结婚的年龄。同时,似乎有人希望使更年轻的儿童不受到刑事责任和社会影响。从这种希望来看,其概念上的根据可以被推断为如下:(1)各国应该对其少年司法犯罪管辖区划定明确的较低的年龄界限;以及(2)使年轻的孩子处于少年司法系统的范围之外是更可取的,而且与此相应的,不使年轻的孩子承担刑事责任也是更可取的。以上这种推断,似乎是可信的。

除了这种依据之外,《北京规则》的最低刑龄条款反映出起草过程及其诱发其他矛盾的某些政治影响。举例来说,第4.1条存在让步,即:允许某些国家甚至可以不接受最低刑龄这个重要的观念,正如该条自身所言,这种规定实质上是过时的。于是,《北京规则》认可刑事责任的启动应该基于与情感、脑力、智力成熟度,以及精神和心理上的发育程度相关的标准。虽然在考虑最低刑龄层次的时候存在着某些相关因素,《北京规则》含糊不清地建议,基于其在这些领域的个人发育程度,个别儿童可以进行刑事责任的评定。[1]这就意味着需求助于无犯罪能力条款,但该条款与关键国际

---

[1] 一般参见 Cipriani, Don, *The Minimum Age of What? Criminal Responsibility, Juvenile Justice, and Children's Rights*, unpublished draft, Florence, UNICEF Innocenti Research Centre, 2002。

人权保证之间的兼容性后来被否定了。

虽然存在这些不足之处，《北京规则》对于最低刑龄规定还是在国际法中起到了基础性作用。①《北京规则》认可最低刑龄规定在少年司法中的重要性，支持各国规定自己的最低刑龄，在基础性谈判中指明了儿童逐渐成熟的能力与他们随着年龄增长日益增多的权利和义务之间的关联，并且承认各国由于历史和文化差异而在最低刑龄规定上的差异性。仅仅四年之后，基于《北京规则》确立的最低刑龄阶段，联合国大会采纳了《儿童权利公约》。

七、《儿童权利公约》

在1979年对初稿——该初稿就是后来的1989年《儿童权利公约》——的审议期间，代表们已经将最低刑龄看作是需要考虑的若干关键问题之一。②尽管如此，1988年的起草

---

① 一般参见 Cipriani, Don, *The Minimum Age of What? Criminal Responsibility, Juvenile Justice, and Children's Rights*, unpublished draft, Florence, UNICEF Innocenti Research Centre, 2002。
② "工作组的报告"，E/CN.4/L.1468, 12 Mar 1979, par. 6, 重新印刷于 Office of the UN High Commissioner for Human Rights, *Legislative History of the Convention on the Rights of the Child*, vol.1, New York, 2007。记录提到了"儿童承担刑事责任的年龄"，工作组实际上可能指的是成年刑事犯的年龄。参见 Annex 1 for the full CRC text。

过程以及当年初审时所采用的初步版本都没有进一步提及最低刑龄问题。在随后的技术评审中,联合国社会发展和人道主义事务中心的社会发展处指出,其对草案的少年司法条款提出的最主要批评是最低刑龄规定的缺位:

> 草案第1款完全没有提及这一事实,即儿童原则上不应该被认为应承担刑事责任,也不应受到监禁。在这方面,你们的注意力放在"北京规则"第四条上。相应地,在各国国内法律方面,应该明确规定儿童在达到一定年龄之前不应承担刑事责任。①

随后在1988年,以这些评论为依据,联合国儿童基金会要求联合国社会发展和人道主义事务中心的预防犯罪和刑事司法处提出一个新的少年司法条款草案。该处——到那时为止,没有对大会的详细阐述作出直接贡献——还领导了《北京规则》起草工作。该处在对少年司法条款提供的两个选项中,直接援引《北京规则》中的大量规定。其中第一个选项——最后被废弃了,旨在尽可能少地变动已经采用的

---

① "社会发展和人道主义事务中心社会发展处的评论",E/CN.4/1989/WG.1/CRP.1, reprinted in Office of the UN High Commissioner for Human Rights, *Legislative History of the Convention on the Rights of the Child*, vol.2, New York, 2007。

草案文本。第二个选项则全面以《北京规则》草案条款为基础，并且包括以下内容：

各缔约国均认可那些被指控或者被认为违反刑法的儿童，根据国内法，在达到特定年龄之前，不能被认为需承担刑事责任，也不能受到监禁。刑事责任年龄不应该划定在一个太低的年龄层次上，我们需牢记情感、心理、智力成熟度以及成长阶段这些事实和情况。①

这个草案——《儿童权利公约》起草过程中的首个明确提出的最低刑龄建议，直接援引《北京规则》第四条中的文字。该草案放弃了《北京规则》的这一注释，即某些法律制度可能不认可最低刑龄的理念，并且还建议所有缔约国划定更高的年龄标准。同时，该草案删除了《北京规则》关于最低刑龄规定的不同处理方式之讨论，以及《北京规则》中关于支持各方努力达成一个共同可接受的最低年龄标准的内容。这些内容之所以被删除，很可能是因为在《北京规则》起草期间，关于划定一个共同的最低刑龄下限之努力已是徒

---

① "社会发展和人道主义事务中心预防犯罪和刑事司法处提交的背景说明"，E/CN.4/1989/WG.1/CRP.1/ Add.2, reprinted in Office of the UN High Commissioner for Human Rights, *Legislative History of the Convention on the Rights of the Child*, vol.2, New York, 2007。

劳。同时，这些删除很可能使得《儿童权利公约》的起草者避免了喋喋不休的争议，正如《北京规则》和《日内瓦公约》第一附加议定书定稿的时候出现的那样。不过，提议草案还是继续关注最低刑龄以不使其被划定得太低，并且还详细说明未达到最低刑龄的不受到监禁。在一个出人意料的扩大解释中，该草案还使其条款以儿童不"被认为"需承担刑事责任为条件。这种措辞认可了正式的指控，并且承认儿童触犯了法律，同时，这些触犯法律的儿童不"被认为"需承担刑事责任。

后来，一个起草组考虑到了草案提出的少年司法条款以及相关提议，并形成了一个新的文本，该文本最终成为《儿童权利公约》第四十条。事实上，这个新文本关于最低刑龄的准确文字成为最后采用的公约文本的第 40（3）(a) 条：[①]

3. 各缔约国应该争取建立专门适用于那些被宣传、被指控或者被认为已经触犯刑法的儿童的法律、程序、机构及制度，特别是：

---

① "社会发展和人道主义事务中心预防犯罪和刑事司法处提交的背景说明"，E/CN.4/1989/WG.1/CRP.1/Add.2, reprinted in Office of the UN High Commissioner for Human Rights, *Legislative History of the Convention on the Rights of the Child*, vol.2, New York, 2007。

（a）确立一个最低年龄，低于该年龄的儿童应该被假定为不具有触犯刑法的能力。

起草组减少了之前被提议的最低刑龄文本，删除了对于"情感、心理、智力成熟度以及成长阶段"的考虑，同时还删去了根据最低刑龄规定禁止对儿童进行监禁的规定，还有关于儿童"被认为"需承担责任的表述，至于起草组作这些删减的原因目前尚不清楚。① 虽然第四十条在被最终采纳之前存在着许多不同方面的争议，但是在制宪材料（Travaux Préparatoires）中，没有任何关于最低刑龄相关的争论的记录。② 由此产生的结果是条约语言相当的软弱无力：各国要通过正式的最低刑龄条款，为少年司法犯罪管辖区明确划定更低的年龄下限。

《儿童权利公约》的创新之处在于，它有史以来第一次将最低刑龄规定的确立作为一项明确的条约义务。然而，由此产生的问题也随即而来，其中包括公约对最低刑龄的定

---

① 一般参见 Cipriani, Don, *The Minimum Age of What? Criminal Responsibility, Juvenile Justice, and Children's Rights*, unpublished draft, Florence, UNICEF Innocenti Research Centre, 2002。
② 参见 Detrick, Sharon, ed., *The United Nations Convention on the Rights of the Child: A Guide to the "Travaux Préparatoires,"* Dordrecht, Martinus Nijhoff, 1992。

义，即"低于该年龄的儿童应该被假定为不具有触犯刑法的能力。"① 这种表达形式与英国普通法紧密相关，但其极易引起歧义，并且在不熟悉该措辞的法律传统中，所具有的影响力甚微。因此，该条款允许进行没有任何实质指导意义的概念性解释。此外，该条款将最低刑龄表述为一个假定，而非一个规则，这就使得《儿童权利公约》在某些最棘手的问题上保持缄默。这就意味着需要求助于无犯罪能力测试，尽管还不需要援引《北京规则》。对于刑事责任或者由此产生的结果之文义理解——比如它们各自对高于以及低于年龄下限的儿童所具有的影响，该条款没有提供任何指示。与此相反，联合国社会发展和人道主义事务中心递交的最初草案中关于最低刑龄的文字表述，则明确将最低刑龄定义为一种儿童权利，而非一种对儿童有利的推定。同时，作为一个权利问题，该条款还明确禁止对未达到最低刑龄下限的儿童进行监禁。正如第六章的研究表明的那样，在《儿童权利公约》依然不清楚的那些问题上，无数国家篡改了最低刑龄条款或者对此根本不予理会。的确，《儿童权利公约》中关于最低

---

① 一般参见 Cipriani, Don, *The Minimum Age of What? Criminal Responsibility, Juvenile Justice, and Children's Rights*, unpublished draft, Florence, UNICEF Innocenti Research Centre, 2002。

刑龄的定义没有足够的描述性和实用性，在缺乏进一步解释的情况下，不能作为儿童权利的一个理念基础或者有意义的法律条款。

（一）儿童权利委员会的指导和解释

儿童权利委员会——负责监督《儿童权利公约》执行的国际机构，是最低刑龄规定的最经常评论者，而且负有对《儿童权利公约》中的最低刑龄条款进行解释这一极具挑战性的职责。[①] 从儿童权利委员会于1993年首次考虑各缔约国的报告时候算起，包括2008年5月至6月召开的第48届会议在内，儿童权利委员会已经在大约160次不同的总结性观察报告中，对最低刑龄相关的条款发表意见。这些总结性观察报告向《儿童权利公约》193个缔约国中的117个国家传达了儿童权利委员会的正式评价和建议。

借鉴这些经验，儿童权利委员会于2007年就"少年司法中的儿童权利"发布了一份综合评价报告，该报告阐述了

[①] 一般参见 Cipriani, Don, *The Minimum Age of What? Criminal Responsibility, Juvenile Justice, and Children's Rights*, unpublished draft, Florence, UNICEF Innocenti Research Centre, 2002。

儿童权利委员会就其本身而言作出的解释。① 这份综合评价报告用大量的篇幅讨论了最低刑龄问题，并且发表了迄今为止儿童权利委员会在这一问题上最有权威性的声明。在声明中，儿童权利委员会将《儿童权利公约》的条款规定为：

划定一个最低刑事责任年龄（MACR）是各缔约国的一项义务。这个最低年龄有如下含义：

——实施了犯罪行为的儿童如果未达到最低年龄，就不能在刑事诉讼程序中被要求承担责任……

——如果在犯罪行为发生（或者说：触犯刑法）时，该儿童已经达到或者超过最低刑龄，但未满18岁……那么他就可以被正式指控并且进入刑事诉讼程序中……②

《儿童权利公约》本身并不武断地提出，"各缔约国应该争取确立……特别是"最低刑龄规定，与此同时，儿童权利委员会强调，根据《儿童权利公约》，各缔约国有义务确立最低刑龄规定，而且，在所谓的犯罪发生时未达到最低刑龄的儿童不能受到指控，也不能被要求承担刑事责任。的确，在

---

① Committee on the Rights of the Child, *General Comment No.10: Children's Rights in Juvenile Justice*, CRC/C/GC/10, 25 Apr. 2007, pars. 30—39.
② Committee on the Rights of the Child, *General Comment No.10: Children's Rights in Juvenile Justice*, CRC/C/GC/10, 25 Apr. 2007, par. 31.

很多场合，儿童权利委员会都建议那些没有规定最低刑龄条款或者最低刑龄条款规定得不够清晰的个别缔约国要设立最低刑龄条款，并且特别强调相关的法律要等到执行和实施。①

同时，儿童权利委员会还对《儿童权利公约》就最低刑龄作出的难以理解的定义——即"低于该年龄的儿童应该被假定为不具有触犯刑法的能力"——进行干预。然而，儿童权利委员会在提到这一条款之后，似乎没有对该条款笨拙的措施予以重视，其指出：

虽然（非常）年轻的儿童确实具有违反刑法的能力，但如果他们实施犯罪行为的时候未达到最低刑龄，无可辩驳的假定就是，他们不能在刑事诉讼程序中被正式指控及被要求承担责任。对于这些儿童，如有必要，可以在符合其最大利益的前提下采取特殊的保护性措施……。②

儿童委员会承认，儿童——甚至是非常年轻的儿童，具备实施违法行为的能力。儿童委员会在这种语境下强调的是

---

① 分别参见 Concluding observations, inter alia: Marshall Islands, CRC/C/MHL/CO/2, 2 Feb. 2007, pars. 70—71, 和 United Republic of Tanzania, CRC/C/TZA/CO/2, 2 Jun. 2006, par. 71; and Lebanon, CRC/C/15/Add.169, 1 Feb. 2002, par. 22, and Bangladesh, CRC/C/15/Add.221, 3 Oct. 2003, par. 27。
② Committee on the Rights of the Child, General Comment No.10: Children's Rights in Juvenile Justice, CRC/C/GC/10, 25 Apr. 2007, par.31.

最低刑龄条款的有形功能，而不是能力问题，这种功能是对于什么年龄段的儿童可能需对其实施的违法行为承担刑事责任划定一条界限。无论低于该年龄界限的儿童实施的行为是什么，都不能对其提起正式指控，也不能使其进入刑事诉讼程序。对于其他方面的不法行为——如有必要，在符合其最大利益的前提下——可以通过特殊的保护性措施要求儿童承担责任。在下一节中，我将对这些特殊保护性措施以及儿童可能要承担的责任作详细论述。同时，尽管如上文所述对于最低刑龄是一个假定还是一个规则问题是有分歧的，但是儿童权利委员会的解释使该分歧变得明晰。

儿童权利委员会发布的综合评价报告指出，在考虑儿童年龄的时候，有关系的时刻是所谓的犯罪发生的时候——而不是被逮捕、被审判、被宣判或者被执行刑罚的时候——这申明了该委员会之前的建议。① 同样地，儿童权利委员会将儿童权利的起点划定在出生登记的时候，而且，在没有年龄证明的情况下，儿童有权获得可靠的医学调查和社会调查的权利。在"不能证实儿童达到或者超过最低刑龄的情况下，

---

① *Committee on the Rights of the Child, General Comment No.10: Children's Rights in Juvenile Justice*, CRC/C/GC/10, 25 Apr. 2007, par. 75. *Concluding observations: India*, CRC/C/15/Add.228, 26 Feb. 2004, pars. 78—80.

儿童不应该被要求承担刑事责任。"① 第六章对相关的问题作了详细论述。

儿童权利委员会的综合评价报告同时还处理了适当的最低刑龄下限层次问题，它建议各缔约国将各自的最低刑龄提高到至少12岁，并继续将最低刑龄提高至更高的年龄阶段：

考虑到情感、心理及智力成熟度这些实际情况，《北京规则》第四条建议最低刑龄的起点不应划定在一个太低的年龄层次上。为了与《北京规则》第四条保持一致，儿童权利委员会建议各缔约国不要把最低刑龄划定在一个太低的年龄层次上，并且建议将现行较低的最低刑龄提高至国际上可接受的年龄层次上。从这些建议中我们可以推断出，儿童权利委员会认为低于12岁的最低刑事责任年龄在国际上是不可接受的。该委员会鼓励各缔约国将他们的较低的最低刑龄提高至12岁——作为绝对的最低年龄，并继续将最低刑龄提高至更高的年龄阶段。②

的确，儿童权利委员会指出，某些国家将最低刑龄"划

---

① *Committee on the Rights of the Child, General Comment No.10: Children's Rights in Juvenile Justice*, CRC/C/GC/10, 25 Apr. 2007, Par. 35. 同时参见 pars. 39 and 72。

② *Committee on the Rights of the Child, General Comment No.10: Children's Rights in Juvenile Justice*, CRC/C/GC/10, 25 Apr. 2007, Par. 32.

定在14岁或者16岁这一较高年龄层次上是值得称赞的",这些国家显然支持儿童不进入到正式的司法程序中。① 同时,儿童权利委员会还明确呼吁那些已经将最低刑龄划定在较高年龄层次的国家不要降低其最低刑龄标准。

这个关于最低年龄层次的指导,很大程度上在儿童权利委员会于2008年6月向个别缔约国发出的建议书中得到了确认。在将近110个不同场合中,儿童权利委员会注意到或者表达了对过低最低刑龄的担忧,或者对于普遍划定在12岁以下的最低刑龄层次规定,建议提高最低刑龄层次。② 在其他方面,儿童权利委员会明确接受或者建议最低刑龄规定,或者建议将最低刑龄从12岁提高至16岁。③ 仅仅将最低刑龄提高至10岁,无论是被提议还是被实施,都被认为

---

① *Committee on the Rights of the Child, General Comment No.10: Children's Rights in Juvenile Justice*, CRC/C/GC/10, 25 Apr. 2007, par. 30. 也可参见 par. 33。
② 出于未明原因,委员会建议两个国家分别将最低刑事责任年龄提升至12岁和14岁。分别参见 *Concluding observations: Jamaica*, CRC/C/15/Add.210, 4 Jul. 2003, pars. 21—22; 和 *Slovenia*, CRC/C/15/Add.65, 30 Oct. 1996, pars. 19 and 27。
③ 其中,参见下述:*Concluding observations: Ghana*, CRC/C/GHA/CO/2, 27 Jan. 2006, pars. 4 and 73; and *Mexico*, CRC/C/MEX/CO/3, 2 Jun. 2006, par. 71. 可见提升年龄至18岁,很可能是语义上的混淆;委员会显然认为该提议是为了创设少年法院对7到18岁未成年人的管辖权。例如参见,*Nigeria*, CRC/C/15/Add.61, 30 Oct 1996, par. 39; and *Summary record of the 323rd meeting*, CRC/C/SR.323, 1 Oct. 1996, par. 66。

是不适当的。① 对于最低刑龄降低，不管只是提议还是实际的降低，儿童权利委员会都是不赞成的，即使被降低后的年龄界限是 12 岁或者 14 岁——并且，在某个场合中，儿童权利委员会强烈要求恢复之前的最低刑事责任年龄，并把其视为当务之急。"② 儿童权利委员会从未因某个最低刑龄过高本身而表达过反对。

根据前面的估算，儿童权利委员会没有就最低刑龄提议一个推荐的或者最理想的年龄界限，但其最能接受的最低刑龄看起来似乎是 16 岁。对于将最低刑龄划定在 17 或者 18 岁之愿望而论，仍然存在着一些不确定性。一方面，儿童权利委员会提出的"继续提高［最低刑龄］至一个更高的年龄阶段"之建议似乎暗含这样一层意思：尽管最低刑龄划定得越高越好，但这不是唯一符合逻辑的结论。另一方面，正如第二章中探讨的那样，从儿童权利原则出发，主张儿童在任何情况下都不应该被要求承担刑事责任，或者主张最低刑龄应该提高至 18 岁，这都将是十分困难的。这种不确定性很

---

① 参见 *Concluding observations: Australia*, CRC/C/15/Add.79, 10 Oct. 1997, par. 29。
② *Concluding observations: Georgia*, CRC/C/GEO/CO/3, 6 Jun 2008, Advance Unedited Vers., par. 73. 同时参见 *Concluding observations: Japan*, CRC/C/15/Add.231, 26 Feb. 2004, par. 53。

可能是关于自由和受保护权利之间潜在的相互关联的争论，以及少年司法中"司法-福利"连续统一体之争论的反映。

儿童权利委员会的综合评价报告对那些设置多重责任年龄下限的条款提出了批评。儿童权利委员会还特别指出了关于无责任（比如无犯罪能力测试）的可予推翻的假定的年龄范围上，以及对表面上看起来比较严重的犯罪和不那么严重的犯罪适用不同的年龄界限都是存在问题的。儿童权利委员会注意到，无犯罪能力经常用来替代犯罪的年龄界限。在这种情况下，无犯罪能力推定在那些比较严重的犯罪中就被推翻了。这种类型的制度"不仅经常令人困惑，而且把大量的问题留给法庭或者法官来自由裁量。此外这还可能导致区别对待。"[①] 所以，儿童权利委员会"强烈建议各缔约国设置一个不允许将年龄下限划定得过低的最低刑龄条款，但例外情况除外。"[②] 因此，综合评价报告决心要解决儿童权利委员会

[①] *Committee on the Rights of the Child, General Comment No.10: Children's Rights in Juvenile Justice*, CRC/C/GC/10, 25 Apr. 2007, par. 30.

[②] *Committee on the Rights of the Child, General Comment No.10: Children's Rights in Juvenile Justice*, CRC/C/GC/10, 25 Apr. 2007, par. 34. 本研究将最低刑事责任年龄定义为可能承担责任的最低年龄。因此，在委员会提到严重犯罪年龄特别低的最低刑事责任年龄时，本研究将其视为，加上较高一般限制的特定严重犯罪的最低刑事责任年龄。

过去就无犯罪能力所作的诸多的建议,① 并且重申其在多重年龄下限即按照犯罪的不同类型或者严重性设定不同下限的问题上的立场。②

反恐法以及其他的紧急事件法——这些法律规定了不同的刑事责任年龄或者在其他方面规避了现行的最低刑龄条款应该以同样的视角进行解释。在综合评价报告中,儿童权利委员会建议,预防和打击恐怖主义的刑法条款"不要导致对儿童施加具有追溯效力或者预想不到的惩罚。"③ 儿童权利委员会非常明确地表示了其对尼泊尔关于"恐怖分子和破坏活动(控制和惩罚)条例(TADO)没有划定最低责任年龄"报告的担忧。④

在过去,儿童权利委员会提出了与多重刑事责任年龄相关的另外两个问题。第一个是尼日利亚的最低刑龄条款中有太多的不一致性,该委员会对此表示了深切关注,并强烈要

---

① 其中参见下述 *Concluding observations: United Kingdom of Great Britain and Northern Ireland—Isle of Man*, CRC/C/15/Add.134, 16 Oct 2000, pars. 18—19; and *Seychelles*, CRC/C/15/Add.189, 9 Oct. 2002, par. 54。
② 例如 *Concluding observations: New Zealand*, CRC/C/15/Add.71, 24 Jan. 1997, pars. 10 and 23。
③ 例如 *Concluding observations: New Zealand*, CRC/C/15/Add.71, 24 Jan. 1997, Par. 41。
④ *Concluding observations: Nepal*, CRC/C/15/Add.260, 3 Jun. 2005, par. 98.

求尼日利亚确保适用于该国所有州的最低刑龄是一致的。①同样地,儿童权利委员会还对其他立法和法律体系的法定最低刑龄和年龄下限规定中存在的不一致性表示担忧,并且建议对于触犯法律的不同儿童,不要适用不同的标准。②从这些建议中我们可以归纳出:儿童权利委员会希望所有的缔约国确立一个在其全部领土范围内适用于所有儿童的单一的最低刑龄。

这些观点间接地提到了非歧视原则,综合评价报告将该原则描述为"少年司法综合政策的主要原则。"③在论及若干缔约国的最低刑龄规定时,儿童权利委员会强调了这一主题。儿童权利委员会还关注了包括用青春期标准在内的专断性标准决定最低刑龄的做法。在苏丹,就采用这种专断标准区分男孩与女孩。对此,儿童权利委员会表示担忧,并建议相关国家修订其立法以实现性别中立。④最低刑龄的性别中

---

① *Concluding observations: Nigeria*, CRC/C/15/Add.257, 28 Jan. 2005, pars. 12, 78 and 81.
② *Concluding observations: Malaysia*, CRC/C/MYS/CO/1, 2 Feb. 2007, pars. 102—103.
③ *Committee on the Rights of the Child, General Comment No.10: Children's Rights in Juvenile Justice*, CRC/C/GC/10, 25 Apr. 2007, par.5. 同时参见 par. 6. 不歧视也是《儿童权利公约》的四项一般原则之一。
④ *Concluding observations: Sudan*, CRC/C/15/Add.190, 9 Oct. 2002, pars. 24—25.

立已经成为儿童权利委员会反复强调的一个重点。① 最低刑龄规定中也已经出现了以社会经济地位为基础的差别对待，特别是根据拉丁美洲国家从前的非常规情况立法就存在这种情况。这种理念"在儿童所处的经济和社会上的弱势地位之基础上，为污名化、经常发生的制度化以及剥夺儿童人身自由铺平了道路。"②

（二）儿童权利委员会关于未达到最低刑龄的儿童问题的指导

儿童权利委员会的综合评价报告就目前最复杂的问题之一——那些触犯法律但尚未达到最低刑龄的儿童，各国应如何应对提供了重要的指导。简单地说，儿童权利委员会指出，未达到最低刑龄的儿童"在刑事诉讼程序中不能被正式指控，也不能被要求承担责任，"但是"如果有必要，在符合其最大利益的前提下，可以采取特殊的保护性措施。"③ 这些基本观

---

① 参见以下文件 *Concluding observations: Jordan*, CRC/C/15/Add.125, 2 Jun. 2000, par. 28; *Lebanon*, CRC/C/15/Add.169, 1 Feb. 2002, par. 22(b); and *Iran (Islamic Republic of)*, CRC/C/15/Add.123, 28 Jun. 2000, pars. 19—20。

② *Concluding observations: Uruguay*, CRC/C/15/Add.62, 30 Oct. 1996, par. 14. 也可参见 *Concluding observations: Bolivia*, CRC/C/15/Add.1, 18 Feb. 1993, par. 11。

③ *Concluding observations: Bolivia*, CRC/C/15/Add.1, 18 Feb. 1993, Par. 31.

念虽然看起来非常明白清晰，但由于各种保护性措施之间的差别不清晰，这些理念的应用十分复杂，特别是在适用的措施可能剥夺儿童自由权的情况下，该问题变得更为复杂。

儿童权利委员会对个别缔约国作出的建议有助于完善这个核心意义。举例来说，未达到最低刑龄的儿童不应该进入刑事诉讼程序；对于这些儿童，不应该适用刑事方面的对策；不应该以犯罪化方式对待他们；他们不应该被警方拘留、逮捕或者被监禁。① 即使这种责任是通过少年法庭程序施加的，刑事责任也应被排除在外。而且，较低的最低刑龄下限可能是有问题的，即使其不会由此导致刑事制裁。②

很明显，对于处理未达到最低刑龄的儿童问题，儿童保护程序比刑事司法制度更加合适。③ 然而，被认为是特殊保护性措施的那些对策，并不必然是可接受的。举例来说，儿

---

① 例如参见 *Concluding observations: Jordan*, CRC/C/15/Add.21, 25 Apr. 1994, par. 16; *Chile*, CRC/C/CHL/CO/3, 2 Feb. 2007, par. 71; *Russian Federation*, CRC/C/15/Add.274, 30 Sept. 2005, par. 86; *Burundi*, CRC/C/15/Add.133, 16 Oct. 2000, pars. 73—74; *Seychelles*, CRC/C/15/Add.189, 9 Oct. 2002, par. 56; and *Ukraine*, CRC/C/15/Add.191, 9 Oct. 2002, par. 70.

② *Concluding observations: Liberia*, CRC/C/15/Add.236, 1 Jul. 2004, par. 66. *Concluding observations: Cameroon*, CRC/C/15/Add.164, 6 Nov. 2001, pars. 66 and 68.

③ *Concluding observations: Syrian Arab Republic*, CRC/C/15/Add.212, 10 Jul. 2003, par. 53.

童权利委员会建议利比里亚对那些未达到最低刑龄的儿童仅仅适用"保护和教育措施,"同时又提出,波兰不应该对这样的儿童判决采取"矫正意义或教育意义的措施。"① 教育措施和有教育意义的措施之间的差别,以及通常采取的各种保护性措施之间的差异,取决于当前的特定环境。因此,儿童权利委员会拒绝对各缔约国的政策采取指定的方式:

各缔约国应该在其报告中特别详尽地告知儿童权利委员:如果未达到其国内法律规定的最低刑龄的儿童被认为触犯了刑法或者被宣称或被指控实施了这样的行为,会受到怎样的处理,以及什么样的法律保障是适当的,以确保儿童受到公平公正的对待,如同那些达到或者超过最低刑龄的儿童享有的对待那样。②

这进一步表明了儿童权利委员会对未达到最低刑龄的儿童相关的政策的普遍期望。当儿童低于最低刑龄时,从技术层面看,其不可能因违反刑法被指控。对面临被认同、被起诉和因触刑法被指控的儿童的描述,在很大意义上表明:当

---

① *Concluding observations: Liberia*, CRC/C/15/Add.236, 1 Jul 2004, par. 68. *Concluding observations: Poland*, CRC/C/15/Add.194, 30 Oct. 2002, par. 26.
② *Committee on the Rights of the Child, General Comment No.10: Children's Rights in Juvenile Justice*, CRC/C/GC/10, 25 Apr. 2007, par. 33.

年轻的儿童的行为与法律冲突，其会面临保护性程序。正如第二章中详细论述的那样，尽管保护程序中可适用的法律保障措施并不像对于达到或者超过最低刑龄的儿童的公正审判要求的那样多，但在保护性程序中，儿童有权获得公平公正的对待。

在考虑到特殊保护性措施的时候，对于未达到最低刑龄的儿童，儿童权利委员会并没有排除剥夺其人身自由的可能性。虽然没有明确地援引最低刑龄条款，但儿童权利委员会在其综合评价报告中反复提到了最相关的规则之一：

需要注意的是，被剥夺了他或她自由的儿童的被《儿童权利公约》所认同的权利，可适用于触犯了法律和被安排在基于照顾、保护或者治疗目的的机构中的儿童。这些机构包括心理健康、教育、戒毒、儿童保护或移民机构。①

心照不宣地承认了，在正如第二章详细分析的那些高度严格限制的情况下，为照料、保护或治疗目的，即使在教育性的和儿童保护机构中，也可以合法地并恰当地剥夺儿童的自由。

对于各缔约国，儿童权利委员会已经暗示了同样的观点。举例来说，该委员会对尼日利亚强调，"法律保障……

---

① *Committee on the Rights of the Child, General Comment No.10: Children's Rights in Juvenile Justice*, CRC/C/GC/10, 25 Apr. 2007, footnote 1.

必须对所有儿童提供，无论剥夺这些儿童的人身自由是因福利计划还是因刑事诉讼程序的应用造成的。"① 儿童权利委员会建议韩国要确保"所有处于可能导致其人身自由被剥夺的保护部署中的青少年，在早期阶段就有机会获得法律指导。"② 同样地，儿童权利委员会建议马达加斯加共和国"确保不满13岁的儿童不被带到刑事法庭，而且教育措施只能作为一种最后的手段被允许用于剥夺儿童的人身自由。"③ 在前面的这些例证中，儿童权利委员会并没有对剥夺人身自由加以禁止。该委员会而是强调在剥夺人身自由的应用上的一些限制：必须要有法律保障和法律援助，而且其适用必须只能作为一种最后的手段。

在其他时候——包括在这样的限制条件被违反的时候，儿童权利委员会批评这些保护性政策剥夺了儿童的人身自由权，并且援引这些政策作为证明那些最低刑龄条款规定得不明确或者毫无意义的证据。举例来说，儿童权利委员会指出，

---

① *Concluding observations: Nigeria*, CRC/C/15/Add.61, 30 Oct. 1996, par. 39.
② *Concluding observations: Republic of Korea*, CRC/C/15/Add.197, 18 Mar. 2003, par. 57(b).
③ *Concluding observations: Madagascar*, CRC/C/15/Add.218, 3 Oct. 2003, par. 69(b). 同时参见 *Concluding observations: Kyrgyzstan*, CRC/C/15/Add.244, 1 Oct. 2004, par. 66。

捷克共和国对于年轻儿童的保护性拘留规定是与最低刑龄的意义相悖的，同时，该委员会还援引巴林王国规定的在社会福利中心对年轻儿童进行拘留——最长可达 10 年——的规定作为证明其根本没有最低刑龄的证据。① 与此相似，儿童权利委员会发现，法国和塞内加尔根本没有有效的最低刑龄规定，尽管这两个国家分别会引用声称的最低刑龄条款。② 前面说到的非常规情况条款——分别于 2007 年被废除，就是拉丁美洲大多数国家遵循的模式。就多重责任年龄而言，儿童权利委员会认为根本就没有有效的最低刑龄规定在发挥作用。③

这些不同的场景——展现出保护性措施和惩罚性措施之间的差别，既是难以解决问题的，又是具有争议的。在很多条件下，儿童权利委员会确实支持对那些触犯法律，但未达到最低刑龄的儿童采取特殊保护性措施。实际上，这些措施是由明显实施的不法行为引发的福利性对策。同时，儿童权

---

① 分别参见 *Concluding observations: Czech Republic*, CRC/C/15/Add.201, 18 Mar. 2003, par. 66(b); and *Bahrain*, CRC/C/15/Add.175, 7 Feb. 2002, par. 47。除此之外，也可参见 *Poland*, CRC/C/15/Add.194, 30 Oct. 2002, par. 25。

② *Concluding observations: France*, CRC/C/15/Add.240, 4 Jun. 2004, pars. 16—17. *Concluding observations: Senegal*, CRC/C/15/Add.44, 27 Nov. 1995, pars. 11 and 25.

③ 分别参见 *Concluding observations: Chile*, CRC/C/15/Add.173, 1 Feb. 2002; *Panama*, CRC/C/15/Add.68, 24 Jan. 1997; and *Guatemala*, CRC/C/15/Add.58, 7 Jun. 1996。

利委员会反复强调，要将儿童保护政策和青少年犯罪政策区分开来。① 非常规情况条款则再三揭示出这是相悖的。② 因此，这两种政策之间的区别是可取的，虽然两者之间的平衡仍然停留在以福利为导向的处理方式和以司法为导向的处理方式之间的错误界线上——正如第一章中讨论的那样，这是一个具有挑战性的平衡。

根据最低刑龄规定，当所进行的程序或者所采取的措施构成实际上的惩罚时，关于适当的解决办法就存在更多的歧义。举例来说，儿童权利委员会曾在特殊场合提出，完整的少年司法正当程序权利应该延伸至未达到最低刑龄的儿童，以确保对其处理的公正性，特别是在那些涉及剥夺人身自由的情况下。③ 但是，这种解决方式可能会带来意想不到的结果。当儿童面临掩饰成福利或者保护听证会的惩罚性程序时，允诺对其提供帮助的正当程序的引入可能会适应于根本上不合法的国家行为，而不会对这种行为提出质疑。福利和

---

① *Concluding observations: Portugal*, CRC/C/15/Add.162, 6 Nov. 2001, par. 3. *Concluding observations*: Chile, CRC/C/CHL/CO/3, 23 Apr. 2007, par. 8.
② *Concluding observations: Chile*, CRC/C/15/Add.173, 1 Feb. 2002, par. 53. *Concluding observations: Guatemala*, CRC/C/15/Add.154, 9 Jul. 2001, par. 11.
③ 例如 *Concluding observations: Denmark*, CRC/C/15/Add.273, 30 Sept. 2005, par. 58(c)。

不法行为这两种情况之间的差别,同样会受到进一步的侵蚀。相比之下,在福利程序中、在剥夺人身自由的情况下,以及在少年司法程序中,要求明晰相互之间的差别,并且充分实现儿童权利——正如第二章中描述的那样,这也许是更加可取的。在这个方案中,解决办法就是对最低刑龄规定下的以惩罚性为导向的程序和措施的合法性进行质疑,并且坚持立即转向适当的以福利为基础的程序、措施和权利。在这种情况下,结果是难以预料的,但对于在儿童问题上的各种社会对策之间划定至关重要的界限,最低刑龄条款具有突出的作用。

总的来说,儿童权利委员会就《儿童权利公约》的最低刑龄条款,向各缔约国制定了详尽的指导方案,这些指导覆盖了广泛的受关注的问题。把这些指导——在关于少年司法的综合评价报告以及向个别缔约国的总结性观察报告中可以最权威地呈现出来——汇集起来,下述内容代表了这些指导的关键点概要:

- 各缔约国必须确立并执行唯一的、明确的最低刑龄,该最低刑龄适用于该国全部领土,划定的年龄不得低于12岁。各缔约国应该继续提高其最低刑龄至更高的年龄阶段,而且不得降低最低刑龄。
- 双重和多重刑事责任年龄都是与《儿童权利公约》的

规定相违背的。这些情况包括无犯罪能力和相似的年龄范围等可被推翻的假定；根据犯罪的类型及推断出的严重性而划定的多重年龄界限；还有反恐法以及其他的紧急事件法中的年龄下限。（刑事责任的最低年龄必须划定在18岁或者更高年龄阶段，与此是不相关的。）

● 最低刑龄在法律和实践中必须充分尊重非歧视原则（比如在性别、社会经济地位方面以及弱势群体的情况下）。

● 对于触犯法律的儿童，如果没有证据证实其年龄，他们有权获得可靠的医学调查和社会调查。如果关于儿童是否未达到最低刑龄的证据是非决定性的，那么他们不应该被要求承担刑事责任。

● 儿童在涉嫌犯罪的时候未达到最低刑龄，无论是通过少年刑事法庭还是成人刑事法庭，均不能被正式指控，或者在刑事诉讼程序中被要求承担责任或进入刑事诉讼程序（或对策）中。此外，不能以犯罪化的方式对待未达到最低刑龄的儿童，尤其是不包括通过警方拘留或者其他方式的拘留，对待此类儿童。

● 对于在宣称的犯罪行为发生时未达到最低刑龄的儿童，在符合其最大利益的前提下，如果有必要，可以通过非刑事司法程序或者不诉诸司法程序，对他们采取特殊的保护性措施。在所有这些情况下，法律保障必须到位，以确保他们受到公平公正的对待。在涉及通过特别的保护性措施剥夺人身自由的情况下，被剥夺人身自由的儿童的所有权利都应得到保证。

八、《非洲儿童权利和福利宪章》

1990年制定的《非洲儿童权利和福利宪章》有效地重申了《儿童权利公约》中规定的义务，即各缔约国要设置一个最低刑龄条款。① 但该条约的监管机构——非洲儿童权利和福利专家委员会，还没有开始审查各缔约国关于执行该条约的报告。

九、《欧洲社会宪章》

1996年修订的《欧洲社会宪章》——随着时间的推移，替代了原来1961年的《欧洲社会宪章》，是欧洲主要的儿童

---

① 1990年7月11日非洲统一组织国家元首和政府首脑会议通过了OAU Doc. CAB/LEG/24.9/49. Article 17(4): "There shall be a minimum age below which children shall be presumed not to have the capacity to infringe the penal law."

权利条约。① 各成员国每年向欧洲社会权利委员会报告工作。欧洲社会权利委员会是负责监督该条约遵守情况的机构，且一直坚持对最低刑龄条款进行评论。

欧洲社会权利委员会已经发现，将下限划定在12岁以下的最低刑龄规定是与《欧洲社会宪章》第十七条不相符的，甚至把11岁的最低刑龄看作是"明显太低的。"② 在最低刑龄高于12岁的地方，任何的责任年龄降低都仍然可能是有问题的。斯洛伐克提议将最低刑龄从15岁降低至14岁——这可能是一种"倒退"，欧洲社会权利委员会对此表示关切，并且询问作出该提案的理由。③ 相比之下，欧洲社会权利委员会通常对12岁以及更高年龄层次的最低刑龄规定没有反对意见。④

---

① Council of Europe Secretariat of the European Social Charter, *Children's Rights under the European Social Charter*, Strasbourg, 2005. European Treaty Series, No.35, 18 Oct 1961. Council of Europe Treaty Series, No.163, 3 May. 1996.
② 第十七条涉及儿童获得广泛的社会、法律和经济保护的权利，但没有具体解决少年司法的问题。*Conclusions XVII-2 (Turkey)*, 2005, p.30. 同时参见 *Second Addendum to Conclusions XV-2 (Ireland)*, 2001; *Conclusions XVII-2 (Malta)*, 2005; and *Conclusions XVII-2 (United Kingdom)*, 2005。
③ *Conclusions XVI-2 (Slovakia)*, 2003, p.103.
④ 将最低刑事责任年龄定为12岁或更高年龄的成员国包括：克罗地亚、芬兰、德国、希腊、匈牙利、冰岛、意大利、拉脱维亚、立陶宛、荷兰、挪威、罗马尼亚、西班牙和瑞典。

更重要的是，欧洲社会权利委员会仔细审查了各缔约国报告的最低刑龄条款，并且特别关注于法律和实践中对未达到最低刑龄的儿童给予的对待措施。对于土耳其——报告的最低刑龄是12岁，该委员会发现该国的少年法庭法设置了一个实际起作用的将年龄下限设置在11岁的最低刑龄条款。欧洲社会权利委员会指出，土耳其甚至对那些未满11岁的儿童采取各种各样的剥夺人身自由的措施，对此，该委员会要求土耳其报告关于拘押制度和程序相关的年龄界限，以及被剥夺人身自由的未满11岁儿童人数等方面的详细信息。①

十、《欧洲人权公约》

1950年制定的《欧洲人权公约》，又称《保护人权与基本自由公约》，由欧洲人权法庭负责解释和应用。②1999年，该法庭就两个涉及最低刑龄问题的关键案件一并进行审理并宣布判决。③

---

① *Conclusions XVII-2 (Turkey)*, 2005, p.29.
② European Treaty Series, No.5, 4 Nov. 1950.
③ European Court of Human Rights, *Case of T. v. the United Kingdom: Judgment*, Strasbourg, 1999; *Id., Case of V. v. the United Kingdom: Judgment*, Strasbourg, 1999.

这两个判决的背景是臭名昭著的巴尔杰（Bulger）案，这个案件在第五章中进行了详细的描述。① 简单地说，原来 1993 年案件涉及英国利物浦的两个 10 岁大的男孩，他们诱拐了一个 2 岁大的幼童詹姆斯·巴尔杰（James Bulger），并把其殴打致死。然后，这两个男孩把这个幼童的遗体放在铁轨上。一列火车随后经过，将幼童遗体轧断开来。对这两个男孩为期三周的审讯，引起了史无前例的民众公愤和媒体的轰动性报道。大家对这两个孩子被带到法庭受审表达了愤怒的抗议，公众甚至试图攻击押运这两个孩子的车辆。成人法庭和审判程序——尽管为了这两个孩子的利益而作了一些改动，总体上来说是正式的。在当时，英国规定的最低刑龄是 10 岁，同时根据行为人的辨别能力，允许可予推翻 10 岁至 14 岁之间的儿童不承担刑事责任的推定。审理陪审团推翻这个推定后，裁定这两个孩子都有罪。审判长根据法律规定"秉承女王陛下意旨"对这两个孩子判处拘留。随后，这两个孩子向欧洲人权法庭提出控诉，认为对他们的审讯和判决

---

① 一般参见 Cipriani, Don, *The Minimum Age of What? Criminal Responsibility, Juvenile Justice, and Children's Rights*, unpublished draft, Florence, UNICEF Innocenti Research Centre, 2002。

第三章 最低刑龄与区际和国际法律文本中的国家义务

已经侵犯了他们的许多基本权利。

欧洲人权法庭考虑的问题是，英国的最低刑龄规定所产生的效果本身是否构成对《欧洲人权公约》第3条即不受到酷刑、不人道或有辱人格的对待或者惩罚的违反。在思考这个问题的时候，欧洲人权法庭考虑到欧洲理事会成员国之间的最低刑龄条款以及相关的国际文本。虽然注意到英国的最低刑龄规定得过低，但欧洲人权法庭发现欧洲并没有一个普遍认可的最低刑龄，该法庭也没有将英国的最低刑龄视为低至不成比例地偏离现行的标准。对于可接受的最低年龄下限，欧洲人权法庭在《北京规则》或者《儿童权利公约》中也没有发现一个明显的趋势。① 就其本身而论，欧洲人权法庭认为，要求这两个男孩承担刑事责任并不单独构成对《欧洲人权公约》第3条的违反。

欧洲人权法庭判决的部分反对意见之一——将近三分之一的法官在该意见书上签字，对这种解释提出反对。② 特别

---

① 除其他发展外，儿童权利委员会在法院听证后发表了对少年司法的一般意见，其对相关国际标准进行了澄清。
② European Court of Human Rights, Joint Partly Dissenting Opinion of Judges Pastor Ridruejo, Ress, Makarczyk, Tulkens, and Butkevych, *Case of T. v. the United Kingdom: Judgment*, Strasbourg, 1999.

是，这些法官坚持认为，过低划定的最低刑龄、在成人法庭起诉以及受到充满不确定性量刑（比如"秉承女王陛下意旨"作出的拘留）这三个方面共同对这两个孩子造成了一定程度的精神和身体折磨，这构成了不人道和有辱人格的对待，进而违反了《欧洲人权公约》第3条的规定。同时，他们认为，大多数人在考虑最低刑龄条款的时候，错误地将其与审理过程分离开来，并且未能在欧洲国家和国家文本的最低刑龄条款中发现一个明显的趋势。欧洲人权法庭判决的部分反对意见指出，在当时的41个成员国中，只有4个国家规定的最低刑龄和英国的最低刑龄下限一样低或者比英国的更低，并且认为，这种不一致性构成了一个不成比例的差异。欧洲人权法庭的法官们观察到，《北京规则》中虽然没有特定的建议，但成熟度和刑事责任的理念毫无疑问是相互关联的，而且几乎所有的成员国都认为，未满13岁或者14岁的儿童缺乏适当的成熟度。

这种反对意见虽然十分有力，但欧洲人权法庭的判决仍然拒绝将英国过低的最低刑龄跟权利侵犯联系起来，而且，欧洲人权法庭在后来的一个案件中仍然坚持这一立场。[1] 然

---

[1] European Court of Human Rights, *Case of S.C. v. the United Kingdom: Judgment*, Strasbourg, 2004.

而，正如本研究其他部分所述，这些案例在关于儿童在庭审中的有效参与权利问题的法学理论中是至关重要的。此外，考虑到儿童权利委员会随后就最低刑龄条款的年龄下限国际标准所作的说明，几乎可以肯定地说，欧洲人权法庭在未来几年将被要求重新审视其在最低刑龄问题上的推理。

结　语

在过去的几十年间，一大批国际法律文本已经对最低刑龄条款及其影响作了详细审查——在区际和国际环境中、在人权和人道主义文本中、在文本的起草历史和最终的文字表述中、通过地区和国际法律体系、以及在有约束力的和建议性的语境中。已经出现的对于最低刑龄条款的相应的法律义务，取决于国与国之间这样的可变因素，并且把好几个问题留待将来去讨论。这些可变因素包括存在一个国际法上关于最低刑龄条款的一般原则之可能性——正如在讨论《日内瓦公约》第一附加议定书的时候首先提出的那样。这个问题也将在第五章中作进一步的详细论述。尽管如此，从更一般的意义上来说，在最低刑龄条款及其确立和执行上推断出一个基本的趋同，这似乎是有可能的——最明显的是从儿童权利委员会的文件中可找到理由。① 的确，儿童权利委员会已经极其详细地对最低刑龄条款进行了审查，而且该委员会作为具有最广泛法律约束力的文本——同样适用于儿童——的监管机构，具有更大的权威。此外，本章中予以研究的其他文本和相关的监管机构，在很大程度上重申了儿童权利委员会强调的好几个关键点。正如可提出证据加以证明的那样，这种国际趋同包括以下几点：

● 各缔约国必须确立并执行唯一的、明确的最低刑龄，该最低刑龄适用于该国全部领土，所划定的年龄不得低于12岁。各缔约国应该继续提高其最低刑龄至更高的年龄阶段，而且不得降低最低刑龄。

● 双重和多重刑事责任年龄都是与《儿童权利公约》的规定相违背的。这些情况包括：无犯罪能力和相似的年龄范围等可推翻的推定；根据犯罪的类型及推断出的严重性而划定的多重年龄下限；以及反恐法以及其他的紧急事件法中的年龄下限。（刑事责任的最低年龄——必须划定在18岁或者更高年龄阶段——与此是不相关的。）

---

① 一般参见 Cipriani, Don, *The Minimum Age of What? Criminal Responsibility, Juvenile Justice, and Children's Rights*, unpublished draft, Florence, UNICEF Innocenti Research Centre, 2002。

● 最低刑龄在法律和实践中必须充分尊重非歧视原则（比如在性别、社会经济地位方面以及弱势群体的情况下）。

● 对于触犯法律的儿童，如果没有证据证实其年龄，他们有权获得可靠的医学调查和社会调查。如果关于儿童是否未达到最低刑龄的证据是非决定性的，那么他们不应该被要求承担刑事责任。

● 儿童在涉嫌犯罪的时候未达到最低刑龄，无论是通过少年刑事法庭还是成人刑事法庭，均不能被正式指控，或者在刑事诉讼程序中被要求承担责任或进入刑事诉讼程序（或对策）中。此外，不能以犯罪化的方式对待未达到最低刑龄的儿童，尤其是包括不能通过警方拘留或者其他方式的拘留。

● 对于在宣称的犯罪行为发生时未达到最低刑龄的儿童，在符合其最大利益的前提下，如果有必要，可以通过非刑事的司法程序或者不诉诸司法程序，对他们采取特殊的保护性措施。在所有这些情况下，法律保障必须到位，以确保他们受到公平公正的对待。在涉及通过特别的保护性措施剥夺人身自由的情况下，被剥夺人身自由的儿童的所有权利都要得到保证。

从其他含义中说，将这些标准进行整合似乎将有助于对各国的最低刑龄条款作进一步的司法审查，特别是在国家和地区法庭中。欧洲人权法庭——在有影响力的判决中已经对最低刑龄条款进行了仔细审查，看上去可能是一个适合于作这种司法审查的场合。

然而，在这种趋同的背后，之前的实践、起草历史、文本表述以及正式的解释，都周期性地显示出各国在最低刑龄条款的重要性和目的上的观点不一致。在很大程度上，这些都是第一章中描述的历史争论和张力的更深层次的反映。同时，它们和概念上的复杂性一样，会随着时间推移而日益增长，如同儿童权利方面的认识已经进步，而其原则也已经在实践中得到应用那样。举例来说，《北京规则》对于最低刑龄的具体考量背后的早期历史，显示出一种明显的福利偏见以及概念上的清晰性的降低；关于儿童权利的思考不再质疑为儿童争取正当程序权利的必要性。具有讽刺意味的是，孤立地对最低刑龄条款进行考量，同样会造成在关于更广泛的儿童权利框架的适当的观点意义上的注意力分散。如第二章所述，这个框架包含了其自身的歧义性和争议点，不过，从理性的角度来看，该框架的原则通常会提供足够的明确性。举例来说，比起保护性原理——这成为许多呼吁提高最低刑龄下限之主张的基础，其需要更加广泛的语境。虽然这些呼

第三章 最低刑龄与区际和国际法律文本中的国家义务

吁通常致力于保护儿童免受大量存在于许多少年司法制度中的危害性做法，但他们没有充分地说明自己隐含地将儿童描述为无犯罪能力者的理由，就如何适当地应对更大的没有达到最低刑龄的儿童群体——这个群体还在增加，他们也没有给出令人信服的报告。

在还没有将最低刑龄提高至非常高的年龄层次的情况下，如何适当地应对未达到最低刑龄的儿童，这已经成为最棘手的问题之一。国际标准确实设想了各国对于那些触犯法律但尚未达到最低刑龄的儿童的应对措施，以及这些应对措施需要特定的限制条件和指导。此外，第二章认为，儿童权利原则，发展性地支持对于所有这些儿童的适当应对措施。尽管如此，这些标准并没有简单地排除剥夺人身自由在所有涉及未达到最低刑龄儿童的案件中的适用。这看起来可能是一个简单易行的解决办法。尽管所有相关的国际规则都得以适用，但保护性措施有时可能包括剥夺人身自由，即使其应用应该被看作是罕见的。此外，在考察其他似乎明显是非监禁解决方式的应对措施的时候，比如，许多的保护、教育、福利、治疗以及其他措施，发现这些应对措施可能相当于事实上的惩罚和刑事责任。如此一来，即使国际指导提供了一些指引方向，但是在各国如何能够或者应该应对未达到最低刑龄儿童这一问题上，这些国际指导并不清楚，也没有明确哪些应对措施是刑事责任的一个标志，进而不能对未达到最低刑龄儿童适用。

这也许就是监管机构和司法机关所作的进一步的解释性的指引，在阐述清国际标准方面将最有作用的领域，即从实践的角度厘清相关原则如何适用于未达最低刑龄的儿童。这似乎特别有助于在各国间——包括在各国政府以及国内和国际非政府组织间，关于未达到最低刑龄儿童的条款和实践问题上，促进更大的透明度和更高的信息披露水准；而且，这也有助于促进对话和进行更严格的审查。在理想情况下，这些措施将逐步更详细地重申：对于那些触犯法律但尚未达到最低刑龄的儿童，什么样的解决办法是可取的，以及什么样的国家应对措施是被禁止的。

第四章
对最低刑事责任年龄的历史影响

本研究的第一章研究了现代少年司法的直接起源,其可溯至英格兰封建时期。而本章则对最低刑事责任年龄本身背后的主要历史趋势,作一个补充性的概述。在很大程度上,这些历史讲述的是与前面内容有相同故意的事情,即本章再次触及少年司法历史的基础。然而,最低刑事责任年龄的法律历史值得特别重视,因为其不仅为当今世界各地的相关规定提供了重要的解释视角,而且揭示了一些易复发的问题和其背后所隐藏的共同问题。事实上,从古代罗马法、欧洲殖民法、伊斯兰刑法以及苏联法律中就可以看出,大多数国家都有关于最低刑事责任年龄的法条规定——这些法条在第五章有涉及。在国家法律层面,各种习惯法、传统法以及宗教法律体系,都规定了儿童刑事责任,并适用于许多国家的大量人身上。

一、罗马法，欧洲法以及欧洲殖民法

在其他古代法律体系中，巴比伦法、希伯来法和希腊法均规定了因故意不法程度而定各种犯罪的惩罚程度。① 罗马最早的成文法典，即《十二铜表法》（公元前450年）则更是如此。《十二铜表法》在刑事法中提到了两类前青春期的孩童，也区分了自愿犯罪和非自愿犯罪，并将这一点作为减缓刑罚的依据之一。因此，由于前青春期属于一种推定认识能力尚缺失的时期，这就导致了一个后果，即：虽然刑事责任本身不会被完全免除，但许多犯罪的刑罚会获得减轻。②

希腊哲学对罗马法日益剧增所带来的影响，进行了深入

---

① Perrin, Bernard, laminorité pénale en droit romain et dans les législations européennes antérieures au XiX^e siècle, in donnedieu de Vabres, henri, and Marc ancel, eds, *Le problème de l'enfance délinquante: l'enfant devant la loi et la justice pénales*, paris, librairie du recueil sirey, 1947; and thomas, J.a.C., delictal and Criminal liability of the young in roman law, in société Jean bodin pour l'histoire comparative des institutions(ed.) *L'enfant, Recueils de la Société Jean Bodin pour l'histoire comparative des institutions*, vol.38, Bruxelles, Éditions de la Librairie encyclopédique, 1977.

② Perrin, Bernard, laminorité pénale en droit romain et dans les législations européennes antérieures au XiX^e siècle, in donnedieu de Vabres, henri, and Marc ancel, eds, *Le problème de l'enfance délinquante: l'enfant devant la loi et la justice pénales*, Paris, Librairie du Recueil Sirey, 1947.

第四章 对最低刑事责任年龄的历史影响

的思考,并形成了一般的道德标准与专用于孩童的道德标准。① 到科尔奈里亚法(公元前81年)时,基于其缺乏故意伤害他人的能力这一事实,前青春期儿童的犯罪行为被宽处。② 但在进入青春期时,所有的刑罚都可以适用于儿童了。③

随着时间的推移,临近青春期时限儿童的刑事责任问题,则更进一步地被一分为三,这也反映了对儿童理解力发展之问题的持续关注,刚到达青春期的儿童仍然会面临刑事责任。第一类情况是婴幼儿。由于婴幼儿被认为不具备犯罪意图,因此他们是不具有刑事可责性的。④ 起初,儿童从出生直到他们正式获得"fari"——即"根据语法规则和词汇规则使用文字"的能力,明显被包括在前述情况

---

① Perrin, Bernard, laminorité pénale en droit romain et dans les législations européennes antérieures au XiX^e siècle, in donnedieu de Vabres, henri, and Marc ancel, eds, *Le problème de l'enfance délinquante: l'enfant devant la loi et la justice pénales*, Paris, Librairie du Recueil Sirey, 1947.
② Platt, Anthony, and Bernard l. diamond, the origins of the "Right and Wrong" test of Criminal responsibility and its subsequent development in the united states: an historical survey, 54 *California Law Review* 1227, 1966.
③ Crofts, Thomas, *The Criminal Responsibility of Children and Young Persons: A Comparision of English and German Law*, Aldershot(England), Ashgate, 2002.
④ Perrin, Bernard, laminorité pénale endroit romain et dans les législations européennes antérieures au XiX^e siècle, in donnedieu de Vabres, henri, and Marc ancel, eds, *Le problème de l'enfance délinquan te*: l'enfant devant la loi et la justice pénales, Paris, Librairie du Recueil Sirey, 1947; Robinson, olivia f., The Criminal Law of Ancient Rome, London, Duckworth, 1995.

内。① 到公元 300 年时，这种自然生理性的标准被法律标准取代，法律明确规定 7 岁是婴幼期的终点。②

接下来的两段时期是趋近婴幼期的婴儿时期，以及趋近青春期的少儿期。在这两者之间，古罗马法似乎并未设立过以年龄为准的区分标准，以便取代个体的生理外观标准。类推地，这两类人群的潜在刑事责任在一个个性化标准之上确立，即能否推定儿童有"犯罪能力"——"形成犯罪故意的能力。"③ 少儿时期的儿童通常被推定是"无犯罪能力"——"无形成犯罪故意的能力"，而趋近青春期的儿童则被认为是"推定有犯罪能力"。在有明确证据证明儿童有犯意时，这两种情况下的推定是可以推翻的。④ 那些最终被"推定有犯罪

---

① Voigt, Moritz, *Die XII Tafeln*, vol.1, 1883, reprinted aalen, scientia, 1966, p.314, paraphrased by Crofts, Thomas, *The Criminal Responsibility of Children and Young Persons: A Comparision of English and German Law*, Aldershot(England), Ashgate, 2002, footnote 3 p.93.
② Perrin, Bernard, laminorité pénale en droit romain et dans les législations européennes antérieures au XiX^e siècleure, in donnedieu de Vabres, henri, and Marc ancel, eds, *Le problème de l'enfance délinquante: l'enfant devant la loi et la justice pénales*, Paris, Librairie du Recueil Sirey, 1947.
③ Crofts, Thomas, *The Criminal Responsibility of Children and Young Persons: A Comparision of English and German Law*, Aldershot(England), Ashgate, 2002.
④ Crofts, Thomas, *The Criminal Responsibility of Children and Young Persons: A Comparision of English and German Law*, Aldershot(England), Ashgate, 2002; Platt, Anthony, and Bernard l. diamond, the origins of the "Right and Wrong" test of Criminal responsibility and its subsequent development in the united states: an historical survey, 54 *California Law Review* 1227, 1966.

能力"并且须承担刑事责任的儿童则会受到和成年人一样的对待，但得到一些刑罚上的宽宥。① 公元 2 世纪的评注也提到，大多数法学家接受这种方法。

"恶意补足年龄"是指尽管儿童非常年幼，但其所表现的"恶"足以使其承担刑事责任具有正当性。而前述这些针对青春期儿童的分类，被"恶意补足年龄"制度模糊化。马克西米（Maximian）和迪克里先（Diocletia）的联合皇帝曾在公元 300 年左右，于相关情形下援引过该准则，而且还有证据证明在罗马帝国初期也曾应用过该准则。② 在帝国后来的几个世纪里，伴随着更严重的国家刑罚压制和公共秩序措施，"恶意补足年龄"方法还使青春期逐渐被成人期所直接同化。③ 与此同时，婴儿期也愈渐被归入无刑事责任的幼儿期。一般而

---

① Laingui, André, *La responsabilité pénale dans l'ancien droit (XVIᵉ—XVIIIᵉ siècle)*, Paris, Librairie générale de droit et de jurisprudence, 1970.

② Laingui, André, *La responsabilité pénale dans l'ancien droit (XVIᵉ—XVIIIᵉ siècle)*, Paris, Librairie générale de droit et de jurisprudence, 1970; Perrin, Bernard, laminorité pénale en droit romain et dans les législations européennes antérieures au XiXᵉ siècle, in donnedieu de Vabres, henri, and Marc ancel, eds, *Le problème de l'enfance délinquante: l'enfant devant la loi et la justice pénales*, Paris, Librairie du Recueil Sirey, 1947.

③ Perrin, Bernard, laminorité pénale en droit romain et dans les législations européennes antérieures au XiXᵉ siècle, in donnedieu de Vabres, henri, and Marc ancel, eds, *Le problème de l'enfance délinquante: l'enfant devant la loi et la justice pénales*, Paris, Librairie du Recueil Sirey, 1947.

言，青春期开始就可能承担刑事责任。① 然而，对青春期生理信号式的检验标准，已经在很早以前就实践了，到公元500年时，确立了精确的年龄限制，其也被视为青春期的开端，即：男孩14岁，女孩12岁。② 由此，根据罗马法的观点，小于7岁的孩童"无犯罪能力"；7岁至11岁的女孩和7岁至13岁的男孩只被认为是"推定无犯罪能力"；而12岁后的女孩和14岁后的男孩则被"推定有犯罪能力"。

大约从公元11世纪开始，出现了对古罗马法研究的复兴。学者们开始重建罗马关于孩童刑事责任年龄的分段，并广泛研究公元500年左右的查士丁尼法典。③ 随着查士丁尼

---

① Stettler, Martin, *L'évolution de la condition pénale des jeunes délinquants examinée au travers du droit suisse et de quelques legislations étrangères: Les seuils de minorité pénale absolue ou relative confrontés aux données de la criminologie juvénile et aux impératifs de la prévention*, Geneva, Librairie de l'université, 1980.

② Crofts, Thomas, *The Criminal Responsibility of Children and Young Persons: A Comparision of English and German Law*, Aldershot(England), Ashgate, 2002; Platt, Anthony, and Bernard l. diamond, the origins of the "Right and Wrong" test of Criminal responsibility and its subsequent development in the united states: an historical survey, 54 *California Law Review* 1227, 1966.

③ Perrin, Bernard, laminorité pénale en droit romain et dans les législations européennes antérieures au XiX^e siècle, in donnedieu de Vabres, henri, and Marc ancel, eds, *Le problème de l'enfance délinquante: l'enfant devant la loi et la justice pénales*, Paris, Librairie du Recueil Sirey, 1947.

法典在各大学的教研的影响,欧洲大部分地区最终采用了罗马法,并且在公元 1500 年左右逐渐应用罗马法。不同的民族和国家常常有他们自己关于孩童的刑罚规则与实践,这些规则及实践在数个世纪中不断发展。然而,这些规则和实践都是在罗马法的范畴内受到影响,而罗马法最终成为辐射到欧洲大部分法律传统的公共规则。

尽管如此,孩童刑事责任的年龄界限的意义取决于实践中法官的独立判断。先不论前述的公共法律框架,从判例法来看,法律实践在逻辑上是不连贯和矛盾的,并且,这些被推定的规则还时常被打破。孩童的刑事法律地位看起来似乎通常会使量刑得以减轻,但同时又不至于排除刑事责任。特别是"恶意补足年龄"原则在中世纪再现生机,并冲淡了对不同年龄群体的特别考虑。那些广泛评论了该原则的学者们,从其中找到了支持"甚至幼小孩承担刑事责任"的正当理由,就像该原则在许多案件中被应用去惩罚孩童一样。① 事实上,欧洲所有君主制政府都采用"恶意补足年龄",并奉之为儿童刑事法律实践的

---

① Laingui, André, *La responsabilité pénale dans l'ancien droit (XVIe—XVIIIe siècle)*, Paris, Librairie générale de droit et de jurisprudence, 1970.

基石。①

尽管罗马法在实践中逐渐淡化了，但它通常仍是具有法律强制力的，直到1700年国家法典化行动的开始。② 就在法国大革命之前，许多欧洲国家仍应用一套对儿童的减免体系，并且只有一些最年幼的儿童能被免除刑事责任。到这时，年龄限制无疑在国家和地区之间，呈现很大的变化。法官在不同情况下的儿童案件中，继续行使自由裁量权和应用不成文法。很重要的是，1791年和1810年的《法国刑法典》，废除了未成年刑法阶段，并设立了16岁的成年刑法年龄。16岁之下的孩童，他们是否是在有意识之下行为的，是交由法庭决定的。如果他们没有意识到，刑事责任事实上就会被排除，并且还不准适用刑事制裁手段。若未满16岁的

---

① Laingui, André, *La responsabilité pénale dans l'ancien droit (XVIe—XVIIIe siècle)*, Paris, Librairie générale de droit et de jurisprudence, 1970; Perrin, Bernard, laminorité pénale en droit romain et dans les législations européennes antérieures au XiX^e siècle, in donnedieu de Vabres, henri, and Marc ancel, eds, *Le problème de l'enfance délinquante: l'enfant devant la loi et la justice pénales*, paris, librairie du recueil sirey, 1947; Perrin, Bernard, laminorité pénale endroit romain et dans les législations européennes antérieures au XiX^e siècle, in donnedieu de Vabres, henri, and Marc ancel, eds, *Le problème de l'enfance délinquante: l'enfant devant la loi et la justice pénales*, paris, librairie du recueil sirey, 1947.

② Stettler, Martin, *L'évolution de la condition pénale des jeunes délinquants examinée au travers du droit suisse et de quelques legislations étrangères: Les seuils de minorité pénale absolue ou relative confrontés aux données de la criminologie juvénile et aux impératifs de la prévention*, Geneva, Librairie de l'université, 1980.

第四章 对最低刑事责任年龄的历史影响

孩童意识到自己的行为，则对于刑事责任和刑罚的减轻，就不需要放低年限适用。这些法典的起草者们，是直接从罗马法"无犯罪能力"条文中的最小刑事责任年龄限制中获取灵感的。① 可是，随着他们废除最小刑事责任年龄限制，而当13岁作为最小刑事责任年龄被法典规定后，从1791年至1912年间，《法国刑法典》就没有调整过最小刑事责任年龄。由于援引了原生罗马法的规定，1791年和1810年的《法国刑法典》，成了1800年后欧美地区具有影响力的模范法典。② 在19世纪前半叶之后，许多采用了法国模板的国家，纷纷开始在各自的法典中规定最小刑事责任年龄，而最小刑事责任年龄入典也成了立法的一般做法。③

---

① Laingui, André, Histoire du droit pénal, Paris, Presses Universitaires de France, 1985.
② Cieślak, Marian, De la répression a la protection des mineurs: Histoire de la délinquance juvénile: Rapport de synthese, in Société Jean Bodin pour l'histoire comparative des institutions(ed.) *L'enfant, Recueils de la Société Jean Bodin pour l'histoire comparative des institutions*, vol.38, Bruxelles, Éditions de la Librairie encyclopédique, 1977.
③ Cieślak, Marian, Delarépression a la protection des mineurs: Histoire de la délinquance juvénile: Rapport de synthese, in Société Jean Bodin pour l'histoire comparative des institutions(ed.) *L'enfant, Recueils de la Société Jean Bodin pour l'histoire comparative des institutions*, vol.38, Bruxelles, Éditions de la Librairie encyclopédique, 1977; and Nillus, Renée, laminorité pénale dans la législation et la doctrine du XIXe siècle, in Donnedieu de Vabres, Henri, and Marc Ancel, eds, *Le problème de l'enfance délinquante: l'enfant devant la loi et la justice pénales*, Paris, Librairie du Recueil Sirey, 1947.

在欧洲接收罗马法潮流之下,英格兰是个例外。而英格兰自己关于儿童刑事责任的历史,却是安格鲁-撒克逊法和罗马法的结合体。古代安格鲁-撒克逊法,最早开始于公元688年至900年,其已表现出对年幼违法者的特别关注,且一般会免除将成年人的处罚施于年轻人。① 在这段时期内,出于仁慈,把不同情况下的年龄限制在10岁至15岁之间。随着时间流逝,这种对孩童的仁慈观念在法律和法学中逐渐发展成两个不同的年龄限制:第一,禁止惩罚该年龄限制之下的孩童;第二,在特定情况下,如果年龄限制稍高,则低于该年龄的儿童可能会受罚的。就前者而言,尽管不是很一致,但有证据证明在约1200年晚期到1600年早期之间,渐渐演化为规定具体的刑事责任年龄,且在该具体的年龄之下任何刑罚不被允许施加。这些证据表明,法官有充足的自由裁量权去判定各个孩童是否已经足够成熟去面对惩罚,而7岁和8岁这种指导性的年龄限制时常被用到。这些年龄限制,尤其是7岁标准,有可能与天主教的影响有关。天主教的教会法直接吸收了罗马法中的儿童刑事责任条款。确实,随着时间推移,7岁是不能施以任何刑罚的界限,这成了共

---

① Crofts, Thomas, *The Criminal Responsibility of Children and Young Persons: A Comparision of English and German Law*, Aldershot(England), Ashgate, 2002.

识，而 7 岁被理解为孩童初次开始辨别善恶的年纪。因此，视孩童的成熟度和理解力而确定刑罚的可能性问题，就以此为开端。

在 1300 年早期，附条件的儿童刑事责任能力标准变得流行，在该标准之下，可责性问题的幅度取决于每个孩童对区分善恶的认识或者领悟能力。① 一般地，如同被法官以及法律学者所广泛援引的那样，孩童最早于 7 岁会被推定认为是缺乏起码的犯罪能力以及缺乏明白其行为道德含义的能力。控告孩童则必须提交关于孩童行为的证据，从而证明他们已有行为认知能力，以反驳前述的推定，并再议刑事责任的可能性问题。② 这个附条件的标准，亦与时俱进不断变化，且变化在 12 岁到 14 岁之间徘徊，其更高一点的年龄限制在 1600 年末被一致地固定为 14 岁。③ 在引入 1600 年早期的系统化的出生登记体制之前，法官要判定不同孩童的成熟度，

---

① Crofts, Thomas, *The Criminal Responsibility of Children and Young Persons: A Comparision of English and German Law*, Aldershot(England), Ashgate, 2002; Platt, Anthony, and Bernard l. diamond, the origins of the 'Right and Wrong' test of Criminal responsibility and its subsequent development in the united states: an historical survey, 54 *California Law Review* 1227, 1966.

② Crofts, Thomas, *The Criminal Responsibility of Children and Young Persons:A Comparision of English and German Law*, Aldershot(England), Ashgate, 2002.

③ Crofts, Thomas, *The Criminal Responsibility of Children and Young Persons: A Comparision of English and German Law*, Aldershot(England), Ashgate, 2002.

还是依据生理外形的事实标准。①

总而言之，在 1700 年早期，英格兰普通法秉持"7 岁以下的孩童不能因罪受罚、7 岁至 14 岁的孩童被假定为（此假定可被推翻）不能理解行为后果、14 岁后的孩童成为刑罚的对象"的做法。尽管在实践中有所变化，这些规则仍被原样保留下来，直到英格兰 1932 年立法采用 7 岁到 8 岁的最小刑事责任年龄，后来又于 1963 年变为 8 岁到 10 岁。而就如本文后续将论的那样，英国在 1998 年废除了对 10 岁至 14 岁孩童的"无犯罪能力"推定。

除了《法国刑法典》在 18 到 19 世纪间对他国立法具有重要的影响之外，通过各自的殖民地和受保护国，法国法和英格兰普通法都在世界范围内传播最小刑事责任年龄的重大意义。比方说，法国在 1921 至 1928 年间，致力于在其殖民地引入 1912 年 7 月 22 日制定的《少年儿童法庭和缓刑法》法案中的措施。②此即设立 13 岁最低刑事责任标准的那部

---

① Kean, A.W.G., The History of the Criminal Liability of Children, 53 *Law Quarterly Review* 364, 1937; and Platt et al Platt, Anthony, and Bernard l. diamond, the origins of the "Right and Wrong" test of Criminal responsibility and its subsequent development in the united states: an historical survey, 54 *California Law Review* 1227, 1966.

② Bouvenet, Gaston Jean, *laminorité pénale dans les colonies françaises*, doctoral dissertation, Université de Nancy, Faculté de droit, 1936.

第四章 对最低刑事责任年龄的历史影响

法律，但是它也保持了"13岁至18岁的孩童必须具备意识才能施加监禁刑"的规定。①法国殖民部还以该法案为准精心设计了一套文本，该文本后来还在大量法国殖民地生效。正如本章节后续所阐述的那样，在移植法律的过程中考虑当地本土习俗是存在大量挑战的，并非所有的殖民地都采用了该措施。在前述文本生效的地方，把13岁设立为最小刑事责任年龄标准，而其他殖民地和受保护国则保留了原先的法律，而这些法律也是以更加早期的法国法律条文和严格而无年龄限制的认识标准为基准的。②在后来的数十年中，新生国家在独立前实际上也保留了仍有效的殖民法律。就结果而言，到1900年时，在26个为法国殖民地或被保护国的国家中，有15个采纳了把13岁作为最小刑事责任年龄，而还有6个保留了一些针对确定刑事责任前有关孩童认识问题的检测标准。其他的国家，在苏联法、伊斯兰法和英格兰法的交叠影响之下，也发生了更大的变化。

的确，英格兰普通法关于最小刑事责任年龄的模式，在

---

① Griffe, Clément, *Les tribunaux pour enfants: Étude d'organisation judiciaire et sociale*, Paris, Fontemoing, 1914.
② 一般参见 Cipriani, Don, *The Minimum Age of What? Criminal Responsibility, Juvenile Justice, and Children's Rights*, unpublished draft, Florence, UNICEF Innocenti Research Centre, 2002。

世界上的影响更加显著。① 随着大不列颠不断设置殖民地，它在殖民法律体系之下，制定了关于儿童刑事责任的法律条文。事实上，在特定时期，普通法国家接受了普通法，接受了它如同在英国生效那样的效力。而在许多情况下，刑罚典设立时，其形式各异、其渊源繁杂。法条变化时常应时发生，导致不列颠颁布修正案或者调整法条的语言。同样地，前不列颠殖民地一般都在英国刑法法域内享有"潜在统一"之荣。② 推而广之，最强烈的反映就是，大多数前英国殖民地和被保护从英国普通法或其后续修正条款中，规定了自己的最小刑事责任年龄标准。实际上，在75个前英国殖民地和被保护国，或者接受了普通法的国家之中，有51个国家设立了相关的年龄限制，大都在7岁、8岁或者10岁。甚至，在55个设立了"推定无犯罪能力"或者相似法条的国家中，大约有40个国家直接受到了英国普通法的影响。③

欧洲其他有殖民地和被保护国的国家，倾向于在海外移植他们的最小刑事责任年龄法条。如上所述，若不是《法国

---

① Cipriani, Don, *The Minimum Age of What? Criminal Responsibility, Juvenile Justice, and Children's Rights*, unpublished draft, Florence, UNICEF Innocenti Research Centre, 2002.
② Read, James S., Criminal Law in the Africa of Today and Tomorrow, 7 *Journal of African Law* 5, 1963, at 5.
③ 进一步的讨论，参见本书第五章和第六章。

刑法典》的影响，许多欧洲大陆国家都会分享罗马法的遗产。尽管存在很大变化，但这些是早已施行的基本范式。考虑到对其殖民地的辐射范围，就最小刑事责任年龄的条文而言，法国和英国在世界范围内有着更大和更为直接的影响。

二、伊斯兰法

乍一看，就最小刑事责任年龄的条文而言，伊斯兰法律对世界上192个国家的影响很小。① 在伊斯兰世界的64个国家中，只有10个国家明显地在一定程度上基于伊斯兰法而设置了最小刑事责任年龄条款。其他国家大都是在英国、法国或者苏联的影响之下设计了其最小刑事责任年龄制度。然而，这些条文的实施，也是取决于其伊斯兰法律的合法性，而且伊斯兰法律还在大量关于最小刑事责任年龄制度改革的辩论中，发挥着基础作用。② 本节强调了古典伊斯兰法

---

① 对64个国家的估计是根据伊斯兰会议组织成员国和埃默里大学法学院伊斯兰家庭法方案所列国家的综合清单得出，而埃默里大学法学院伊斯兰家庭法方案所列国家的综合清单中的国家 (www.law.emory.edu/ifl/index2.html)，也是联合国的成员国。
② 参见 An-Na'im, Abdullahi Ahmed, Human Rights in the Muslim World: Socio-Political Conditions and Scriptural Imperatives: A Preliminary Inquiry, 3 *Harvard Human Rights Journal* 13, 1990。

律教条对儿童刑事责任的约束,讨论了该教条导致的问题性议题,以及在古典法律教条演变为现代法律条文与司法实践中所产生的问题性议题,还说明了伊斯兰法学家是如何应用古典法律去进一步平衡其最小刑事责任年龄制度与国际化标准,从而使两者和谐共鸣的。

在伊斯兰法律之下,主要存有八种学派,他们在儿童的年纪和责任问题上持有不同的观点。在这八种学派中,四个逊尼学派(即哈乃斐、马利基、沙斐仪、罕百里),还有两个学派具有举足轻重的地位,因为所有的穆斯林不是逊尼派(占比85%至90%),就是什叶派教徒(占比10%至15%)。早在公元700年,伊斯兰哲学家和法学家(包括一些法律学派的创办者)就曾在孩童期定义以及孩童保护责任这一话题之上,展开过激烈辩论。受之影响,在公元900年时,关于孩童的古典伊斯兰法就已经发展成熟了。[①]

在所有案件中,伊斯兰法律基于个体差异,为成人和小

---

① Fahd, Toufy, and Muhammad Hammoudi, L'enfant dans le droit islamique, in Société Jean Bodin pour l'histoire comparative des institutions(ed.) *L'enfant, Recueils de la Société Jean Bodin pour l'histoire comparative des institutions*, vol.35, Bruxelles, Éditions de la Librairie encyclopédique, 1975; and Sait, M. Siraj, Islamic Perspectives on the Rights of the Child, in Fottrell, Deidre, ed., *Revisiting Children's Rights: 10 Years of the United Nations Convention on the Rights of the Child*, London, Kluwer Law International, 2000.

孩规定了刑事责任，对于个体差异，智力推理能力和自由选择是其核心。[1] 智力推理能力，是作为理解和分析高尚道德的先决条件，其具有独特的、更深远的重要性。因此，智力推理能力与综合理解力以及辨别善恶的能力紧密相关。的确，在伊斯兰法律之中，只有那些可以理解法律条文并且根据其理解而行事的人，才有可能为违反教条而负刑事责任。刑罚制裁是依违法者主观意图的性质决定的，它反映了基于错误的存在及程度而定的刑事责任的潜在含义。然而，智力推理能力是一项随时间而发展的能力，而不随着即时的、客观可见的方式发展。古兰经并未规定关于确切智力推理能力发展的年龄标准，因此，伊斯兰法律和宗教学者将相关年龄解释为客观标准，以便标记其成长。[2] 特别地，他们认为年龄，被推定为具有智力推理能力的孩童，当智力推理能力缺失时，刑事责任就无从谈起了。

在这一基本立场之下，伊斯兰法律在孩童和刑事责任问

---

[1] ElAccad, Mohamed, *La responsabilité pénale en droit musulman*, doctoral dissertation, Université de Droit, d'Économie et de Sciences Sociales de Paris, 1984.

[2] Pearl, David, A Note on Children's Rights in Islamic Law, in Douglas, Gillian, and Leslie Sebba, eds, *Children's Rights and Traditional Values*, Aldershot (England), Ashgate/Dartmouth, 1998.

题上，确定了三类年龄群体：

1. 从出生到7岁：古典学者一般认为，7岁以内的孩童是没有分辨力的，他们没有智力推理能力，也不能为任何原因负担刑事责任。①

2. 从7岁到青春期的开始：在这段"有判断力的年纪"中，孩童的推理能力仍然是发展不充分的，由此也排除了任何刑事责任。②即使当不同的孩子运用了其判断力时，他们也不必被认为是刑事上有责的。③然而，就如后述将描绘的那样，各学派在处理该年龄段孩童的一些违法行为时，很明显都采取了教诫（"ta'dīb"）处罚这种方式。

该阶段的暂时终点，即"青春期的开始"，在不同的学派有不同的计算方法。大多数学派设立了一个年龄段——从一个小于它就不可能有青春期的最小年龄，到一个一超出它就到了青春期的最大年龄。在这个年龄段中，青春期的确定

---

① Bahnassi, Ahmad Fathi, Criminal Responsibility in Islamic Law, in Bassiouni, M. Cherif, ed., *The Islamic Criminal Justice System*, London, Oceana Publications, 1982.

② Bahnassi, Ahmad Fathi, Criminal Responsibility in Islamic Law, in Bassiouni, M. Cherif, ed., *The Islamic Criminal Justice System*, London, Oceana Publications, 1982.

③ Bahnassi, Ahmad Fathi, Criminal Responsibility in Islamic Law, in Bassiouni, M. Cherif, ed., *The Islamic Criminal Justice System*, London, Oceana Publications, 1982.

第四章　对最低刑事责任年龄的历史影响

必须根据每个孩童的生理发育情况而定。①

表 4.1^{*}　伊斯兰决定个体青春期的年龄段（以年计）节选

School(s)	Hanafites	Malikites	Shafi'ites	Hanbalites	Shiites
boys	12—15	9—18	9—15	10—15	none—15
girls	9—15	9—18	9—15	9—15	none—9

为考量青春期，彼得斯编录了许多关于多数伊斯兰学派的年龄段设置的权威性意见；在同一所学派里，青春期也时常会因男孩和女孩的区别而不同，见表4.1。

在考虑处于特定年龄段的孩童时，众多伊斯兰学派在关于青春期的可采纳生理证据问题上，出现了意见分歧。② 在所有案件中，青春期被当作了不同孩童的智力能力的代表。

---

① Fahd, Toufy, and Muhammad Hammoudi, L'enfant dans le droit islamique, in Société Jean Bodin pour l'histoire comparative des institutions(ed.) *L'enfant, Recueils de la Société Jean Bodin pour l'histoire comparative des institutions*, vol.35, Bruxelles, Éditions de la Librairie encyclopédique, 1975; and Sait, M. Siraj, Islamic Perspectives on the Rights of the Child, in Fottrell, Deidre, ed., *Revisiting Children's Rights: 10 Years of the United Nations Convention on the Rights of the Child*, London, Kluwer Law International, 2000.
* 资料来源摘自 Peters, Rudolph, *Crime and Punishment in Islamic Law: Theory and Practice from the Sixteenth to the Twenty-First Century*, Cambridge, Cambridge University Press, 2006, Tables 2.1—2.2, p.21。
② Bahnassi, Ahmad Fathi, Criminal Responsibility in Islamic Law, in Bassiouni, M. Cherif, ed., *The Islamic Criminal Justice System*, London, Oceana Publications, 1982; Nobahar, Rahim, Mofid University, Iran, e-mail correspondence with author, July 2001.

而智力能力既在性别差异之中,又在不同个体之中变化。①在生理变化方面,男孩通常被认为是在能产生精子的时候就到达了青春期,而女孩则是在初次月经之后。②什叶派穆斯林还更进一步提出了私处毛发的生长这一标准,在其他学派中还有怀孕、声音变低等依据。③

3. 自青春期开始之后:即使在青春期开始之后,孩童也是被自动认为是对其违法行为不负刑事责任的。要承担刑事责任的话,孩童必须已经到达了青春期并且拥有了成熟的心智。④若这些条件成熟,完整的成人度和刑事责任就会被施加,刑罚制裁也相应地因孩童的不当行为而适用。⑤

---

① ElAccad, Mohamed, *La responsabilité pénale en droit musulman*, doctoral dissertation, Université de Droit, d'Économie et de Sciences Sociales de Paris, 1984.
② ElAccad, Mohamed, *La responsabilité pénale en droit musulman*, doctoral dissertation, Université de Droit, d'Économie et de Sciences Sociales de Paris, 1984.
③ Bahnassi, Ahmad Fathi, Criminal Responsibility in Islamic Law, in Bassiouni, M. Cherif, ed., *The Islamic Criminal Justice System*, London, Oceana Publications, 1982.
④ Bahnassi, Ahmad Fathi, Criminal Responsibility in Islamic Law, in Bassiouni, M.Cherif, ed., *The Islamic Criminal Justice System*, London, Oceana Publications, 1982.
⑤ Fahd, Toufy, and Muhammad Hammoudi, L'enfant dans le droit islamique, in Société Jean Bodin pour l'histoire comparative des institutions(ed.) *L'enfant, Recueils de la Société Jean Bodin pour l'histoire comparative des institutions*, vol. 35, Bruxelles, Éditions de la Librairie encyclopédique, 1975.

（一）教诫：在刑事责任具备前惩罚孩子？

在这个有层级的刑事责任制度中，还有必要阐明一下关于青春期之前的孩童问题。简单来说，就一类法官可自由裁量其可被处罚的犯罪（ta'zīr）来看，一些孩子可能会被施加刑罚或者教诫，尽管伊斯兰法一般规定了年龄分层。① 教诫看起来似乎可附加条件地用在所有年纪的孩童身上，并且法官会用在任何一个犯了教诫行为且有智力能力的孩童身上。② 然而，对于低于7岁以下儿童动用教诫的可能性而言，看起来确实对犯罪有各种不同的解释。并且，逊尼派沙斐仪和哈乃斐群体中不允许对7岁以下孩童实施前述惩罚。③ 不管怎样，即使教诫理论上更多的是充当"一种教导或者劝告而非

---

① Peters, Rudolph, *Crime and Punishment in Islamic Law: Theory and Practice from the Sixteenth to the Twenty-First Century*, Cambridge, Cambridge University Press, 200.
② Fahd, Toufy, and Muhammad Hammoudi, L'enfant dans le droit islamique, in Société Jean Bodin pour l'histoire comparative des institutions(ed.) *L'enfant, Recueils de la Société Jean Bodin pour l'histoire comparative des institutions*, vol. 35, Bruxelles, Éditions de la Librairie encyclopédique, 1975; Peters, Rudolph, *Crime and Punishment in Islamic Law: Theory and Practice from the Sixteenth to the Twenty-First Century*, Cambridge, Cambridge University Press, 200.
③ Bahnassi, Ahmad Fathi, Criminal Responsibility in Islamic Law, in Bassiouni, M. Cherif, ed., *The Islamic Criminal Justice System*, London, Oceana Publications, 1982; and Khan Nyazee, Imran Ahsan, *General Principles of Criminal Law(Islamic and Western)*, Islamabad, Advanced Legal Studies Institute, 1998.

一种惩罚",但这条戒律一般还是包含鞭笞式的身体体罚。①

从更大的层面上看,这个问题是从古典伊斯兰统治理论中产生的。伊斯兰统治理论认为,国家领导应当赋予由独立法官组成的法庭以一定的权威,法官才能根据伊斯兰法律准则来判案。② 当案件涉及犯罪的时候,虽然庭审通常是依照正式的对抗程序而进行,但这些程序实际上很大程度上是灵活的,并且法官具有丰富的自由裁量权。犯罪本身就是一项很广泛的归类,并在实践中也有最为重要的惩罚基础。③ 在犯罪语境下,法庭可以从几乎没有限制的刑罚各种类中,选取适用一些

---

① Serrano, Delfina, Legal Practice in an Andalusi-Maghrib Source from the Twelfth Century CE: *The Madhāhib al-hukkām fī nawāzil al-ahkām*, 7 *Islamic Law and Society* 199, 2000, at footnote 63. 也可参见 Fahd, Toufy, and Muhammad Hammoudi, L'enfant dans le droit islamique, in Société Jean Bodin pour l'histoire comparative des institutions(ed.) *L'enfant, Recueils de la Société Jean Bodin pour l'histoire comparative des institutions*, vol.35, Bruxelles, Éditions de la Librairie encyclopédique, 1975。

② Peters, Rudolph, *Crime and Punishment in Islamic Law: Theory and Practice from the Sixteenth to the Twenty-First Century*, Cambridge University Press, 200.

③ 自由裁量刑罚的情况涉及以下情况:禁止或邪恶的行为,包括对类似但不符合伊斯兰刑法对犯罪的严格法律定义的行为的惩罚;拒绝履行宗教职责的行为;以及因程序原因不能以其他方式定罪的行为。Al Awabdeh, Mohamed, *History and Prospect of Islamic Criminal Law with Respect to the Human Rights*, dissertation, Berlin, Humboldt-Universität, 2005; Peters, Rudolph, *Crime and Punishment in Islamic Law: Theory and Practice from the Sixteenth to the Twenty-First Century*, Cambridge University Press, 200。

措施,包括训斥、公开责备、鞭笞、驱逐、监禁直至悔改、死刑。对法庭权力的限制非常少,大体上就是选择鞭笞刑中可能鞭打的最高次数之类的措施。

同时,这些刑罚又随着犯法者的痊愈过程而显得合理,而且刑罚也可根据不同犯法者面对的不同情形,及其社会地位、经济地位而进行个体化的调整。① 犯罪之刑罚的基本目标就是防止再犯,这要么通过惩罚过去的犯法行为实现,要么通过强制完成宗教义务来实现。在这种设定之下,教诫特别追求使人改正被禁止的行为。② 的确,教诫的根基就是"adab",其大概表示"行为、文化",这个词在教诫语境下意为"道德标准式的教育,我们改善品行的方法。"③ 该概念

---

① Peters, Rudolph, *Crime and Punishment in Islamic Law: Theory and Practice from the Sixteenth to the Twenty-First Century*, Cambridge, Cambridge University Press, 200.

② Serrano, Delfina, Legal Practice in an Andalusi-Maghrib Source from the Twelfth Century CE: *The Madhāhib al-hukkām fī nawāzil al-ahkām*, 7 *Islamic Law and Society* 199, 2000, at footnote 63. 也可参见 Fahd, Toufy, and Muhammad Hammoudi, L'enfant dans le droit islamique, in Société Jean Bodin pour l'histoire comparative des institutions(ed.) *L'enfant, Recueils de la Société Jean Bodin pour l'histoire comparative des institutions,* vol. 35, Bruxelles, Éditions de la Librairie encyclopédique, 1975。

③ Goodman, Lenn E., *Jewish and Islamic Philosophy*, Edinburgh, Edinburgh University Press, 1999, p.131; and Goodman, Lenn E., Humanism and Islamic Ethics, in Carr, Brian, ed., *Morals and Society in Asian Philosophy*, Richmond(England), Curzon Press, 1996.

被广泛用于伊斯兰教育和儿童抚育之中,并被多样地表述为更简明的概念,如"教育、规矩、修养""改正性惩罚""告诫""性格构成"以及"传授道理"。① 照此,至少在一些法律学派中,教诫在属性上被严格地限制为非刑事的和非刑罚性的措施。②

对孩童施加的教诫,其属性是复杂的。事实上,这与青少年司法体系中的一些情况类似。青少年司法体系采取具有实质刑罚性的措施,但却将其作为福利性的反馈手段。前述两种体制都考虑了有力的历史依据和理论依据,它们还授予法官量刑时几乎不受限的自由裁量权,还立足于孩童自身的最大利益和恢复的根据上,使受刑罚措施制裁具有正当性。

---

① 也可分别参见 Goodman, Lenn E., Humanism and Islamic Ethics, in Carr, Brian, ed., *Morals and Society in Asian Philosophy*, Richmond(England), Curzon Press, 1996 at 4; Peters, Rudolph, *Crime and Punishment in Islamic Law: Theory and Practice from the Sixteenth to the Twenty-First Century*, Cambridge, Cambridge University Press, 200, p.196。

② Fahd, Toufy, and Muhammad Hammoudi, L'enfant dans le droit islamique, in Société Jean Bodin pour l'histoire comparative des institutions(ed.) *L'enfant, Recueils de la Société Jean Bodin pour l'histoire comparative des institutions*, vol.35, Bruxelles, Éditions de la Librairie encyclopédique, 1975; Bahnassi, Ahmad Fathi, Criminal Responsibility in Islamic Law, in Bassiouni, M.Cherif, ed., *The Islamic Criminal Justice System*, London, Oceana Publications, 1982; and Khan Nyazee, Imran Ahsan, *General Principles of Criminal Law(Islamic and Western)*, Islamabad, Advanced Legal Studies Institute, 1998.

第四章 对最低刑事责任年龄的历史影响

其还时常被视为一种非刑罚性手段（尽管本质上是刑罚回应措施）。对于相关的程序和实践，还是有很多法律信息和统计信息可以证明。① 此外，正如第五章所阐述的那样，防止再犯作为犯罪的基本目标，会自动将教诫特定化为一种指向刑事责任的惩罚。

然而，更深入的研究还是必需的，研究也应基于施加在7岁和/或青春期前的孩童身上教诫的教条规定和实际实践。这不仅在其最小责任年龄制度的成文法律规定已反映的伊斯兰法的国家中，还在教诫可以直接根据那些法条独立适用的国家中。从现有的各种精巧法律标准中举个例子，巴基斯坦允许将笞刑作为对7岁及其以上拥有足够成熟心智（而不考虑青春期）的孩子所犯的犯罪的教诫措施。直到1996年巴基斯坦才禁止该刑。与此同时，其他法律仍然还可以在任何孩童上实施犯罪的刑罚措施，不论青春期还是年幼，这些措施包括罚金和/或特定犯罪下的5年监禁措施。② 由于配置的刑罚对儿童权利的破坏，这些法律条款要求对每个案件进

---

① Khan Nyazee, Imran Ahsan, *General Principles of Criminal Law(Islamic and Western)*, Islamabad, Advanced Legal Studies Institute, 1998.
② 例如参见 Offence of *Zina*(Enforcement of *Hudood*) Ordinance, 1979, Arts. 7 and 10; and the Prohibition(Enforcement of *Hadd*) Ordinance, 1979, Arts. 2 and 11。

行逐一分析,以便确定它们是如何交融和潜在地违反了最低刑事责任年龄制度。

(二)伊斯兰法律之下的最低刑事责任年龄:分歧与融合

准确说来,伊斯兰国家立法并不必须与古典伊斯兰刑法条规一致,后者早在公元 900 年就已实际固定下来。西方势力开始影响殖民部分伊斯兰世界,发生在 18 世纪晚期,而新式的、西方风格的刑罚典在 19 世纪几乎取代了亚洲和非洲的伊斯兰刑法。[①] 在这种局面之下,伊斯兰世界的学者们已持续性地学习和教授传统教规,与官方立法相比,非正式的伊斯兰法通常有更多的合法性和重要性。到了现代,这种对流行的迎合——或者说对西方影响和世俗化的不满,已经变成一种主要的政教合一的复兴势力。从 1970 年开始,伊斯兰教徒的活动致力于建立伊斯兰国家,并且加固和扩张他们的合法性。伊斯兰法律的重建肉眼可见,其刑法的实施大体上只是第一步。尽管沙特阿拉伯、卡塔尔、也门没有变更

---

① 该研讨的主要内容,主要源自对 Peters, Rudolph 研究的总结和分析,参见 Peters, Rudolph, *Crime and Punishment in Islamic Law: Theory and Practice from the Sixteenth to the Twenty-First Century*, Cambridge, Cambridge University Press, 2006。

他们的体制，伊朗、利比亚、马来西亚、尼日利亚、巴基斯坦、苏丹、阿联酋都批准了重引伊斯兰法的法案。

在最低刑事责任年龄的特别语境下，当前的研究表明，阿富汗、科摩罗、伊朗、马来西亚、马尔代夫、尼日利亚、巴基斯坦、沙特阿拉伯、索马里和苏丹都在一定程度上是从伊斯兰刑法原则中发展出其相关的法条。① 这些法律条文并必须是广泛伊斯兰刑法框架的一部分。在其他一些国家，对于最低刑事责任年龄的法条或伊斯兰法律基础，能获得的信息是有限的。②

在几乎所有案件中，伊斯兰法律的最低刑事责任年龄条款，由于其具有性别歧视而违背了国际标准，但这些条款明确了青春期基础上的刑事责任。适用和执行法律条文时常加重了对女孩的固有歧视。比方说，巴基斯坦《1979 Zina 法案》就特别规制了通奸、婚前性行为、强奸和一些其他相关

---

① 参见 Table 5.1。
② 利比亚、卡塔尔、阿拉伯联合酋长国和也门。例如，利比亚用经典的伊斯兰教义的逻辑概括描述了其最低刑龄的相关条款，但没有直接提及伊斯兰法。参见 Committee on the Rights of the Child, *Summary record of the 432nd meeting: Libyan Arab Jamahiriya*, CRC/C/SR.432, 12 Jan 1998, pars. 68—74。该研究总结认为：利比亚、卡塔尔、阿拉伯联合酋长国和也门的最低刑龄均是 7 岁，而英国的法律制度对这些国家的影响是很大的。

犯罪。① 从基础的词汇来分析，女孩——年纪处在青春期开始的最早期，相较于同龄男生，是有可能因这些犯罪受到刑事处罚。② 此外，对于青春期的程序性和证据性要件，会导致延迟甚至避免对这个年龄段的男孩施加刑事责任。相反地，对女孩来说，月经和/或怀孕是更为明显且无可否认的标记。在双方合意下的性行为中，以及在女孩很明显是被强奸的案件中，由于缺乏强奸的直接证据，女孩怀孕的事实证明了她犯下了通奸罪，或者有了婚前性行为。这在实践中是十分真实地存在的。自从《Zina 法案》实施以来，因其而入狱的女孩的比例，较因其他罪入狱的女孩的比例显著上升。UNICEF 也曾提到，12 岁和 13 岁的女孩被强奸后苦于不能证明而因通奸罪受罚的案例。③

一般来说，源自伊斯兰法律的最低刑事责任年龄制度，

---

① 一般参见 Cipriani, Don, *The Minimum Age of What? Criminal Responsibility, Juvenile Justice, and Children's Rights*, unpublished draft, Florence, UNICEF Innocenti Research Centre, 2002。
② 参见 Di Martino, Kirsten, *Analysis of the Juvenile Justice System in Pakistan for the UN Juvenile Justice Project*, draft, Geneva, UN Centre for Human Rights, 1996。
③ Amnesty International, *Pakistan: Denial of basic rights for child prisoners*, London, 2003; Committee on the Rights of the Child, *Summary record of the 134th meeting:Pakistan*, CRC/C/SR.134, 11 Apr 1994, par. 6; and Tufail, Pervaiz, et al., *Street Children and Juvenile Justice in Pakistan*, London, AMAL Human Development Network and the Consortium for Street Children, 2004.

第四章 对最低刑事责任年龄的历史影响

不仅偏离了国际反歧视的做法,而且还偏离了古典伊斯兰教律的核心精神。比如说,与古典伊斯兰刑法对年龄、推理能力、青春期等因素的精妙考量相反,巴基斯坦、索马里和苏丹的最低刑事责任年龄制度,却让犯下各种各样罪行的、所有年纪下的孩童都承担刑事责任,根本就没有明确的最小责任年龄限制。尼日利亚和科摩罗稍有不同,在其古典伊斯兰法和现代法律之间,它们设置最低刑事责任年龄制度——这削弱了学者们在青春期的最小可行年龄段的共识,还准许以"结婚"来使责任产生。

然而,由于伊斯兰法律作为学术法律结构拥有其内在的灵活性,源于伊斯兰法律既符合最低刑事责任年龄制度,也与国际儿童权利标准吻合。如果法律问题还没有被既有的法理资源所解决,则许多司法工具就可用来挖掘法理并充实其内容。① 现代学术讨论曾应用这些司法工具去使古典伊斯兰法律原则适应人权法,这包括支持使伊斯兰法律条文和儿童权利相协调的各种论据。特别是,"现代穆斯林学者大都同

---

① 例如,类推、司法偏好、衡平解决方法、共同的善、公共利益和紧急避险; Sait, M.Siraj, Islamic Perspectives on the Rights of the Child, in Fottrell, Deidre, ed., *Revisiting Children's Rights: 10 Years of the United Nations Convention on the Rights of the Child*, London, Kluwer Law International, 2000。

意，许多关于孩童领域的法律原则是'Ijma'的发展，或者说学者共识（特别使用'ijtihad'或者独立调查）"，这一点致使在其他法律领域内无从谈起的学术性改进在此被许可了。① 较之于伊斯兰法律（对伊斯兰法的道德、政治、社会和文化权威性起着根本作用）而言，这些技巧的应用可能赋予儿童权利宣示以更强的合法性和可靠性。②

所谓的伊斯兰法律与儿童权利的脱轨，通常不是源于宗教问题，而是由于政治动态和政治意志的缘故。③ 的确，对于最低刑事责任年龄案件，甚至可以认为相较一些国家矛盾性的法条设计，古典伊斯兰刑法教条甚至更加贴近于国际标准。有几个国家认为那种宗教学术性的结论是成立的。在伊朗、阿曼和马尔代夫，学术界和官方都采取了初步行动，以使最低刑事责任年龄条文更好与儿童权利标准

---

① Pearl, David, A Note on Children's Rights in Islamic Law, in Douglas, Gillian, and Leslie Sebba, eds, *Children's Rights and Traditional Values*, Aldershot(England), Ashgate/Dartmouth, 1998, p.90.
② An-Na'im, Abdullahi Ahmed, Human Rights in the Muslim World: Socio-Political Conditions and Scriptural Imperatives: A Preliminary Inquiry, 3 *Harvard Human Rights Journal* 13, 1990.
③ Sait, M.Siraj, Islamic Perspectives on the Rights of the Child, in Fottrell, Deidre, ed., *Revisiting Children's Rights: 10 Years of the United Nations Convention on the Rights of the Child*, London, Kluwer Law International, 2000.

衔接。①

最低刑事责任年龄如何在青少年司法中融合传统伊斯兰原则和国际儿童权利原则，在这一点上阿富汗是一个绝佳例子。哈乃斐派学派在阿富汗最具影响力，然而1976年《刑法典》在第七十二条中规定7岁是最低刑事责任年龄，该年纪低于哈乃斐派对于青春期的年龄段划分。一个高级劳动组（包括联合国各机构、国际捐助国以及涵盖从部门到法庭的各政府机构）被召集起来，让其在一年多的时间里起草一部青少年法典，以取代那些法律条文。实质上，他们给古典伊斯兰法律教条之后的立法活动，树立了榜样，并规定7岁以下是"不具有认识能力"的孩子、7至12岁间是"具有认识能力"的孩子、12至18岁是青少年，并且也只有青少年才能承担刑事责任。实际上，该法律将刑事责任连接进古典哈乃斐为男孩和女孩所定的年龄段，但是立法规定的阶段是一致的，未再进一步考量青春期问题。随着该法律的施行，这些条文的规定符合国际儿童权利标准关于最低刑事责任年龄的标准，并且很重要的是其实现了性别中立，虽然该法仍是以伊斯兰刑法为根据，且也与其保持了一致。

---

① 一般参见 Cipriani, Don, *The Minimum Age of What? Criminal Responsibility, Juvenile Justice, and Children's Rights*, unpublished draft, Florence, UNICEF Innocenti Research Centre, 2002。

三、苏联法

就最低刑事责任年龄制度而言，苏联法律为几乎35个主要分布在亚洲、中欧和东欧地区的国家，提供了重要的依据。虽然这一历史现象要比伊斯兰法或者欧洲殖民法离我们更近，但是，简要回顾一下相关苏联法条，还是有助于解释前述趋向的内涵。在前革命时代的俄罗斯，1897年6月2日出台的法律以及1903年《刑法典》，规定10岁是最低刑事责任年龄，而法庭却认为在10岁至17岁间的不同孩童，具有分辨能力，以便决定他们可能的刑事责任。① 的确，俄罗斯这个阶段的刑法也顺从了激进的欧陆法律潮流，其法条设计与法国版的法条内容是一致的。②

---

① Griffe, Clément, *Les tribunaux pour enfants: Étude d'organisation judiciaire et sociale*, Paris, Fontemoing, 1914; Cieślak, Marian, Organisation de la lutte contre la délinquance juvénile dans les pays socialistes européens, in Société Jean Bodin pour l'histoire comparative des institutions(ed.), *L'enfant, Recueils de la Société Jean Bodin pour l'histoire comparative des institutions*, vol.38, Bruxelles, Éditions de la Librairie encyclopédique, 1977.

② Naumov, Anatolii V., *Rossiiskoe Ugolovnoe Pravo, Obshchaia chast'* (Russian Criminal Law. The General Part), Moscow, Beck, 1996, cited in Pomorski, Stanislaw, Review Essay: Reflections on the First Criminal Code of Post-Communist Russia: On the Occasion of Anatolii V.Naumov's *Rossiiskoe Ugolovnoe Pravo, Obshchaia chast'* (Russian Criminal Law. The General Part). Moscoe: Beck, 1996. p.550; 46 *American Journal of Comparative Law* 375, 1998.

第四章 对最低刑事责任年龄的历史影响

在革命早期中,在法律结构转换之后,苏联在1924年颁布了其首部宪法。① 在这部宪法之下,刑法的法典化被交给了联邦,虽然他们各自的法典必须反映刑事法律的基本原则(由全联盟权威机构下发)。② 第一条基本准则也是在1924年施行的,但是最低刑事责任年龄条款经历了一系列的修订,并且到1958年时已经经历了从至少11岁到16岁的很大变化。③

那一年,刑事法律的基本原则获得了通过,基本原则本身也是在1953年斯大林逝世后所进行的一系列法律改革中的顶峰。④ 1958年基本原则使新刑法典于1959年至1961

---

① Butler, W.E., *Soviet Law*, 2nd ed., London, Butterworths, 1988; and Hooker, M.B., *Legal Pluralism: An Introduction to Colonial and Neo-colonial Laws*, Oxford, Oxford University Press, 1975; Cipriani, Don, *The Minimum Age of What? Criminal Responsibility, Juvenile Justice, and Children's Rights*, unpublished draft, Florence, UNICEF Innocenti Research Centre, 2002.

② Berman, Harold J., *Soviet Criminal Law and Procedure: The RSFSR Codes*, Cambridge(Massachusetts), Harvard University Press, 1966; and Savitsky, Valery M., and Victor M. Kogan, The Union of Soviet Socialist Republics, in Cole, George F., et al., eds *Major criminal justice systems: a comparative survey*, 2nd ed., Newbury Park, Sage, 1987.

③ Cieślak, Marian, Organisation de la lutte contre la délinquance juvénile dans les pays socialistes européens, in Société Jean Bodin pour l'histoire comparative des institutions(ed.), *L'enfant, Recueils de la Société Jean Bodin pour l'histoire comparative des institutions*, vol.38, bruxelles, Éditions de la Librairie encyclopédique, 1977.

④ Cipriani, Don, *The Minimum Age of What? Criminal Responsibility, Juvenile Justice, and Children's Rights*, unpublished draft, Florence, UNICEF Innocenti Research Centre, 2002.

年间在 15 个加盟国获得推行。在该区域内，在一些特别的"严重犯罪"中，最小刑事责任年龄限制被设置在 14 岁，更高一点的 16 岁年龄限制，则是适用其他犯罪的。打个比方，1960 年俄罗斯苏维埃社会主义共和国刑法典第十条以及 1958 年基本原则，都陈列了"严重犯罪"，如下：

杀人；故意伤害致人健康损失；强奸；以抢劫为目的的袭击；盗窃；恶意流氓行为；故意毁坏、毁灭国家或者社会财产以及公民个人财产；故意进行可导致火车失事的行为，伴随严重后果。

根植于此框架之中，苏联刑法基于如今已被普遍拒绝的关于可责罚性的"精神理论"，概念化了关于可责罚性的理论，与普通法和民法体系比较而言，其显得更为狭窄。① 然而，刑事责任受犯下罪行的主观意图的影响，并且还重视充足成熟心智的问题。②

---

① Pomorski, Stanislaw, Review Essay: Reflections on the First Criminal Code of Post-Communist Russia: On the Occasion of Anatolii V. Naumov's *Rossiiskoe Ugolovnoe Pravo, Obshchaia chast'* (Russian Criminal Law. The General Part). Moscoe: Beck, 1996. p.550; 46 *American Journal of Comparative Law* 375, 1998.
② Pomorski, Stanislaw, Review Essay: Reflections on the First Criminal Code of Post-Communist Russia: On the Occasion of Anatolii V. Naumov's *Rossiiskoe Ugolovnoe Pravo, Obshchaia chast'* (Russian Criminal Law. The General Part). Moscoe: Beck, 1996. p.550; 46 *American Journal of Comparative Law* 375, 1998.

第四章 对最低刑事责任年龄的历史影响

虽然关于最低刑事责任年龄条文，在联邦加盟国各自的刑法之下，随着时间推移有了许多细微变化，但是1958年基本原则的效力仍然持续到1991年苏联解体。① 这些法典也纷纷被接受为新独立国家的刑法典。在1992年之后它们历经调整，甚至被取代，但最低刑事责任年龄条文实际上却被大体保持下来。举个例子，1996年《俄罗斯联邦刑法典》的第二十条，复制了之前的最低刑事责任年龄条文下的年龄结构，并拓展了"严重犯罪"的内容。② 在15个苏联国家中，有13个仍然保留了"严重犯罪"的最低刑事责任年龄限制，以及其他犯罪之上稍年长一点的年龄限制。乌兹别克斯坦和格鲁吉亚是两个例外，它们保持了14岁和16岁的历史划分。

在前盟国自身之外，很多受到苏联法律强烈影响的国家

---

① 一般参见 Cipriani, Don, *The Minimum Age of What? Criminal Responsibility, Juvenile Justice, and Children's Rights*, unpublished draft, Florence, UNICEF Innocenti Research Centre, 2002。
② Butler, W.E., *Russian Law*, Oxford, Oxford University Press, 1999; Osheev, Oleg, The Age of Criminal Responsibility in Accordance with the Criminal Code of the Russian Federation(1996), 11 *Chronicle(International Association of Youth and Family Judges and Magistrates)* 13, July 2002; and UNICEF Innocenti Research Centre, Young People in Changing Societies: The MONEE Project CEE/CIS/Baltics, *Regional Monitoring Report* 7, 2000.

也遵循了这一基本轨迹。① 阿尔巴尼亚、保加利亚、中国、蒙古、波兰、罗马尼亚和越南,据推测在历史上也是受到了苏联影响,也都建立了对于更多严重犯罪的更年幼的年龄限制,以及其他犯罪之上更年长的年龄限制,并且其中的多数国家还遵循了主流的 14 岁或者 16 岁的划定法。虽然对于确定该特定法条上不同的法制历史进行深入研究是必需的,但是似乎这种影响还波及另外一些国家的相关年龄限制,包括波斯尼亚、黑塞哥维那、古巴、克罗地亚、捷克共和国、朝鲜民主主义人民共和国、匈牙利、老挝民主共和国、前南联盟的马其顿、黑山、塞尔维亚、斯洛伐克、斯洛文尼亚。这些国家中有四分之三都把 14 岁规定为最低刑事责任年龄。

苏维埃法律的终极影响看上去似乎是对未达最低刑事责任年龄的违法儿童,作出的有问题的、机构性的回应,这在第六章会详述。由于有关他们法律基础的可用信息的缺乏,建立起对苏联法的明确历史联系是比较难的,然而,在苏联众共和国以及各个在历史上受到苏联法律影响的国家中,还

---

① 一般参见 Cipriani, Don, *The Minimum Age of What? Criminal Responsibility, Juvenile Justice, and Children's Rights*, unpublished draft, Florence, UNICEF Innocenti Research Centre, 2002。

存有一种可识别的模式。① 许多案例都表明了直接的连接，比如"劳动再教育"被中国引入，在中国那是一种对青少年的惩罚。② 广义来看，大多数国家依靠直线性的行政程序去考量受到犯罪怀疑的年幼孩童的问题。相关权威部门——有时候是青少年部门，时常会在诸如特殊改造学校和再教育机构的地方剥夺这类儿童的自由。在苏联国家和相关国家中的这种潮流，对于解决世界范围内对待不足最低刑事责任年龄孩童的问题，成绩是显著的。

四、习惯法、传统法和宗教法体系

尽管从欧洲殖民法、苏联法和伊斯兰法中看到了世界上大多数官方最低刑事责任年龄条文背后的潮流，但是习惯法、传统法、宗教法和其他非正式的法律体系，也时常对决

---

① 阿塞拜疆、保加利亚、中国、古巴、哈萨克斯坦、吉尔吉斯斯坦、老挝人民民主共和国、俄罗斯联邦、斯洛文尼亚、塔吉克斯坦、乌克兰、乌兹别克斯坦和越南。爱沙尼亚、波兰和罗马尼亚也表示，其对少儿的犯罪也是采取的同样的回应方式。
② Shengshan, Pan, Chinese Re-education through Labor System in Relation to Religious Freedom: Hua'en Research Report Issued September 2006, 2 *Chinese Law & Religion Monitor* 5, 2006.

定儿童刑事责任的问题起到重要作用。① 举个例子，殖民法时代的立法从未在多数人的生命中起到过决定性的作用；在某些国家中，80%至90%的人口甚至从未受其影响，这主要是由于西方殖民进程从未完整地取代以前的法律体系。那些主要的国家势力在建立殖民法律框架方面，采取了多样的措施，只要习惯法不负面地影响到欧洲的权威、主权或者移民，通常也默许当地管辖范围内的习惯法。② 通过不去强行尝试法律现代化或者西方化，有选择性地支持和干涉习惯法系统，以确保统治稳固和行政便利。举个例子，在非洲，习惯法作为法学多重分支之一，依然继续存在，并且"占压倒性多数的非洲人，继续遵守传统的习惯法。"③

如前述，英国和法国的殖民活动对于引导最低刑事责任年龄之洲际潮流而言，是十分重要的。④ 基本说来，英国人

---

① 一般参见 Cipriani, Don, *The Minimum Age of What? Criminal Responsibility, Juvenile Justice, and Children's Rights*, unpublished draft, Florence, UNICEF Innocenti Research Centre, 2002。

② Mommsen, W.J., and J.A. De Moor, eds, *European Expansion and Law: The Encounter of European and Indigenous Law in 19th- and 20th-Century Africa and Asia*, Oxford, Berg Publishers, 1992.

③ Menski, Werner F., *Comparative law in a global context: The legal systems of Asia and Africa*, London, Platinium Publishing Limited, 2000, at 405.

④ 一般参见 Cipriani, Don, *The Minimum Age of What? Criminal Responsibility, Juvenile Justice, and Children's Rights*, unpublished draft, Florence, UNICEF Innocenti Research Centre, 2002。

典型地倾向于通过简单的摄政制度和间接统治来管理殖民地，这使得殖民地现有的土著制度和法律，在很大程度上被人遵循。① 英国殖民统治者甚至还特别地承认了习惯法，并持续援用了当地的制度，包括宗族/血统结构、习惯法法庭以促进其统治。然而，刑事责任在历史上是与习惯法冲突的一个问题。在亚洲和非洲，法官面临的一个重大问题是"如何确定刑事责任能力所支持的年龄。"② 即使有源于英国普通法的潜在推定性规定，也会根据当地的实际情况擅自做出让步，这些让步包括了对青春期和成年期法律条文的应用。

虽然法国认为殖民主义是一种完全同化的过程——这需要将一国习俗与法国的法律制度模式充分协调，但行政和财政上的限制也昭示着习惯法的继续繁荣。③ 结果，法国大多数法律"仍然不适用于大多数人。"④

---

① Hooker, M.B., *Legal Pluralism: An Introduction to Colonial and Neo-colonial Laws*, Oxford, Oxford University Press, 1975.
② Hooker, M.B., *Legal Pluralism: An Introduction to Colonial and Neo-colonial Laws*, Oxford, Oxford University Press, 1975, p.177.
③ Hooker, M.B., *Legal Pluralism: An Introduction to Colonial and Neo-colonial Laws*, Oxford, Oxford University Press, 1975.
④ Hooker, M.B., *Legal Pluralism: An Introduction to Colonial and Neo-colonial Laws*, Oxford, Oxford University Press, 1975, p.220.

前殖民地在获得独立后,一般保留了其已经生效的成文法,然而,习惯法仍然是前殖民习惯法和殖民影响的复杂混合物。① 随着时间的推移,许多国家往往受到当代欧洲模式的启发,试图更新其法典化的法律,但它们有时也承认、编纂或吸纳习惯法。而到头来,习惯法过去是而且现在也是更重要的法律渊源。例如,在独立浪潮后时代,非洲传统法庭在许多国家,仍审判了大约90%的刑事审判。② 对于大多数非洲人来说,"从殖民国克隆来的法律,已经与人们的行为以及决定人们生活方式的因素毫不相干。"③ 人类学上有很有说服力的证据表明,村民们在法庭上通过"大规模抵制策略"来抵制杂交的习惯法。④

习惯法对于农村地区儿童的生活而言,是特别重要的,

---

① Mann, Kristin, and Richard Roberts, eds, *Law in Colonial Africa*, Portsmouth, Heinemann, 1991;一般参见 Cipriani, Don, *The Minimum Age of What? Criminal Responsibility, Juvenile Justice, and Children's Rights*, unpublished draft, Florence, UNICEF Innocenti Research Centre, 2002。

② Read, James S., Criminal Law in the Africa of Today and Tomorrow, 7 *Journal of African Law* 5, 1963, p.5.

③ Okupa, Effa, *International bibliography of African customary law*, Hamburg, LIT and International African Institute, 1998, p.ix, quoted in Menski Menski, Werner F., *Comparative law in a global context: The legal systems of Asia and Africa*, London, Platinium Publishing Limited, 2000, p.405.

④ Menski, Werner F., *Comparative law in a global context: The legal systems of Asia and Africa*, London, Platinium Publishing Limited, 2000, p.425.

因为那里的儿童可能无法获得正式的法律渠道。① 例如，肯尼亚有 40 多个不同的民族社区，这些社区会根据成人仪式、周期性和季节性的割礼仪式、身体仪式、退休和社会化仪式等仪式，来对儿童和儿童期作出不同的定义。② 这些定义继续在许多社区中使用，无论实际年龄如何，它们都关注成人地位、职责和责任。

事实上，有许多传统和宗教法律制度的例子，是对违反法律的儿童作出反应，而不是对正式的少年司法作出反应，例如南非、莱索托、萨摩亚、埃塞俄比亚和也门。更具体地说，有许多像上述类法律系统处理最低刑事责任年龄制度或儿童刑事责任的例子。在整个索马里，部分由于国家机构历史薄弱，习惯法/传统法和伊斯兰法都发挥着至关重要的作用。③ 由于该国从未有一个有效的少年司法系统，此外，习惯法/传统法律有效地支持把 15 岁作为最小刑事责任年龄，家庭首先求助于社区里的长老来处理有关案件。在尼泊尔，大多数违反法律

---

① Menski, Werner F., *Comparative law in a global context: The legal systems of Asia and Africa*, London, Platinium Publishing Limited, 2000.
② Committee on the Rights of the Child, *Initial reports of States parties due in 1992: Kenya*, CRC/C/3/Add.62, 16 Feb. 2001, pars.97—99.
③ UNICEF Somalia, Juvenile Justice in Post-Conflict Situations: Somalia, unpublished draft presented at the conference *Juvenile Justice in Post-Conflict Situations*, UNICEF Innocenti Research Centre, Florence, May. 2001.

的儿童案件，显然是在没有任何形式的政府参与之下就地处理。事实上，有许多传统的、以村庄为基础的制度，都是按照宗教和宗教法律的原则运行的。印度基本戒律，都是从印度的法律和哲学中衍生出来的，强烈支持孩子们是无辜的，并且倾向于支持更高的最低刑事责任年龄。①

有案例更深切地表明，在将刑事责任归咎于儿童的问题上充满了无数变化和复杂性。在塞拉利昂的70%至90%的区域内，习惯法高于成文法，并且在村庄一级设有非正式法庭，但它也因大约14个不同种群的信仰和习俗上的差异而有所变化。②成年人一般会对孩子的行为承担全部责任，而从童年到成年的责任的变化，可能会通过多种因素来显示，诸如身体能力/成熟度、家庭角色、成人仪式、婚姻和升学等等。在阿富汗，成文法、伊斯兰教法和习惯法在全国各地以不同的形式交叠着，但在实践中，法院通常适

---

① Sangroula, Yubaraj, The Roles Opportunities and Challenges of the Juvenile Justice System in Nepal: Need of a Diversion from the Criminal Justice System, *Kathmandu School of Law Journal*, 2004.
② Man, Nathalie, Juvenile Justice in Sierra Leone, unpublished draft presented at the conference *Juvenile Justice in Post-Conflict Situations*, UNICEF Innocenti Research Centre, Florence, May. 2001. 同样，马拉维近90%的人口生活在习惯法适用的地区，社区根据习惯法或根据不同族裔群体的成年礼来估计儿童的年龄。

用的是伊斯兰法和习惯法，而不是国家法。① 伊斯兰法通常管辖着刑法事务，并且，几乎所有法院——包括最高法院在内，都依靠它来司法。同时，大约80%的人口生活在某种形式下的高度地方化的部落法或习惯法的约束之中，农村地区尤甚。② 在其他地方的法条中，传统喀布尔法律中的最低刑事责任年龄是12岁，马萨是15岁，因为低于这个年龄的儿童的家庭要对其负责。在达到年龄后，儿童案件会被提交给当地的协商会（*shura*），这是一种传统的争端解决委员会。③

结　语

在很大程度上，本章所作的历史概述，对早期青少年司

---

① Lau, Martin, *Afghanistan's Legal System and Its Compatibility with International Human Rights Standards*, Geneva, International Commission of Jurists, 2002.
② Cappelaere, Geert, *Crime has no future. You have!: Juvenile Justice Mission to Afghanistan: 6—20 February 2002: Trip Report*, draft, UNICEF, 2002; and Winter, Renate, *Children's Rights: A Comparative Study of the Convention on the Rights of the Child and the Legislation of Afghanistan*, Kabul, UNICEF Afghanistan, 2004.
③ Kabul University Faculty of Law and Political Science, *Customary Law Survey and Children Rights: Report on Customary Law Survey Results*, draft, UNICEF Afghanistan, December 2003.

法中的福利和司法方法这一问题进行了讨论，其对比性的重点几乎涉及世上所有的青少年司法系统。当然，随着时间的推移，这种流行趋势经常导致对整体和对最低刑事责任年龄制度的改革。习惯法、传统法和宗教法系统则提供了另一维度，因为它们在许多国家在确定儿童刑事责任方面占主导地位。尽管如此，罗马法、欧洲大陆法和普通法、殖民法、伊斯兰法和苏联法的历史作用和解释力量，仍然强大。今天，大多数国家的最低刑事责任年龄制度，仍然可以追溯到这些影响深远的历史趋势。历史影响对于现在的诸多不断重复重现的问题，例如英国普通法的最低刑事责任年龄问题、伊斯兰刑法中分配刑事责任的性别歧视问题、受苏联法律体系影响的在对小于最低刑事责任年龄的儿童的福利反映这些问题上，均发挥着重要的作用。

尽管因素、构成和问题呈现多样性，但这些主要的法律来源还是存在许多共同的属性。重要的是，在施加刑事责任之前，认同均考虑个体的成熟度或道德个体方面的因素。这一原则被表述为最低年龄限制。除了过时的法国刑法没有规定最低刑事责任年龄之外，在规定了最低刑龄的语境下，对于低于最低刑龄者，理论上不适用任何刑事责任或惩罚。在罗马法、前英国普通法和古典伊斯兰法中，考虑到儿童发展

第四章 对最低刑事责任年龄的历史影响

的第二个阶段通常从 7 岁一直到青春期中期,最低年龄限制被设置为 7 岁。苏联法律则首创了把 14 岁作为最低刑事责任年龄的先河。在早期罗马法和伊斯兰法中,第二阶段都是在青春期开始时结束的。此外,罗马的做法还直接导致了英国普通法的"推定无犯罪能力"制度,以及法国的鉴别力测试制度——第五章和第六章考察了几十个仍然以不同的形式使用这些测试的国家。

虽然这两种传统做法大体上是兼容的,但在对童年问题进行处理上,却存在很大差异。本章对儿童成长及其后果的问题,进行了梳理,还就社会对儿童的责任这一问题,进行了探讨。从这个层面看,儿童权利的视角增加了对童年的进一步理解,从《联合国儿童权利公约》就可以看出这一点得到了普遍认可。考虑到历史上的相似之处,各种法律传统与儿童权利之间似乎有汇合的空间。一些国家的现代伊斯兰法学者证明了这种协调的可能性。可以确定的是,《儿童权利公约》对儿童权利的部分承诺,实际上是为了重新评估最低刑事责任年龄的历史根据,以及其中所包含的童年概念是否是违背儿童权利原则的。现代最低刑事责任年龄的规定应与现代儿童概念、《儿童权利公约》和国际最低刑事责任年龄标准一致,从现有的学术研究看,这一目标是能实现的。实际上，第五章进一步说明了历史影响对现代国家最低刑事责任年龄规定的影响，以及近年来的一种压倒性趋势——该趋势将这些最低刑事责任年龄规定与主要根据《儿童权利公约》而制定出来的各标准相协调起来。

第五章
当前世界范围内的最低刑龄与现代走向

这一章对世界范围内各国的最低刑龄进行梳理，也包括各国的全部关键条款以及大多数案例中对成文法的引用和摘录。本章对最低刑龄改革中的现代走向作了极为细致的分析，重点放在儿童权利委员会报告对最低刑龄提高的主要影响上。另外，本章还详细分析了围绕着最低刑龄降低问题上的反复无常的动力。最后，本章在结论部分详细论述了关于最低刑龄的国际法一般原则——该原则使各国负有确立各自最低刑龄的法律义务。

一、最低刑事责任年龄和惩罚：方法论上的考量

就本章的资料和讨论——这构成了目前大部分研究的基础——而言，必须对一系列的警告进行考虑。在试图对全世

界的最低刑龄规定提供迄今为止最为详尽的考察中,研究方法必然依赖于无数的一手资料和二手资料。① 这些资料包括各国政府自己以及第三方对于国内最低刑龄条款的描述,但这些描述所提供的信息经常是不清楚的、相互矛盾的,甚至是自相矛盾的。在很大程度上,这样的矛盾是由以下原因造成的:一是普遍存在对最低刑龄概念的误解;二是与成人刑罚(也就是成人刑事法庭中的刑事责任)的最低年龄相混淆。这是违反国际法的,也是与许多国家的最低刑龄规定相违背的;三是与相关的公民福利和保护性措施相混淆,同时也与信息的有限性相关;四是某些对相关司法实践的低调处理,从而将逐渐削弱关于最低刑龄的条款和政策的主张。在众多诸如此类的例证中,且以黎巴嫩为例。该国一方面声称任何不满 18 岁的人都被认为是不需要承担刑事责任的,而且不满 15 岁的儿童不会受到任何刑事指控,但同时又宣称,7 岁的儿童在实施犯罪行为的时候可能受到控告并处以刑罚。②

由于缺乏进一步的证实,这种频繁的自相矛盾的处理,

---

① 一般而言,参见 Cipriani, Don, *The Minimum Age of What? Criminal Responsibility, Juvenile Justice, and Children's Rights*,为发表的初稿,Florence, UNICEF Innocenti Research Centre, 2002。

② Committee on the Rights of the Child, *Initial reports of States parties due in 1993: Lebanon*, CRC/C/8/Add.23, 3 Feb. 1995.

使得民众很难接受政府自身对所规定的最低刑龄的规定,甚至第三方对这些条款的规定也是极其不相信。正如第三章中所探讨的,儿童权利委员会对最低刑龄主张的评估结果是:逐渐违反国际儿童权利标准。在无数的场合——儿童权利委员会发现,对未达到(形式上的)最低刑龄的儿童的处理,实际上相当于惩罚或者隐含的刑事责任。儿童权利委员会曾直接驳斥了相关国家对于推定的最低刑龄的规定,并建议制定明确的最低刑龄条款。因此,最低刑龄当然不只是一个政府将其解释为需承担刑事责任的最低年龄的下限问题,更重要的是,根据法律,对于低于该年龄下限的儿童,不能适用象征着刑事责任的处理和刑罚。

然而,儿童权利委员会通常强调的是适用于少年司法的相关原则,却没有意识到需要说明或者规定一个明确的通用标准,这是非常必要的——这就使得在关于什么处理是与最低刑龄条款相符合的问题上,仍然存在着一些灰色地带。同时,还存在着这样的情形,即儿童委员会没有从完全阐明相关信息的含义中获得启发,或者只是没有时间来对那些不精确的主张加以分析并弄清楚其意思,所以,儿童权利委员会误解了各种不同的年龄下限或处理方式的含义。

由此产生的结果是:客观标准在某种程度上仍然是必要

的，以便任何条款或者处理方式都能据此加以判断。这种客观标准既是作为更好地理解各个国家相应条款的分析工具，也是作为对各种迥然相异的制度进行比较的稳定客观机制。的确，正如对刑罚的理解是动态的、也是受到特定文化和时代限制的那样，关于如何解释和比较对儿童的处理方式这一问题也是如此。该问题贯穿本章研究的始终，不仅如此，包括在传统的福利性处理方式、非常规情况学理与实践、传统的伊斯兰国家刑法，以及受苏联法律影响的各个国家的条款模式等语境下，均会发现存在该问题。① 经常的情况是，在这些迥然不同的背景下，确定实际起作用的年龄下限是十分困难的。当关于如何处理未达到推定的最低刑龄儿童的条款和实践，看起来与最低刑龄的特殊含义相矛盾时，情况尤其如此。

传统的法学研究有助于确定一个更加稳定、更具实用性的关于惩罚与刑事处罚的定义。在这方面，一个具有开创性的成果是帕克（Packer）在《刑事制裁的限度》（*The Limits of the Criminal Sanction*）中所总结的。② 在基本概念方面，帕克认为，刑罚的首要的基本组成要件通常是"对一个人实

---

① 参见 Garland, David, *Punishment and modern society: A study in social theory*, Oxford, Clarendon Press, 1994。
② Packer, Herbert L., *The Limits of the Criminal Sanction*, Stanford, Stanford University Press, 1968.

施其不希望自己遭受的"某种东西,或者故意施加的"通常被认为是令人不适的痛苦或其他后果。"① 所采取措施的严重性或者不适程度则是不重要的。

刑罚的第二个典型的组成要件是施加惩罚应具有的显著的正当化目的:对违法行为进行预防以及/或者报应。由某种违法行为引起的,以及主要目的是保护公民(也就是通过预防避免的违法行为)的所有制裁,都是一种刑罚的形式。由一个人实施不法行为的决心所驱使的制裁,同样也是一种刑罚形式。这种刑罚的形式包括"刑事程序中人们身上发生的任何事情。"② 更具体地说,刑事处罚——惩罚的一个子集,包括通过刑事诉讼程序,对那些被判决有罪的人施加的所有处置措施。刑事处罚的标志是一个正式的有罪判决,正如第二章中所论述的,这表示共同体对这种行为的道德谴责。③

---

① Packer, Herbert L., *The Limits of the Criminal Sanction*, Stanford, Stanford University Press, 1968, p.23.
② Packer, Herbert L., *The Limits of the Criminal Sanction*, Stanford, Stanford University Press, 1968, p.27.
③ 对刑罚的进一步探讨,还可参见 Greenawalt, Kent, Punishment, 74 *Journal of Criminal Law & Criminology* 343, 1983; Hart, Jr., Henry M., The Aims of the Criminal Law, 23 *Law and Contemporary Problems* 401, 1958; Packer, Herbert L., *The Limits of the Criminal Sanction*, Stanford, Stanford University Press, 1968, p.27; and Von Hirsch, Andrew, *Past or Future Crimes: Deservedness and Dangerousness in the Sentencing of Criminals*, Manchester, Manchester University Press, 1986。

让人特别感兴趣的是，刑事处罚在少年司法中经常以改过自新为根据，且该根据被认为是正当的。这是从改过自新或者感化性制裁的意义上说的，这些措施之目的在于促使违法者的行为以及/或者人格发生变化，从而使他/她将避免自己将来的行为再触犯法律。在这种情况下，刑事处罚的根本目的仍然是预防犯罪，尽管对于违法者具有预期利益，而且，这是一个并非由儿童利益驱动的社会性的正当化事由。这种委婉说法——避免将这样的措施称为惩罚，是具有误导性的：

无论改过自新措施的目的多么仁慈，无论我们期望这种措施的目的多么地好，不容忽视的事实是，我们以使其改过自新的名义对违法者采取的措施，是通过强制并且是出于我们自身——而非违法者——的目的而实施的。改过自新可能是惩罚的最人道的目标，但是，只要这种措施的启动是取决于裁定行为人实施了犯罪，只要这种措施的目的是预防实施犯罪，改过自新措施就终归是一种惩罚的目标。[1]

与惩罚相比之下，帕克将治疗（treatment）定义为一种以对被治疗者有益或者有帮助的主要正当化制裁，并且期望

---

[1] Packer, Herbert L., *The Limits of the Criminal Sanction*, Stanford, Stanford University Press, 1968, pp.53—54.

第五章 当前世界范围内的最低刑龄与现代走向

这种治疗是有效果的。犯罪行为会引起人们对治疗的关注，但这种行为并不是必要的，也没有被正式确认，而且在事实上，这种行为通常被忽视了。大家仍然把关注的焦点坚定地放在帮助行为人上，由此产生的结果是：犯罪控制和对其他人进行保护没有发挥作用。

虽然在这里是以简化的措辞提出的，但是，刑罚、刑事处罚、基于改过自新而被证明正当化的刑事处罚、治疗之间的这些区别，对于辨识各国在最低刑龄上的主张的有效性，是有广泛的作用的。当这些主张散见于不相同的成人刑事司法、少年司法以及儿童保护和法律制度中时，这种作用尤其如此。帕克的定义是迈向客观标准的重要一步，借助这种客观标准，我们通常可以对各种制裁措施进行比较，而不论其是什么制度或者机构宣布采取的制裁措施。

从规定意义上说，正如本章中所看到的那样，在各国的刑法典（penal codes）、刑事法典（criminal codes）和青少年犯罪法中，大多数最低刑龄条款明显与刑事诉讼程序和刑事处罚相互重叠。在这里，毫无疑问的是最低刑龄；最低刑龄是施加令人不适的制裁——作为对犯罪行为的回应——的年龄下限，这种制裁要么是作为犯罪行为的报应，要么是作为对于将来的这种犯罪行为之预防。

刑事处罚作为一种改过自新措施被进一步证明是正当的，与此同时，帕克的定义阐明了哪些措施表征着刑事责任，且其取决于对已经发生了的犯罪的判断，而且主要目的是争取预防将来的犯罪的治疗性制裁、改过自新制裁以及感化性制裁，仍然属于刑事处罚。许多少年司法制裁措施就属于这一类减轻了的惩罚，其目的在于帮助这些儿童，这些制裁措施因而还是刑事处罚的例证。

然而，那些自称满足了帕克对于治疗之定义的措施——主要是为了寻求接受者，其对违法行为考虑得非常有限甚至根本不予考虑，所关注的也不是公共安全，经常需要进行更为细致的审查。正如第二章中讨论过的那样，从这个意义上来说，具有正当理由的治疗是传统的少年司法福利性处理方式，以及许多的儿童保护制度的核心宗旨。这种福利性处理方式是一个连续性的模型，而且相关的制度很难永久性地避开政治政策和公共政策压力，比如犯罪控制和报应驱动。随着这些压力的渗入，会逐渐破坏治疗效果，并使其蔓延至惩罚的领域。本章研究了好几种历史上以福利为基础的少年司法制度，在这些制度中，这一点已经得到了证实。在这些少年司法制度下，法律范畴可以避免将这些措施称作刑罚，尽管这些措施曾一度成为实质上的惩罚性措施，而且这种惩罚中的谴责的组成部分变得十分含蓄。相关的制度和公众认识到，儿童所受到的对待措施是他们应得的，而没有认识到儿童需要获得帮助——这是最为重要的。举例来说，正如可提出证据加以证明的那样，比利时过去的情况就是如此。在当时的比利时，实践中"教育性措施"是"以一种报应的潜在含义被宣告的"，而且实际上对那些未达到形式上的16岁最低刑龄的儿童进行惩罚。① 在很多情况下，那些所谓的儿童保护措施，同样遵循着这样的模式。围绕着这些措施的是强硬的犯罪控制说辞，这使得形式上的规定得较高的最低刑龄条款失去权威性。这可能就是最低刑龄条款需要最细致审查的边缘地带，其作为对儿童进行惩罚的实际障碍，导致这些措施经常产生应被放弃的地方。

在现阶段的研究中，在关于最低刑龄条款的解释不明确或者自相矛盾的情况下，有些研究获取了现有的最可靠、最完整以及最新的资料。这些资料具有最大程度的实用性，与这里所描述的区别相比较，关于儿童治疗的条款和实践受到特别的关注。然而，帕克的标准并不是作为一种硬性和固定

---

① Walgrave, Lode, Restorative Juvenile Justice: A Way to Restore Justice in Western European Systems?, in Asquith, Stewart, ed., *Children and Young People in Conflict with the Law*, London, Jessica Kingsley Publishers, 1996, p.181.

的规则而被使用的，这主要是考虑到前后关系上的细微差别——这不在本文的研究范围之内，以及使所有的法律制度违背占主导地位的法律传统理念中的固有风险。在一定程度上，引用帕克的研究成果，是为了引入朝向国际性的有效性和适用性的明确标准，并进行更深层次的研究和讨论。本文的研究，对目前适用的研究方法进行了限制，并且在将最低刑龄规定进行归类时，尊重了各国政府自身法律规定的特征。尽管如此，对与各国政府最低刑龄条款规定矛盾的年龄下限，也进行了陈述。这些最低刑龄规定有大量的证据可加以证实——证据包括帕克以及儿童权利委员会提出的广泛的证据。在这样的情况下，各国政府自身关于其最低刑龄的主张有时——但并不总是，受到极大的关注；立法表述用语也提供了充足的证据：与政府的主张相对立的观点，并没有提供更多的理解。许多情况介于两者之间；脚注指明了使名义上的最低刑龄受到质疑的有力证据，但这些证据还没有足够完整，尚不足以将替代性的年龄下限称为最低刑龄。

的确，对各种各样的原始资料进行校对还不能准确地确认所有的信息，而且，关于那些充斥着可疑迹象的国家的信息经常是最缺乏的。从这个意义分析，对那些对少年司法制度上文献记录最完备的国家，存在着一种隐含的偏见。基于这样的原因，最低刑龄清单从某种程度上来说，是一种主观的、解释性的操作。遗憾的是，未知的错误仍然存在。尽管如此，最低刑龄清单试图提出最权威的证据，来证明各国在某个年龄层次之下不会使儿童受到刑事的或者实质上惩罚性的诉讼程序或措施。大家希望这个全球性的最低刑龄条款综述，能够对进一步研究提供有用的出发点。这项研究可以在各个国家具体的背景下，更为恰当地对各国国内的法律、政策、制度以及诉讼程序——跨越刑事司法、少年司法以及儿童保护和福利的范围，进行评估。

二、当前世界各国的最低刑事责任年龄梳理

表 5.1（展示在以下几页中）概括了联合国 192 个成员国基本的最低刑龄条款。在已知存在的地方，这个表还列出了特定犯罪类别的刑事责任年龄（ACR specific crimes），以及无犯罪能力或者类似的对个别儿童可能的刑事责任（无犯罪能力测试）的年龄范围。[①]

---

① 一般参见 Cipriani, Don, *The Minimum Age of What? Criminal Responsibility, Juvenile Justice, and Children's Rights*, unpublished draft, Florence, UNICEF Innocenti Research Centre, 2002。

表 5.1 世界各国最低刑龄条款概要

国家	最低刑事责任年龄	特定犯罪刑事责任年龄	无犯罪能力检测
阿富汗	12	—	—
阿尔巴尼亚	14	16	—
阿尔及利亚	13①	—	—
安道尔	12	—	—
安哥拉	12	—	—
安提瓜和巴布达	8	—	—
阿根廷	16②	18	—
亚美尼亚	14	16	—
澳大利亚	10	—	10—14
奥地利	14	16	—

---

① 《阿尔及利亚刑法典》规定,"对于不满 13 岁的未成年人,只能适用保护性措施或者再教育措施,"这些措施明显包括安置在专门的再教育中心,这些再教育中心由司法部管理,数量大致有 30 个。在 2005 年,有将近 2000 名年龄在 8 到 13 岁之间的儿童,因触犯法律而被剥夺人身自由,被安置在这些再教育中心里。参见 Committee on the Rights of the Child, *Second periodic reports of States parties due in 2000: Algeria*, CRC/C/93/Add.7, 3 Mar. 2005, par. 332; and *Id., Compte rendu analytique de la 1057e séance*, CRC/C/SR.1057, 20 Sept. 2005, par. 91。

② 2005 年的 *Ley de protección integral de los derechos de las niñas, niños y adolescentes* 明确废除了 1919 年的 Agote law,该法律是阿根廷非常规情况政策的基础,这一政策事实上可以任意剥夺任何年龄段儿童的人身自由。本着这种精神,2005 年的法律似乎也同样废除了 1980 年 *Ley 22.278, Régimen Penal de la Minoridad* 中的规定。然而,最终的分析可能取决于悬而未决的青少年刑事责任立法的具体规定。

续表

国家	最低刑事责任年龄	特定犯罪刑事责任年龄	无犯罪能力检测
阿塞拜疆	14①	16	—
巴哈马	7	—	7—12
巴林	0②	—	—
孟加拉国	9	—	9—12
巴巴多斯	11	—	—
白俄罗斯	14	16	—
比利时	12	—	—
伯利兹	9	—	9—12

---

① 根据 2002 年关于"未成年人及儿童权利保护委员会"的法律规定，行政管理委员会可以将所有未满 14 岁但涉嫌实施犯罪行为的儿童的情况考虑在内，而且，他们可以对这些儿童采取惩戒措施，包括在"特设的矫正学校"里进行隔离拘禁。参见 Azerbaijan NGO Alliance for Children's Rights, *Juvenile Justice in Azerbaijan: NGO Alternative Report on Situation of Juvenile Justice System in Azerbaijan within the period of 1998—2005*, Baku, 2005; and Committee on the Rights of the Child, *Second periodic reports of States parties due in 1999: Azerbaijan*, CRC/C/83/Add.13, 7 Apr. 2005, pars. 436—444。

② 巴林坚持认为，该国 1976 年《刑法典》第 32 条将最低刑龄确定为 15 岁，而且 1976 年的第 17 号《青少年法令》对于更年轻的儿童，规定了非刑事化的改造和保护措施。实际上，15 岁是成年人刑罚年龄，而且在明显惩罚性的对策上，没有更低的年龄下限，"比如对于那些重罪，处以在社会福利中心最高长达 10 年的拘留（例如，1976 年《青少年法》第十二条）。"儿童权利委员会观察到，根本不存在最低刑龄。参见 *Concluding observations: Bahrain*, CRC/C/15/Add.175, 7 Feb 2002, par. 47; and *Initial reports of States parties due in 1994: Bahrain*, CRC/C/11/Add. 24, 23 Jul. 2001。

续表

国家	最低刑事责任年龄	特定犯罪刑事责任年龄	无犯罪能力检测
贝宁	13	—	—
不丹	10	—	—
玻利维亚	12	—	—
波斯尼亚和黑塞哥维那	14	—	—
博茨瓦纳	8	12	8—14
巴西	12	—	—
文莱达鲁萨兰国	7	—	7—12
保加利亚	14①	—	14—18
布基纳法索	13②	—	13—18

---

① 《保加利亚刑法典》第32(2)条允许对那些实施了社会危险性行为但不满14岁的儿童适用矫正措施，正如《青少年违法犯罪法》规定的那样。预防青少年犯罪委员会可以从行政管理上对这些矫正措施进行排序，包括对7岁的儿童剥夺人身自由，将其安置在社会教育学寄宿学校中，以及将8岁的儿童安置在矫正性寄宿学校中。例如可参见 Bulgarian Helsinki Committee, *Memorandum of the Bulgarian Helsinki Committee*, Sofia, 17 Oct. 2005; and National Statistical Institute of the Republic of Bulgaria, *Anti-Social Acts of Minor and Juvenile Persons in 2005*, 31 Mar. 2006, www.nsi.bg/index_e.htm。

② 虽然严格根据法律意义上来说，不满13岁的儿童无需承担刑事责任，但是，关于青少年罪犯及危险性儿童的1961年5月9日第19/61号法令并没有阻却执法人员剥夺他们的人身自由："第19/61号法令没有对警方侦察阶段剥夺人身自由进行规定……由此产生的结果是，那些被假定无需对其行为承担责任的不满13岁的未成年人可能会被警方拘留……" *Committee on the Rights of the Child, Initial Reports of States Parties Due in 1997: Burkina Faso*, CRC/C/65/Add.18, 13 Feb. 2002, par. 440。

续表

国家	最低刑事责任年龄	特定犯罪刑事责任年龄	无犯罪能力检测
布隆迪	13	—	—
柬埔寨	0	—	—
喀麦隆	10	—	—
加拿大	12	—	—
佛得角	16	—	—
中非共和国	13	—	—
乍得	13	—	—
智利	14	16	—
中国	14[①] 香港：10 澳门：12	16 — —	10—14 — —

---

① 劳动教养制度是行政拘留制度中的一种，被用来对没有受到正式控告、审判或者司法审查的大多数轻微犯罪进行惩罚。一个拼凑起来的监管框架明显限制了劳动教养制度对 13 岁以及更大儿童的适用，虽然在过去，小到 11 岁的儿童也可能被拘留。目前，剥夺人身自由的期限最长可达 4 年，这在很大程度上取决于公安警察的自由裁量权。再教育作为一种儿童保护性措施，因帮助儿童重新融入社会而正式被认为是正当的，但是，联合国酷刑问题特别报告员则认为这种再教育制度是一种不人道而且有辱人格的对待或惩罚。除此之外，可参见 Committee of Experts on the Application of Conventions and Recommendations, *Individual Observation concerning Worst Forms of Child Labour Convention, 1999(No.182): China*, 2007; Trevaskes, Susan, Severe and Swift Justice in China, 47 *British Journal of Criminology* 23, 2007; and UN Commission on Human Rights, *Report of the Special Rapporteur on torture and other cruel, inhuman or degrading treatment or punishment, Manfred Nowak: Mission to China*, E/CN.4/2006/6/Add.6, 10 Mar. 2006。

续表

国家	最低刑事责任年龄	特定犯罪刑事责任年龄	无犯罪能力检测
哥伦比亚	14	—	—
科摩罗	13；或者14—15，或者生理成熟（男孩）或结婚（女孩）①	—	—
刚果（共和国）	13②	—	—
哥斯达黎加	12	—	—
科特迪瓦	10	—	—
克罗地亚	14	—	—
古巴	0③	—	—

① 正如《科摩罗刑法典》中规定的那样，科摩罗规定其最低刑龄是13岁。然而，《科摩罗刑法典》和伊斯兰法在法律上都是公认的法律渊源，而且根据穆斯林法律，根本不存在一个固定的年龄下限。14—15岁的生理成熟度是男孩儿需承担刑事责任的界限，而女孩儿的刑事责任年龄下限标准则是结婚，不管结婚时的年龄是多大。*Committee on the Rights of the Child, Initial Reports of States Parties Due in 1995: Comoros(Additional Info from State Party)*, CRC/C/28/Add.13, 7 Oct. 1998, pars. 52, 79 and 141—142.

② 虽然被明显归类为保护、帮助和教育性措施，但不满13岁的儿童可以被宣告有罪，被关押在候审机构中，以及被安置在"一个适当的教育机构或专业培训机构中，或者提供儿童照看服务的任何公共或私人机构中，或者为学龄罪犯而设的适当的寄宿学校中。"参见 *Committee on the Rights of the Child., Initial Reports of States Parties Due in 1999*: Congo, CrC/C/Cog/1, 20 Feb. 2006, pars. 428—430。

③ 古巴宣称其规定的最低刑龄是16岁，但这个年龄下限实际上是《古巴刑法典》第16（2）条规定的法定刑罚年龄。主要的少年司法立法，即 Decreto-Ley No.64 del Sistema para la Atención a Menores con Trastornos de Conducta del 30 de diciembre de 1982，并没有规定其应用的最低（转下页）

续表

国家	最低刑事责任年龄	特定犯罪刑事责任年龄	无犯罪能力检测
塞浦路斯	10	12	10—12
捷克共和国	15	—	—
朝鲜民主主义人民共和国	14	—	—
刚果民主共和国	0	—	—
丹麦	15①	—	—
吉布提	13	—	—
多米尼克	12	—	—

（接上页）年龄。根据这一制度，相关的儿童被看作是触犯法律的罪犯，而且管理性的"预防和社会福利委员会"可以下令剥夺这些儿童的人身自由权，把他们关押在专门的再教育中心里。参见 inter alia, *Committee on the Rights of the Child, Initial Reports of States Parties Due in 1993: Cuba*, CRC/C/8/Add.30, 15 Feb 1996; Romero, Lidia, and Luis Gómez, *La Política Cubana de Juventud Entre 1995 y 1999: Principales Características(La Experiencia del Pradjal en Cuba)*, La Habana, Centro de Estudios Sobre la Juventud, 2000; and Zaragoza Ramírez, Alina, and Bárbara Mirabent Garay, "Administración de justicia de menores: un desafío a la contemporaneidad," *Cubalex: Revista Electrónica de Estudios Jurídicos*, no.9, July—September 1999。

① 丹麦于2004年制定的司法行政法令第75b部分，授予警察在等候室、拘留室等场所拘留年仅12岁嫌疑犯的权力。这种拘留最多可以延长至24小时，而且允许长达6个小时的单独拘禁。此外，警察还可以对这些儿童进行窃听、监视、搜身和没收。参见 *Committee on the Rights of the Child, Written Replies by the Government of Denmark Concerning the List of Issues(CRC/C/Q/DNK/3)*, CRC/C/RESP/91, 19 Aug 2005; and National Council for Children, *Report to the UN Committee on the Rights of the Child: Supplementary report to Denmark's 3rd periodic report*, Copenhagen, 2005。

续表

国家	最低刑事责任年龄	特定犯罪刑事责任年龄	无犯罪能力检测
多米尼加共和国	13	—	—
厄瓜多尔	12	—	—
埃及	7	—	—
萨尔瓦多	12	—	—
赤道几内亚	16	—	—
厄立特里亚	12	—	—
爱沙尼亚	7	—	—
埃塞俄比亚	9	—	—
斐济	10	12	10—12
芬兰	15	—	—
法国	0①	—	0—18
加蓬	13	—	—
冈比亚	12	—	—
格鲁吉亚	12	14	—

---

① 所有的儿童都被认为具有辨别能力,而且一旦被认定实施了不法行为,就被认为需要承担刑事责任。如同 *Ordonnance relative à l'enfance délinquante*(as of March 2007) 中规定的那样,实施不法行为的儿童可能面临的措施因其年龄而异。受到裁决的所有年龄段的儿童都会受到"mesures de protection, d'assistance, de surveillance et d'éducation" (see, inter alia, Arts. 1—2)。"Sanctions éducatives"——在某些情况下会剥夺儿童的人身自由权——适用于 10 岁或 10 岁以上的儿童(Art. 15—1)。"Peines"——在某些情况下同样会剥夺儿童的人身自由权——适用于 13 岁或 13 岁以上的儿童(Art. 20—2 to 20—9)。

续表

国家	最低刑事责任年龄	特定犯罪刑事责任年龄	无犯罪能力检测
德国	14	—	14—18
加纳	12	—	—
希腊	13①	—	—
格林纳达	7	—	7—12
危地马拉	13	—	—
几内亚	13	—	—
几内亚比绍	16	—	—
圭亚那	10	—	—
海地	13	—	—
洪都拉斯	12	—	—
匈牙利	14	—	—
冰岛	15	—	—
印度	7	—	7—12
印度尼西亚	8	—	—
伊朗（伊斯兰共和国）	9/15②	—	—

---

① 《希腊刑法典》正式规定的刑事责任年龄下限是 13 岁，然而，少年法庭对触犯法律的 8 岁或 8 岁以上的儿童有管辖权（《刑法典》第一百二十一条和第一百二十六条），而且可以下令对这些儿童采取改过自新和治疗性措施（第一百二十二——百二十三条分别规定），这样的措施可以剥夺儿童的人身自由权。除此之外，参见 World Organisation Against Torture et al., *State Violence in Greece: An Alternative Report to the UN Committee Against Torture 33rd Session*, Athens, 2004。

② 伊朗规定女孩的最低刑龄是农历年 9 岁（也就是 8 岁零 9 个月），男孩的最低刑龄是农历年 15 岁（也就是 14 岁零 7 个月）。

续表

国家	最低刑事责任年龄	特定犯罪刑事责任年龄	无犯罪能力检测
伊拉克	9	—	—
爱尔兰	10	12	—
以色列	12 巴勒斯坦被占领土：9	— —	—
意大利	14	—	14—18
牙买加	12	—	—
日本	11①	—	—
约旦	7	—	—
哈萨克斯坦	14②	16	—

---

① 《日本青少年法》2007年5月的修正案允许家事法庭下令对触犯法律的年仅11岁的儿童采取最严厉的处置措施——被安置在青少年培训学校，这些学校由司法部矫正局负责监管。在这之前，采取这种措施的最低年龄通常是14岁。根据这一修正案，这些儿童也可能受到警方询问、搜身以及没收。14岁的年龄下限之所以经常被援引，是因为它是因某些严重犯罪而免于在成人刑事法庭受审的最低年龄（《日本刑法典》第四十一条）。除此之外，参见 Ito, Masami, Diet lowers incarceration age to "about 12", *The Japan Times*, 26 May 2007; Jin, Guang-Xu, Japan: The Criminal Responsibility of Minors in the Japanese Legal System,75 *International Review of Penal Law(Revue internationale de droit pénal)* 409, 2004; and Juvenile crime wave prompts Justice Ministry crackdown, *The Japan Times*, 25 Aug 2004。

② 《哈萨克斯坦刑法典》第十五条（评注）注解说，在某些特定条件下，法庭有权对11岁或者11岁以上的儿童适用强制性的矫正教育措施。这意味着在特殊教育机构中可进行最长可达三年的关押，这些教育机构就是经过重整的矫正场所（也就是少年犯管教所）。此外，临时隔离、适应、改过自新中心也可以关押那些实施了对公众有害的行为但未达到 （转下页）

续表

国家	最低刑事责任年龄	特定犯罪刑事责任年龄	无犯罪能力检测
肯尼亚	8	12	8—12
基里巴斯	10	12	10—14
科威特	7	—	—
吉尔吉斯斯坦	14①	16	—
老挝人民民主共和国	15②	—	—

（接上页）最低刑龄的儿童。例如参见 Children's Fund of Kazakhstan et al., *Alternative Report of Non-Governmental Organizations of Kazakhstan with Commentaries to the Initial Report of the Government of Kazakhstan*, Almaty, 2002; Committee on the Rights of the Child, *Second and third periodic reports of States parties due in 2006: Kazakhstan*, CRC/C/KAZ/3, 23 Aug 2006, pars. 28 and 458—466; and Kazakhstan NGOs' Working Group "On Protection of Children's Rights," *Alternative Report of Non-Governmental Organizations with the Comments to the Second and Third Reports of the Government of the Republic of Kazakhstan*, Almaty, 2006。

① 行政管理机构（未成年人事务委员会）对触犯法律但未满14岁的儿童有管辖权。该机构可以将11岁以上的儿童关押在"特设的矫正学校"里，关押期限为一至五年，这实际上剥夺了这些儿童的人身自由权。参见 Meuwese, Stan, ed., *KIDS BEHIND BARS: A study on children in conflict with the law*, Amsterdam, Defence for Children International The Netherlands, 2003; and Youth Human Rights Group, *Alternative NGO Report to the UN Committee on the Rights of the Child*, Bishkek, 2004。

② 根据《老挝刑法典》，对于最低年仅12岁的儿童，可以采取特殊的措施，包括剥夺其人身自由权，将其关押在监护性的再教育机构中。参见 Committee on the Rights of the Child, *Initial reports of States parties due in 1993: Lao People's Democratic Republic*, CRC/C/8/Add.32, 24 Jan 1996, pars. 161 and 166; and UNICEF East Asia and Pacific Regional Office, *Overview of Juvenile Justice in East Asia and the Pacific Region*, Bangkok, 2001。

续表

国家	最低刑事责任年龄	特定犯罪刑事责任年龄	无犯罪能力检测
拉脱维亚	14	—	—
黎巴嫩	7	—	—
莱索托	7	—	7—14
利比里亚	7	—	—
阿拉伯利比亚民众国	7①	—	—
列支敦士登	14	—	—
立陶宛	14	16	—
卢森堡	0②	—	—
马达加斯加	13	—	13—18
马拉维	7	12	7—12

① 尽管利比亚一直声称其规定的最低刑龄是14岁，但相关的刑法典条款规定，7至14岁之间的儿童如果被证明实施了可归类为轻罪或者重罪的行为，就可以被采取防范性措施，其中包括被关押在青少年教育和指导中心，为期不超过一年。除此之外，参见 Committee on the Rights of the Child, *Second periodic reports of States parties due in 2000: Libyan Arab Jamahiriya*, CRC/C/93/Add.1, 19 Sept 2002, pars. 29—30 and 76。

② 一般而言，卢森堡认为16岁是其规定的最低刑龄和法定刑罚的最低年龄（*Loi relative à la protection de la Jeunesse*, Art.32），而且，对于更低年龄的儿童，只能采取照看、治疗以及教育的保护性措施。然而，青少年法庭采取的好几种措施表明了对儿童行为所采取的刑罚性矫正对策，而这些措施却没有更低的年龄下限。这些措施可以剥夺儿童的人身自由权，而且在某些情况下，可以实施最多长达连续10天的单独监禁作为行政处分。例如参见 Committee on the Rights of the Child., *Concluding observations of the Committee on the Rights of the Child: Luxembourg*, CRC/C/15/Add.250, 31 Mar. 2005。

第五章　当前世界范围内的最低刑龄与现代走向

续表

国家	最低刑事责任年龄	特定犯罪刑事责任年龄	无犯罪能力检测
马来西亚	0①	青春期/10/13	10—12
马尔代夫	青春期②	10/15	—
马里	13	—	13—18
马耳他	9	—	9—14
马绍尔群岛	0③	—	—
毛里塔尼亚	7	—	—
毛里求斯	0④	—	—

---

① 在有关儿童和刑事责任的各种规定之解释中，马来西亚表明，其《刑法典》第82节确立了10岁的最低刑龄。其他条款则明确规定了一个更低的年龄门槛。Committee on the Rights of the Child., Initial report of States parties due in 1997: Malaysia, CRC/C/MYS/1, 22 Dec 2006, par. 131(f).

② 马尔代夫称，根据《对未成年人犯罪进行公正审讯、调查、宣判的规定》第4（a）条的规定，马尔代夫规定的最低刑龄是10岁。然而，对于某些特定的犯罪，该规定以青春期为标准划定刑事责任，而不考虑年龄情况。Committee on the Rights of the Child., *Second and third periodic reports of States parties due in 1998 and 2003: Maldives*, CRC/C/MDV/3, 10 Apr. 2006.

③ 根据《刑法典》第107节的规定，马绍尔群岛称其规定的最低刑龄是10岁。然而，青少年违法犯罪条例确立了对儿童宣判为行为不良者的程序，而没有规定更低的年龄下限，而且，这种程序导致的结果是剥夺儿童的人身自由权。儿童权利委员会观察到，该国根本就不存在最低刑龄规定。Committee on the Rights of the Child, *Concluding observations: Marshall Islands*, CRC/C/MHL/CO/2, 2 Feb. 2007; and *Id., Initial reports of States parties due in 1995: Marshall Islands*, CRC/C/28/Add.12, 18 Nov. 1998.

④ 在某些特定情况下，那些被法院看作是不具有辨别能力的不满14岁的儿童——明显没有任何更低的年龄下限，可能被送到矫正机构中进行关押，直至18岁。法院也可以把那些被认为具有辨别能力的儿童送到（转下页）

续表

国家	最低刑事责任年龄	特定犯罪刑事责任年龄	无犯罪能力检测
墨西哥	12	—	—
密克罗尼西亚联邦	0①	—	—
摩尔多瓦	14	16	—
摩纳哥	13	—	—
蒙古国	14	16	—
黑山共和国	14	—	—
摩洛哥	12	—	—
莫桑比克	0②	—	—

（接上页）矫正机构中进行关押，同样也没有任何更低的年龄下限。参见 Committee on the Rights of the Child., *Second periodic reports of States parties due in 1997: Mauritius*, CRC/C/65/ADD.35, 19 Jul. 2005, pars. 125 and 477—478。

① 密克罗尼西亚联邦表明，根据《密克罗尼西亚联邦法律》的规定，16岁是其规定的最低刑龄以及法定刑罚的最低年龄（Title 12 §1101，以及各个州法典的类似条款中）。然而，青少年违法犯罪条例确立了对儿童宣判为行为不良者的程序，而没有规定更低的年龄下限，而且，这种程序导致的结果是剥夺儿童的人身自由权。儿童权利委员会观察到，该国根本不存在明确规定的最低刑龄。Committee on the Rights of the Child, *Concluding observations: Micronesia(Federated States of)*, CRC/C/15/Add.86, 4 Feb 1998; and *Id., Initial reports of States parties due in 1995: Micronesia(Federated States of)*, CRC/C/28/Add.5, 17 Jun. 1996.

② 莫桑比克表明，其规定的最低刑龄要么是 10 岁（《刑法典》第四十三条），要么是 16 岁（《刑法典》第四十二条），莫桑比克还特别说明，不满 16 岁的儿童只会面临与保护、帮助或者教育措施相对的惩罚，这种惩罚不会剥夺其人身自由权。然而，16 岁看起来似乎是法定刑罚年龄，因为低于 16 岁的儿童会落入少年法庭的管辖范围，正如《未成年人法律援助条例》中规定的那样。对于那些实施了被认为是刑法中规定的犯罪或者　（转下页）

续表

国家	最低刑事责任年龄	特定犯罪刑事责任年龄	无犯罪能力检测
缅甸	7	—	7—12
纳米比亚	7	—	7—14
瑙鲁	0①	—	—
尼泊尔	0②	10	—
荷兰	12③	—	—

（接上页）不端行为的儿童，该条例第十六条允许对其采取矫正措施，其中包括剥夺人身自由权的措施。参见 Committee on the Rights of the Child, Initial Reports of States Parties Due in 1996: Mozambique, CRC/C/41/Add.11, 14 May. 2001。

① 14岁或者14岁以上的儿童在成人法庭上被追究刑事责任，尽管成人法庭同样拥有自由裁量权来对那些被指控谋杀的更年轻的儿童进行审判。一般来说，不满14岁的儿童被认为是未成年人，他们的刑事责任是在个案基础上进行具体确定的，而没有任何更低的年龄下限。Russell Kun, Principal Legal Adviser, Department of Justice, telephone interview with author, 19 Sept. 2002.

② 根据《儿童法令》第十一条的规定，尼泊尔指出其规定的最低刑龄是10岁，但对于某些特定的罪行，《恐怖主义者与破坏性活动（控制及惩罚）法令》适用于所有年龄段的儿童。Committee on the Rights of the Child, Second Periodic Report of States Parties Due in 1997: Nepal, CRC/C/65/Add.30, 3 Dec 2004. UNICEF Regional Office for South Asia, Juvenile Justice in South Asia: Improving Protection for Children in Conflict with the Law, Kathmandu, 2006.

③ 警察可以对不满12岁的儿童实施逮捕，并在警察局对他们进行审问，最多可长达6个小时。一些作者将这些措施以及相关的措施描述为实际有效的刑事责任年龄，即10岁。Detrick, Sharon, et al., Violence against Children in Conflict with the Law: A Study on Indicators and Data Collection in Belgium, England and Wales, France and the Netherlands, Amsterdam, Defence for Children International—The Netherlands, 2008. Uit Beijerse, Jolande, and Rene van Swaaningen, The Netherlands: Penal Welfarism and Risk Management, in Muncie, John, and Barry Goldson, eds, Comparative Youth Justice, London, Sage, 2006.

续表

国家	最低刑事责任年龄	特定犯罪刑事责任年龄	无犯罪能力检测
新西兰	10	14	10—14
尼加拉瓜	13	—	—
尼日尔	13	—	13—18
尼日利亚	北部各州：7 南部各州：7 各州：青春期①	— 12 7	7—12 7—12 —
挪威	15	—	—
阿曼	9	—	—
巴基斯坦	0②	7	7—12
帕劳	10	—	10—14
巴拿马	14	—	—

---

① 在许多相互矛盾的说法中，尼日利亚援引多个不同的年龄作为其各个州法律规定的最低刑龄。然而，对于通奸或婚外性行为、强奸、鸡奸、乱伦、女性同性恋、人兽性交、严重猥亵行为以及诬告他人通奸或婚外性行为等罪行，12 个州的伊斯兰教刑法是以青春期为标准来划定刑事责任的，而不考虑行为人的年龄本身。对于其他的犯罪，年满 7 岁的儿童就可能需要承担刑事责任。例如参见 Committee on the Rights of the Child, *Initial reports of States parties due in 1993: Nigeria*, CRC/C/8/Add.26, 21 Aug 1995; and Nigerian Federal Ministry of Women Affairs, *Convention on the Rights of the Child: Second Country Periodic Report*, CRC/C/70/Add.24/Rev.2, Abuja, 2004。
② 根据《刑法典》第 82 节的规定，巴基斯坦的最低刑龄是 7 岁。然而，对于某些特定的犯罪，其他各种法律条款却没有设定刑事责任的最低年龄。Committee on the Rights of the Child, *Second periodic reports of States parties due in 1997: Pakistan*, CRC/C/65/Add.21, 11 Apr. 2003.

续表

国家	最低刑事责任年龄	特定犯罪刑事责任年龄	无犯罪能力检测
巴布亚新几内亚	7①	14	7—14
巴拉圭	14	—	—
秘鲁	14	—	—
菲律宾	15②	—	15—18
波兰	0③	—	—
葡萄牙	12	—	—
卡塔尔	7	—	7—18
大韩民国	14④	—	—

① 除了《巴布亚新几内亚刑法典》规定的最低刑龄条款之外，1961年的《儿童福利法案》（到1990年为止）允许儿童法庭对任意年龄段的儿童罪犯处以剥夺人身自由权（除此之外可参见 Arts. 32(2)(a)(ii) and 41(1)(b)(iii)）。
② 严格从法律意义上来说，菲律宾规定的最低刑龄是15岁零一天。参见 Bayoran, Gilbert, 56 minors to be cleared of criminal liability soon, *The Visayan Daily Star*, Bacolod City(Philippines), 23 May 2006, www.visayandailystar.com/2006/May/23。
③ 为了应对儿童的"道德败坏"迹象——其中就包括实施犯罪行为，法庭可以下令对儿童采取教育措施、保护措施以及治疗措施。在某些情况下，这些措施意味着将在一段不确定的时间内剥夺儿童的人身自由权。除此之外可参见 Committee on the Rights of the Child, *Periodic reports of States parties due in 1998: Poland*, CRC/C/70/Add.12, 6 Feb 2002, par. 360; and Stando-Kawecka, Barbara, *The Juvenile Justice System in Poland*, presented at the Conference of the European Society of Criminology, Amsterdam, 25—28 August, 2004。
④ 12岁或者12岁以上的儿童，如果被指控实施了刑事犯罪行为，或者被认为很可能实施了犯罪行为，并且不受父母管教的，就会作为青少年保护案件来处理。这些儿童不会被判决在少年犯管教所里服刑——如同14岁或者14岁以上的儿童那样，但他们可能面临保护性的处置措施，（转下页）

续表

国家	最低刑事责任年龄	特定犯罪刑事责任年龄	无犯罪能力检测
罗马尼亚	14	—	14—16
俄罗斯联邦	14①	16	—
卢旺达	14	—	—
圣基茨和尼维斯	8	—	—
圣卢西亚	12	—	—
圣文森特和格林纳丁斯	8	—	—
萨摩亚	8	—	8—14
圣马力诺	12	—	12—18
圣多美与普林西比共和国	16②	—	—

(接上页)包括被关押在儿童福利机构、未成年人保护机构以及少年犯教养所或者青少年教养院中。除此之外可参见 Republic of Korea, *The Juvenile Protection Education Institution*, www.jschool.go.kr/HP/JSC80/jsc_01/jsc_1020.jsp。

① 俄罗斯联邦1996年制定的关于"预防和打击无家可归者和青少年犯罪"的法律,允许凭借司法判决或者法官的命令,将未达到最低刑龄的儿童关押在青少年罪犯暂时监禁中心,作为对"社会危险性行为"的回应措施。这种关押的期限虽然被限定为30天,但1999年的关押人数达54 800人,2000年为30 000人,2001年为24 400人。参见 Committee on the Rights of the Child, *Third periodic reports of States parties due in 2001, Russian Federation*, CRC/C/125/ Add.5, 15 Nov 2004, par. 323; and Stoecker, Sally W., Homelessness and criminal exploitation of Russian minors: Realities, resources, and legal remedies, *Demokratizatsiya*, Spring 2001。

② 根据圣多美与普林西比共和国未成年人司法援助条例的规定,不满16岁的儿童如果实施了被认为是犯罪的行为,只会被少年法庭下令 (转下页)

第五章 当前世界范围内的最低刑龄与现代走向

续表

国家	最低刑事责任年龄	特定犯罪刑事责任年龄	无犯罪能力检测
沙特阿拉伯	青春期①	7或12②	—
塞内加尔	13	—	—
塞尔维亚	14	—	—
塞舌尔	7	12	7—12
塞拉利昂	14	7—12	7—12
新加坡	7	—	7—12
斯洛伐克	14	—	14—15

（接上页）采取保护性措施、援助性措施或者教育性措施。这些措施可能包括剥夺人身自由权，比如被关押在教育机构或者私立教育机构中，尽管这些措施在实践中似乎没有被适用。除此之外，可参见 Committee on the Rights of the Child, *Initial reports of States parties due in 1993: Sao Tome and Principe*, CRC/C/8/Add.49, 1 Dec 2003, pars.103, 107 and 109。

① 对于包括通奸、叛教、世俗堕落、贩毒、蓄意破坏、（政治上的）叛乱、持械抢劫期间杀人、谋杀和过失杀人在内的犯罪，以及对于允许法院可以自由裁量施以处罚的广泛类别范围内的行为，已经进入青春期的儿童可能面临死刑。此外，法官可以在审讯或者量刑的时候考虑青春期的生理特性，而不会考虑行为人在实施被指控罪行时的年龄，而且，法官在对哪些生理特性进行评定这一问题上，可以行使重要的自由裁量权。Human Rights Watch, *Adults Before Their Time: Children in Saudi Arabia's Criminal Justice System*, New York, 2008.

② 至少直到最近几年，除可处死刑的犯罪外，需对犯罪承担刑事责任的年龄是7岁。关于有意或者批准将最低刑龄提高至12岁的政府声明和政策，在很大程度上是不一致的，而且无论发生何种情况，这只可能适用于男童。Committee on the Rights of the Child, *Initial reports of States parties due in 1998: Saudi Arabia*, CRC/C/61/Add.2, 29 Mar. 2000, par. 55.

续表

国家	最低刑事责任年龄	特定犯罪刑事责任年龄	无犯罪能力检测
斯洛文尼亚	14①	—	—
所罗门群岛	0②	—	—
索马里	0③	—	—
南非共和国	7	—	7—14
西班牙	14	—	—
斯里兰卡	8	—	8—12

① 虽然斯洛文尼亚名义上规定的最低刑龄是14岁，但被称为"社会工作中心"的福利机关有权将更低年龄的儿童关押在青少年机构里，这些青少年机构大体上相当于在刑事案件中关押更大年龄儿童的教育性机构。参见 Filipcic, Katja, Slovenia: Dealing with Juvenile Delinquents in Slovenia, 75 *International Review of Penal Law (Revue internationale de droit pénal)*493, 2004。

② 所罗门群岛表明，该国《刑法典》第14节设定的最低刑龄是8岁。然而，《青少年罪犯法令》对于拘留那些实施了犯罪行为的儿童——由此产生的结果是，这些儿童的人身自由权被剥夺——并没有设定任何更低的年龄下限。Committee on the Rights of the Child, *Initial reports of States parties due in 1997: Solomon Islands*, CRC/C/51/Add.6, 12 Jul. 2002.

③ 索马里那些相互重叠的习惯法（或者说传统法）、伊斯兰法以及法典化的刑事法律中虽然都包含有相关的标准，但却不存在实际有效的最低刑龄。在习惯法（或者说传统法）中，最低刑龄被理解为15岁。伊斯兰法授予法官就不满15岁的少年犯的危险性程度进行决定的权力，并且可以下令将这些儿童关押在少年犯管教所中，期限最长可达三个月。根据《索马里》刑法典的规定，第59条名义上将最低刑龄设定为14岁，但第177条详细规定了几种情况，在这几种情况下，法官可以下令将实施了犯罪行为的更年幼的儿童关押在少年犯教养所中，期限可达2年甚至更长。UNICEF Somalia, Juvenile Justice in Post-Conflict Situations: Somalia, unpublished draft presented at the conference *Juvenile Justice in Post-Conflict Situations*, UNI CEF Innocenti Research Centre, Florence, May. 2001.

续表

国家	最低刑事责任年龄	特定犯罪刑事责任年龄	无犯罪能力检测
苏丹	0①	7/15/18/青春期	—
苏里南共和国	10	—	—
斯威士兰	7	—	7—14
瑞典	15	—	—
瑞士	10	—	—
阿拉伯叙利亚共和国	10	—	—
塔吉克斯坦	14②	16	—

① 且不管苏丹提出的各种主张如何，《苏丹刑法典》第三条和第九条仅仅在名义上将刑事责任限定为 15 岁的儿童或者已经进入青春期的更大的儿童，以及 18 岁或 18 岁以上的成年人。第四十七条允许法院下令将实施了犯罪行为的 7 岁以上的儿童关押在矫正机构中，期限为 2 到 5 年，而且，对于贩运或消费酒精或者毒品以及婚外性行为在内的犯罪，根本不存在最低年龄下限。此外，在某些情况下，对于实施了谋杀、hadd 犯罪，或者属于 qasas 犯罪的 7 到 18 岁之间的儿童，第 27（2）条允许判处死刑。参见 Committee on the Rights of the Child, *Initial reports of States parties due in 1992: Sudan*, CRC/C/3/Add.3, 16 Dec 1992, par. 33. Committee on the Rights of the Child, *Periodic reports of States parties due in 1997: Sudan*, CRC/C/65/Add.17, 6 Dec 2001, pars. 40—41, 52 and 347。

② 根据 1995 年 2 月 23 日颁布的"塔吉克斯坦总统第 178 号令"（即未成年人委员会条例）的规定，行政管理委员会负责对不满 14 岁的儿童涉嫌实施犯罪行为的案件进行审理。在这方面，行政管理委员会受命审理的案件根本不存在最低年龄下限，而且，该委员会可以对年仅 7 岁的儿童施以包括剥夺人身自由权在内的处罚。有迹象表明，只要违反了未成年人委员会条例，甚至更年幼的儿童也可能被剥夺人身自由权。例如参见 World Organisation Against Torture, *Human Rights Violations in Tajikistan: Alternative Report to the UN Committee against Torture 37th Session*, Geneva, 2006。

续表

国家	最低刑事责任年龄	特定犯罪刑事责任年龄	无犯罪能力检测
泰国	7	—	—
前南斯拉夫的马其顿共和国	14	—	—
东帝汶	12	—	—
多哥共和国	13	—	—
汤加	7	—	7—12
特立尼达和多巴哥	7	—	10—14
突尼斯	13	—	13—15
土耳其	12①	—	12—15
土库曼斯坦	14	16	—
图瓦卢	10	12	10—14
乌干达	12		
乌克兰	14②	16	

① 根据《土耳其刑法典》的规定，不满12岁的儿童——12至15岁之间的儿童亦是如此，被认为不具有理解其犯罪行为之法律意义及法律后果的能力，或者缺乏对自己的行为进行控制的能力——可能被采取安全措施或者预防措施。此外，根据2005年《未成年人保护法》的规定，那些触犯法律但被认为不负刑事责任的儿童，都可能面临"保护性措施和支持性措施"，这些措施中就包括剥夺人身自由权，被关押在教育机构、政府机构以及私立照看机构中。这些措施的应用根本不存在更低的年龄下限，关押的期限可以直至儿童年满18岁之后，而且，法官在下令采取这些措施之前不需要举行听证会。除此之外，可参见 Arts. 3(1)(a)(2), 5(1)(b—c), 7(6), 11(1) and 13(1)。

② 《乌克兰刑法典》第十五章是关于"未成年人刑事责任及处罚的具体特征"的规定，该章对实际有效的最低刑龄提出了质疑。刑法典 （转下页）

续表

国家	最低刑事责任年龄	特定犯罪刑事责任年龄	无犯罪能力检测
阿拉伯联合酋长国	7	—	7—n/a
大不列颠及北爱尔兰联合王国	英格兰和威士:10	—	—
	北爱尔兰自治区:10	—	—
	苏格兰:8	—	—
	其他地区:8—10之间	变化	变化
坦桑尼亚联合共和国	10 桑吉巴:12	— —	10—12 12—14
美利坚合众国①	加利福尼亚州	0②	—	加利福尼亚州③:0—14

（接上页）第97（2）条规定："在行为人达到刑事责任年龄之前……如果其实施了具有社会危险性的行为……法庭同样可以对其适用强制性的改造措施。"这些措施包括"将未成年人关押在为儿童和青少年特设的教育机构和矫正机构中，直到被关押的未成年人得到充分矫正，但关押期限不能超过3年"（第105（2）条）。由欧洲安全与合作组织的民主制度和人权办公室翻译：www.legislationline.org.

① 美国的青少年司法主要是由各州自己的法律进行监督和管理。美国各州以及哥伦比亚特区，以及它们各自的缩写如下：阿拉巴马州-AL，阿拉斯加州-AK，亚利桑那州-AZ，阿肯色州-AR，加利福尼亚州-CA，科罗拉多州-CO，康涅狄格州-CT，特拉华州-DE，哥伦比亚特区-DC，佛罗里达州-FL，乔治亚州-GA，夏威夷州-HI，爱达荷州-ID，伊利诺斯州-IL，印第安纳州-IN，爱荷华州-IA，堪萨斯州-KS，肯塔基州-KY，路易斯安那州-LA，缅因州-ME，马里兰州-MD，马萨诸塞州-MA，密歇根州-MI，明尼苏达州-MN，密西西比州-MS，密苏里州-MO，蒙大拿州-MT，内布拉斯加州-NE，内华达州-NV，新罕布什尔州-NH，新泽西州-NJ，新墨西哥州-NM，纽约州-NY，北卡罗来纳州-NC，北达科他州-ND，俄亥俄州-OH，俄克拉何马州-OK，俄勒冈州-OR，（转下页）

（接上页）宾夕法尼亚州-PA，罗得岛州-RI，南卡罗来纳州-SC，南达科他州-SD，田纳西州-TN，得克萨斯州-TX，犹他州-UT，佛蒙特州-VT，弗吉尼亚州-VA，华盛顿州-WA，西弗吉尼亚州-WV，威斯康星州-WI，怀俄明州-WY。

② 在成文法和/或者判例法中，这些州要么对于在少年法庭诉讼程序中审判儿童行为不良者没有规定最低年龄，要么对于原来的成人刑事法庭司法管辖权没有规定最低年龄。此外，美国联邦政府对于审判儿童行为不良者，没有规定最低年龄下限；联邦法院执法官员每年逮捕大约400名儿童，但这些案件在特定条件下，可能被移送到州法院进行审理。"其他州"包括阿拉巴马州、阿拉斯加州、康涅狄格州、哥伦比亚特区、特拉华州、佛罗里达州、乔治亚州、夏威夷州、爱达荷州、伊利诺伊州、印第安纳州、爱荷华州、肯塔基州、缅因州、密歇根州、密苏里州、蒙大拿州、内布拉斯加州、内华达州、新罕布什尔州、新墨西哥州、北达科他州、俄亥俄州、俄克拉何马州、俄勒冈州、罗得岛州、南卡罗来纳州、田纳西州、犹他州、弗吉尼亚州、西弗吉尼亚州以及怀俄明州。除此之外，参见 King, Melanie, and Linda Szymanski, National Overviews, *State Juvenile Justice Profiles*, Pittsburgh, National Center for Juvenile Justice, 2006, www.ncjj.org/stateprofiles; and Snyder, Howard N., and Melissa Sickmund, Juvenile Offenders and Victims: 2006 National Report, Washington, United States Department of Justice, Office of Juvenile Justice and delinquency prevention, 2006。

③ 这个表记录了两个州——加利福尼亚州和华盛顿州——在这两个州的少年犯诉讼程序中，某些类型的无犯罪能力测试目前是可适用的。其他大约20个州中的判例法，仅仅在成人刑事法庭中支持普通法无犯罪能力规定的适用，同时并不必然禁止未成年人犯罪特别诉讼程序在少年法庭中的适用。虽然从理论上来说，这些条款适用于成人法庭中的所有相关的儿童，但无犯罪能力假定通常都是废而不用，而且各个州的判例法典型地都是过时的。参见 Carter, Andrew M., Age Matters: The Case for a Constitutionalized Infancy Defense, 54 *Kansas Law Review* 687, 2006; Thomas, Tim A., *Annotation: Defense of Infancy in Juvenile Delinquency Proceedings*, 83 ALR4th 1135, 1991 and August 2002 Supplement; and King et al., King, Melanie, and Linda Szymanski, "National Overviews," *State Juvenile Justice Profiles*, Pittsburgh, National Center for Juvenile Justice, 2006, www.ncjj.org/stateprofiles。

续表

国家	最低刑事责任年龄		特定犯罪刑事责任年龄	无犯罪能力检测
美利坚合众国	新泽西州①		—	—
	宾夕法尼亚州	0	宾夕法尼亚州：10	—
	佛蒙特州，以及其他州		佛蒙特州：10	—
	北卡罗来纳州	6	—	—
	马里兰州、马萨诸塞州、纽约州	7	—	—
	亚利桑那州、华盛顿州	8	—	华盛顿州：8—12

---

① 正如两个青少年性侵犯案件中例证的那样，新泽西州法律体系可论证地支持普通法中的无犯罪能力假定在少年法庭犯罪诉讼程序中的适用（参见 State of New Jersey in the Interest of J.P.F., 845 A.2d 173(2004); In the Matter of Registrant J.G., 777 A.2d 891(2001); and Carter, Andrew M., Age Matters: The Case for a Constitutionalized Infancy Defense, 54 *Kansas Law Review* 687, 2006）。然而，这两个案件的判决都没有试图通过援引《刑事司法法典》中性侵犯一章的内容，将这种适用性与下述条款进行调和，即"根据本章规定，行为人不能因为年龄原因而被假定不具有实施某一犯罪的能力……"（New Jersey Statutes §2C:14—5(b)）。在另一起青少年性侵犯案件中，一个较低层级的法院将这个条款解释为"成文法对古老的普通法三层结构规则的明确否定。"（State of New Jersey in the Interest of C.P. & R.D., 514 A.2d 850, 854(1986)）

续表

国家	最低刑事责任年龄	特定犯罪刑事责任年龄	无犯罪能力检测
美利坚合众国	阿肯色州、科罗拉多州、堪萨斯州、路易斯安那州、明尼苏达州、密西西比州、南达科塔州 10	—	—
	得克萨斯州、威斯康星州	—	—
乌拉圭	13	—	—
乌兹别克斯坦	13①	14/16	—
瓦努阿图	10	—	10—14
委内瑞拉	12	—	—
越南	14②	16	—

① 乌兹别克斯坦各地区和各市的未成年人事务委员会对于处理不满13岁的触犯法律的儿童问题负有主要职责，并且受检察官监督。委员会可以将这些儿童送还家长监管，也可以把这些儿童送到儿童机构，期限为至少3年。参见 Danish Centre for Human Rights and UNICEF, *Juvenile Justice in Uzbekistan: Assessment 2000*, Copenhagen, 2001; and World Organisation Against Torture, *Rights of the Child in Uzbekistan*, Geneva, 2006。

② 根据1997年颁布的第33/CP号《政府法令》第一条和2002年制定的《行政违法行为制裁条例》第5（1）(a)条规定的行政管理程序，12岁以上的儿童如果实施了《越南刑法典》规定的违法行为，将会被关押在少年犯管教所，期限为6个月至2年。参见 Human Rights Watch, *"Children of the Dust": Abuse of Hanoi Street Children in Detention*, New York, 2006; and Committee on the Rights of the Child, *Periodic reports of States parties due in 1997: Viet Nam*, CRC/C/65/Add.20, 5 Jul. 2002, pars. 114(b) and 232(a)。

续表

国家	最低刑事责任年龄	特定犯罪刑事责任年龄	无犯罪能力检测
也门	7	—	—
赞比亚	8	12	8—12
津巴布韦	7	12	7—14

此外，本研究的附录 2 节选以及 / 或者引用了这些条款的最明确的来源，对于世界上大多数国家来说，这些条款经常在各种法律条文以及 / 或者法律中重复出现。附录 2 还包含了关于上面所列最低刑龄之论证的说明，以及关于其他复合型以及 / 或者相互重叠的年龄下限的信息。

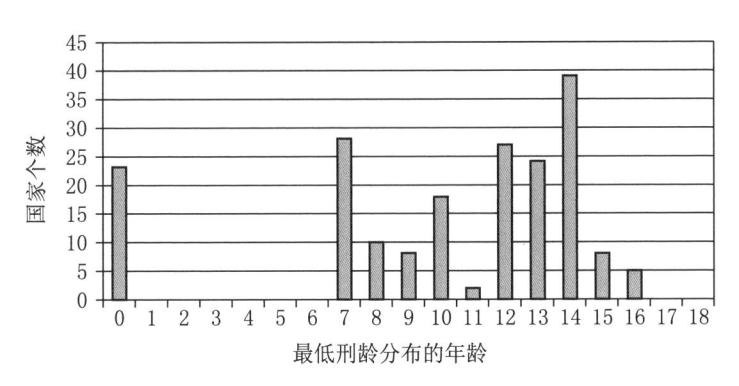

图 5.1 当前世界范围内的最低刑龄分布

图 5.1 描述了世界范围内最低刑龄的年龄层次分布，而且对于解释表 5.1 中详细列明的最低刑龄规定的一些主要特征

提供了平台。正如我们从表5.1中看到的那样，目前世界各国所规定的最低刑龄范围在0岁到16岁之间。最低刑龄的中间值——也就是许多最低刑龄条款划定的年龄层次，其他的最低刑龄条款有些划定得低于该年龄层次，有些则划定得高于该年龄层次——是12岁。相比之下，最低刑龄的平均数大致是10岁，但这个平均数并不是作为衡量尺度来使用的，因为——由于其他方面的原因，这个平均值被图5.1中将最低刑龄划定为0岁的那23个国家的数值拉偏了。① 这并不必然意味着这23个国家对婴儿及幼童的行为追究刑事责任；而是说，按照本章前文所概述的标准，这些国家没有规定明确的更低年龄下限——在所有情况下，低于该年龄下限的儿童都不会被追究刑事责任，而且/或者也不会被施以刑事制裁。

从左往右沿着图5.1的柱状移动，同时回想一下第四章中的历史回顾，大多数将最低刑龄设定在7岁、8岁以及10岁的国家，看起来很可能与英国普通法的影响有关。② 许多

---

① 巴林、柬埔寨、科摩罗、古巴、刚果民主共和国、法国、卢森堡、马来西亚、马尔代夫、马绍尔群岛、毛里求斯、密克罗尼西亚联邦、莫桑比克、瑙鲁、尼泊尔、尼日利亚、巴基斯坦、波兰、沙特阿拉伯、所罗门群岛、索马里、苏丹、美利坚合众国。

② 一般参见 Cipriani, Don, *The Minimum Age of What? Criminal Responsibility, Juvenile Justice, and Children's Rights*, unpublished draft, Florence, UNICEF Innocenti Research Centre, 2002。

将最低刑龄设定在12岁的都是位于非洲国家和拉丁美洲国家，以及自从接受了《儿童权利公约》之后对本国最低刑龄条款进行了修改的其他国家。将最低刑龄设定在13岁的大量国家，主要是由于法国法律的历史影响；至于那些将最低刑龄设定在14岁的国家，则通常与苏联法律的影响有关；而那些将最低刑龄设定在15岁的国家，主要是斯堪的纳维亚国家。

好几个条款和特征均可在表5.1的详细资料中找到，但在图5.1里却没有反映出来。首先，在中国、以色列、尼日利亚、坦桑尼亚、英国以及美国这些国家，政治区划或者行政区划都规定有各自不同的最低刑龄下限。在国内规定有多重刑事责任年龄——根据犯罪的类型以及/或者种类，至少42个不同的国家既规定有最低刑龄，又规定有一个或者多个更高的年龄下限。在这些国家中，有17个是苏联加盟共和国或者受苏联法律影响较大的其他国家。① 在这些多重

---

① 阿尔巴尼亚、亚美尼亚、阿塞拜疆、白俄罗斯、中国、格鲁吉亚、哈萨克斯坦、吉尔吉斯斯坦、立陶宛、摩尔多瓦、蒙古国、俄罗斯、塔吉克斯坦、土库曼斯坦、乌克兰、乌兹别克斯坦、越南。其他的国家包括阿根廷、澳大利亚、智利、爱尔兰、马来西亚、马尔代夫、尼泊尔、新西兰、尼日利亚（各个不同的州）、巴基斯坦、沙特阿拉伯、苏丹、美利坚合众国（宾夕法尼亚州和佛蒙特州）。

110　刑事责任年龄国家中，有14个国家规定有双重刑事责任年龄下限，这第二重年龄下限仅仅适用于男童，同时也限定于诸如强奸和性犯罪此类的罪行，这种规定明显是英国普通法的历史遗留物。① 在许多情况下，同样与英国普通法息息相关的是，至少55个国家规定了无犯罪能力假定或者大致相似的年龄范围，这些国家在个案基础上考虑潜在的刑事责任。②

总体而言，全球最低刑龄的一般特征展现出：正如第三章中讨论的那样，世界各国在最低刑龄的标准问题上呈现显著差异。在为数不多的几个趋同点中，其中一个是12岁：国际标准认为，最低刑龄至少应该划定在12岁，因为国际上的最低刑龄中间值就是12岁。然而，有89个国家将最低刑龄划定在11岁或者11岁以下，其中还包括（本研究中）将最低刑龄的划定与青春期关联在一起或者被认为

---

① 博茨瓦纳、塞浦路斯、斐济、肯尼亚、基里巴斯、马拉维、马来西亚、尼日利亚、巴布亚新几内亚、塞舌尔、图瓦卢、大不列颠及北爱尔兰联合王国（英属维尔京群岛）、赞比亚、津巴布韦。在巴布亚新几内亚，该条款是作为一个——对于7岁和14岁之间的最低刑龄的男童——可反驳的推定进行规定的。虽然它们是作为保护男童免于不公正起诉的措施而被援引的，但这样的条款对于性犯罪，有差别性地对女童分配刑事责任。
② 其他好几个国家在男童对于性犯罪的刑事责任或者无犯罪能力测试问题进行了限制，但这些限制看起来似乎仅仅在成人刑事法庭中适用，而最低刑龄条款和刑事责任在少年法庭中则在更低的年龄层次上独立地适用。

是 0 岁的 23 个国家。所有这些国家的最低刑龄规定都低于了国际标准的界限。有 6 个国家根据政治区划而规定多重最低刑龄，有 42 个国家按照犯罪类型来划定双重或者多重最低刑龄，另外有 55 个国家规定了无犯罪能力假定或者类似的测试，这些国家的最低刑龄规定同样也超出了国际标准的界限。

即使有的时候，这些特征在各个国家的法律内部相互重叠。很明显的是，世界上大多数国家具有一个或者多个特性与共识性的国际标准不相符。事实上，满足这个分析层次上的基本标准的国家多达 75 个。然而，这种设定在尊重儿童权利问题上几乎仍然没有任何涉及。第六章研究的是各个国家在实施最低刑龄规定时遇到的现实挑战，这些挑战中的一个或者多个问题，都可能影响世界上的每一个国家。具有讽刺意味的是，随着各国规定的最低刑龄变得越来越高，以及表面上与国际标准越来越相符合，其中的某些挑战反而变得更具威胁性。尽管本身不是关于最低刑龄的国际共识的一部分，但各国实践的另一个差异点却是：儿童权利委员会提议将最低刑龄规定在 16 岁的明显倾向。然而，只有 5 个国家将自己的最低刑龄划定得这么高，而且没有一个国家划定得比这更高。

三、《儿童权利公约》和最低刑事责任年龄升高的互动关系审查

在过去的二十年中,主要受到《儿童权利公约》的影响,各国已经势不可挡地提高以及试图提高自己的最低刑龄。本节将对这一模式以及与之相关的因素进行综述。①

表5.2 自《儿童权利公约》被批准(1989年)以来的最低刑龄趋势

	1989	
	1990	巴西
	1991	
	1992	尼泊尔、秘鲁
	1993	
	1994	**萨尔瓦多共和国**
	1995	澳大利亚*
	1996	哥斯达黎加、乌干达、洪都拉斯
	1997	印度尼西亚
	1998	巴巴多斯、尼加拉瓜、**加纳**、委内瑞拉
安道尔共和国	1999	**伯利兹城、塞浦路斯**、葡萄牙、**玻利维亚、巴拿马**

---

① 一般参见 Cipriani, Don, *The Minimum Age of What? Criminal Responsibility, Juvenile Justice, and Children's Rights*, unpublished draft, Florence, UNICEF Innocenti Research Centre, 2002。

续表

	2000	西班牙、**大不列颠及北爱尔兰联合王国****、东帝汶
	2001	巴拉圭
法国	2002	
	2003	**中国（香港）**、厄瓜多尔、瑞士、多米尼加共和国、**危地马拉**、叙利亚
尼泊尔	2004	**孟加拉国**、乌拉圭、不丹
毛里塔尼亚、斯洛伐克	2005	阿富汗、冈比亚、阿根廷、墨西哥
	2006	智利、**菲律宾**、爱尔兰
格鲁吉亚、日本	2007	哥伦比亚、塞拉利昂、秘鲁
↑已经通过法律降低最低刑龄的 7 个国家		已经通过法律提高最低刑龄的 41 个国家↑
	2008	
↓计划降低最低刑龄的 2 个国家		计划提高最低刑龄的 23 个国家↓
捷克共和国、菲律宾	最近计划	巴林、肯尼亚、南非共和国、伯利兹城、黎巴嫩、苏里南共和国、不丹、莱索托、斯威士兰、布隆迪、马拉维、坦桑尼亚、柬埔寨、马尔代夫、泰国、法国、纳米比亚、东帝汶、印度尼西亚、阿曼、大不列颠及北爱尔兰联合王国（百慕大群岛）、约旦、萨摩亚

2008 年中期修改其最低刑龄的国家是按照年份、根据字母顺序列出的。

以粗体显示的国家名称＝在计划或者已经通过法律提高最低刑龄之前，儿童权利委员会就已经进行关注。

*联邦；其他的有变化。

**安圭拉岛和开曼群岛这些海外领土于 2000 年至 2007 年间，将最低刑龄从 8 岁提高至 10 岁，同时保留了 10 岁至 14 岁之间的无犯罪能力测试。

表 5.2 描绘了全球范围内的最低刑龄的基本趋势。这个表格从上到下按照年份，列出了自《儿童权利公约》被批准（1989 年）那一年起，直至 2008 年间，确立或者提高了最低刑龄的 40 个国家，以及降低了最低刑龄的 7 个国家。列在 2008 年那一栏下方的是那些已经正式声明打算修改其最低刑龄的国家，以及目前正在考虑或者最近已经考虑了具体建议的国家，具体情况如下：确立或者提高其最低刑龄的有 23 个国家，降低其最低刑龄的有 2 个国家。① 在该国计划或者已经通过法律提高最低刑龄之前，就已经引发儿童权利委员会相关方面关注的国家，其国家名称用粗体标识出来。

已经提高或者计划提高其最低刑龄的国家数量——自从联合国大会于 1989 年批准《儿童权利公约》以来，接近 65

---

① 关于最低刑龄的建议，不管是指向提高还是降低年龄下限，都仅仅包括面向立法的建议，而且这些建议看起来都是悬而未决或者反复出现的。他们忽略了那些曾经被考虑过但随后又被放弃了的建议，学术界、非政府组织以及倡导者团体对于最低刑龄改革的呼吁亦是如此。表 5.2 并不包括无犯罪能力条款或者双重年龄下限的变化或者严格提议的变化。同时，表 5.2 还排除了好几个这种情况下的（推定的）最低刑龄变化，即由这些变化导致的年龄下限在本研究中不被认为是有效的最低刑龄，或者以前的条款之性质仍然不明确。此前似乎没有规定明确的年龄下限（比如，非常规情况规则被废除之后）这种情况下有效的最低刑龄之确立，是被作为新的最低刑龄规定的创设。

第五章 当前世界范围内的最低刑龄与现代走向

个。这是《儿童权利公约》的整体影响,特别是《儿童权利公约》国家报告过程的影响很大。与此相反,漫长的历史对最低刑龄的影响并不是十分明显。与之相匹配的19年跨度——包括1970年至1988年,在最低刑龄方面具有变化的只有10个国家:有7个提高,3个降低。正如第三章中详细说明的那样,儿童权利委员会对于最低刑龄的几乎从未中断的关注,看起来似乎是现代变化数量背后的推动力。儿童权利委员会对于提高最低刑龄的频繁建议,同样解释了不平衡的国际趋势:提高以及计划提高最低刑龄的国家数量,与降低以及计划降低最低刑龄的国家数量的比率是7:1。《儿童权利公约》批准后的最低刑龄提高步伐看起来甚至更加快,举例来说,在1989年至1998年这10年间,有11个国家提高了最低刑龄,而1999年至2007年这9年间,提高最低刑龄的国家达到28个,而且还有至少23个国家正在计划提高其最低刑龄。在这23个计划提高最低刑龄的国家中,儿童权利委员会已经在其最终的观察报告中提出最低刑龄问题的有21个。

当然,这些最低刑龄模式是《儿童权利公约》对少年司法制度中的儿童权利的更大影响的一个标志。表5.2中包括了许多这样的国家,即最低刑龄修正案只是其更广泛的改革中一个有限的方面。举例来说,《儿童权利公约》促使整个拉丁美洲对儿童在法律和社会中的地位问题,进行根本性的重新思考和重新定义,而且该公约还促使了大力倡导剔除非常规情况法条的工作。因此,表5.2中之所以列出的18个相关的国家,是因为这些国家确立或者提高了自己的最低刑龄,但更重要的是,不管是在少年司法还是在儿童保护领域,这些国家还从法律上将儿童明确定义为权利的所有者。举例来说,在墨西哥,各个州本着非常规情况精神,独立地监督和管理各自的少年司法系统,而各州正式确立的最低刑龄的范围从0岁到14岁不等。①2005年通过的宪法修正案,则要求各州建立以权利为基础的少年司法制度,将最低刑龄划定在12岁,法定最低刑罚年龄划定在18岁,对剥夺人身自由权的措施进行严格限制。而且,对于那些触犯法律但未达到最低刑龄的儿童,只能适用以保护为导向的措施。②

全球范围内关于少年司法的争论通常仍然集中于最低刑龄,这也被视为一个具有挑战性的中心问题。在许多情况下,这能够促进建设性的工作,比如叙利亚的民间团体和政

---

① García, Dilcya Samantha, UNICEF Mexico, correspondence with author, October 2005.
② *Constitución Política de los Estados Unidos Mexicanos*, as of 2006, Art. 18.

府部门的讨论导致了最低刑龄的改革。① 香港地区极为详细地审查了自己的最低刑龄规定，并征求公众和学术界的意见，这些工作最后导致了2003年的法律改革。② 类似地，苏格兰法律委员会根据内阁的要求，起草了一份关于最低刑龄这一主题的详尽的讨论稿，召开了一次辩论式的讨论会，并发表了一份正式报告，这些工作虽然最终没有导致最低刑龄的修改，但引起了广泛的共同讨论。③

虽然这些讨论面对的是提高责任年龄下限问题，但这些讨论并不一定具有建设性。举例来说，在菲律宾于2006年将最低刑龄从9岁提高至15岁之前，受联合国儿童基金会（UNICEF）支持的一项关于辍学儿童的研究，是为了支持宣传工作而进行的。④ 然而，从儿童权利的视角来看，这

---

① Uddin Siddiqui, Kamal, The Age of Criminal Responsibility and Other Aspects of the Children Act, 1974, presented at the workshop *Raising the Age of Criminal Responsibility and Other Aspects of the Children Act*, 1974, Dhaka, 16 Jan 2004.
② 除此之外，参见 Law Reform Commission of Hong Kong, *Consultation Paper on the Age of Criminal Responsibility in Hong Kong*, Wanchai, 1999。
③ 除此之外，参见 Scottish Law Commission, *Report on Age of Criminal Responsibility*, Edinburgh, 2002。
④ Ortiz, Will P., *Arrested Development: The Level of Discernment of Out-of-School Children and Youth*, Manila, Philippine Action for Youth Offenders, 2000.

项研究对语言和意象的处理是非常成问题的。研究报告称："在 18 岁的年龄层次上，在这些研究中测试的辍学儿童和青少年，其辨别能力相当于 7 岁儿童的平均水平。"而且，"很明显，大多数儿童犯罪人的道德发展水平很低，其辨别能力同样处于一个令人沮丧的水平上。"具有讽刺意味的是：这份研究报告被援引作为支持下述主张的论证方法，即：只有较大年龄的儿童才具有充分的辨别能力来承担刑事责任。果然，这份报告作出仅仅两年之后，国会议员就提交了一份法案，要求把责任年龄下限降回到 10 岁，理由是发育不成熟的儿童有实施危险性犯罪行为的倾向。

在考虑提高最低刑龄的时候，其他国家更关注于对年幼儿童采取福利性对策。20 世纪 70 年代，德国对于将其最低刑龄从 14 岁提高至 16 岁问题上，面临的压力越来越大。但这种压力在 20 世纪 80 年代的时候消散了，因为关注的焦点变成了：不满 16 岁的儿童随后应该受到怎样的对待。① 有人担心，福利性处理方式的对策会侵蚀程序保障，并且增加剥夺儿童人身自由权的不确定性。在加拿大，20 世纪 80 年代

---

① Dünkel, Frieder, Juvenile Justice Systems in Europe—Legal Aspects and Actual Developments, in UN Asia and Far East Institute for the Prevention of Crime and the Treatment of Offenders, 52 *Resource Material Series* 275, Tokyo, 1998.

初的一个普遍共识认为：对于年幼的儿童，比起刑法，通过儿童福利和心理健康框架来进行服务是更为合适的。而且，加拿大在1984年的时候将最低刑龄从7岁提高到了12岁。①然而，正如在下一节中将要讨论的那样，德国和加拿大随后都面临着降低各自最低刑龄的压力。

四、最低刑事责任年龄降低的压力：孤立的个罪影响和广泛的媒体炒作

所有的最低刑龄修正案都标志着，社会对于儿童期定义的临界点，是不断变化的。最低刑龄问题上的讨论，进入了一个广泛但经常自相矛盾的关于如下问题的想象和假定，即：关于儿童、儿童能做什么以及什么才是对于儿童的行为的恰当回应问题。结果就是，这些假想和假定经常参与到一些与儿童相关的问题的最激烈的公众对话中。虽然降低最低刑龄的做法属于少数，但本节将要说明，相关的动态却是特

---

① Augimeri, Leena K., et al., Appendix B: Children Under Age 12 Years Who Commit Offenses: Canadian Legal and Treatment Approaches, in Loeber, Rolf, and David P. Farrington, eds, *Child Delinquents: Development, Intervention, and Service Needs*, Thousand Oaks, Sage Publications, 2001.

别难以处理的。案例研究表明，媒体和政治上的哗众取宠以及其他因素，使青少年犯罪的个案深受其扰。这种爆发性的参与经常威胁着要颠覆与最低刑龄有关的规定，重新定义对儿童期的理解，甚至要引发对于整个国家儿童权利实现的重大挫折。这样的模式对于少年司法以及最低刑龄改革工作具有一些影响。

（一）英国与詹姆斯·巴尔杰（James Bulger）

最重要和最有影响力的例子是英国与巴尔杰案，虽然其主要影响的是无犯罪能力假定，而非最低刑龄本身。① 巴尔杰案的背景是英国公众舆论对国家总体形势进行猛烈抨击的时期。② 到 20 世纪 80 年代，刑事政策开始在国家话语中——包括在立法和政策领域，扮演着突出而具有戏剧性的角色。③ 大量的青少年暴力犯罪广泛且明显地被报道出来，加上不稳定的状态，只缺少最后的火花就一触即发。④ 随后，在 1993

---

① 一般参见 Cipriani, Don, *The Minimum Age of What? Criminal Responsibility, Juvenile Justice, and Children's Rights,* unpublished draft, Florence, UNICEF Innocenti Research Centre, 2002。

② Freeman, Michael, *The Moral Status of Children: Essays on the Rights of the Child,* The Hague, Kluwer Law International, 1997.

③ Sparks, Richard, et al., Children talking about justice and punishment, 8 *International Journal of Children's Rights* 191, 2000.

④ Freeman, Michael, *The Moral Status of Children: Essays on the Rights of the Child,* The Hague, Kluwer Law International, 1997.

年的利物浦，在一家购物中心里，两个 10 岁大的男孩诱骗只有两岁大的詹姆斯·巴尔杰从他母亲身边离开——一个商场的监控摄像头拍摄到了这一幕。① 这两个男孩把年幼的巴尔杰带到一个僻静的地方，用铁棍和砖头折磨并残忍地杀害了巴尔杰，然后还将巴尔杰的尸体丢弃在铁轨上。火车经过，遗体被切成两半。在当时，英国规定的最低刑龄是 10 岁。而且，10 岁至 14 岁之间是属于不承担刑事责任的无犯罪能力假定。但基于这两个儿童的辨别是非能力的状况，采取假定的要求被驳回。初审陪审团裁定这两个儿童犯罪成立，主审法官判处他们无限期拘留，英国内政大臣有权确认这种刑罚。

这个案件引起了公众前所未有的疯狂抵制。在审讯期间，敌对的人群等候着两个被告到达法庭，抗议者试图袭击押送这两名儿童的车辆。这两个孩子持续处于心理和情感上的震惊状态，然而却在审讯结束前（也就是将近 8 个月的时间）被拒绝给予治疗，以免改变可能的证据。② 虽然对正式

---

① European Court of Human Rights, *Case of T. v. the United Kingdom: Judgment*, Strasbourg, 1999.
② Freeman, Michael, *The Moral Status of Children: Essays on the Rights of the Child*, The Hague, Kluwer Law International, 1997.

的成人法庭布置和诉讼程序作了一些改动，但这两个孩子还是无法有效地参与审讯，甚至不能跟上审讯节奏。在这两个孩子被定罪之后，法官只允许公开这两个孩子的名字。但是第二天，全国各地的小报就公开了他们的名字、照片以及有关他们生活的其他细节。巴尔杰的家人发起了一场公众活动，要求判处这两个孩子终身监禁，并提交了一份有超过275 000 人签名支持判处终身监禁的请愿书。甚至在这些小报之外，大众传媒对这两个孩子进行妖魔化，并且将此提升到"一种通常只有在战争时期才会对敌人采取的道德谴责"①的高度。最后，这两个孩子被建议关押在一个安全的少年监狱服刑至少 8 年，而且他们现在已经以新的身份被释放了。

大量的评论将关注的焦点特别地放在媒体动态上，以及围绕着巴尔杰案和该案后续引发的广泛的"道德恐慌"。这跟 20 世纪 70 年代以来关于对青少年犯罪的持续性道德恐慌和青少年犯罪的实际水平二者之间的脱节的评论是相一致的。② 通过将巴尔杰案的情况简化为简易要素，以及通过呈现出一个关于"直截了当的道德信息"动态的、表面上看似

---

① King, Michael, The James Bulger Murder Trial: Moral Dilemmas, and Social Solutions, 3 *International Journal of Children's Rights* 167, 1995, p.172.

② Ruddick, Susan, Abnormal, the "New Normal," and Destabilizing Discourses of Rights, 18 *Public Culture* 53, 2006.

完整的描述——为大众消费而准备，大众传媒和司法系统都煽动了这种恐慌情绪。① 在巴尔杰案中，被宣判有罪的这两个男孩，成了邪恶残酷孩子的化身。相比之下，孩子是善良无辜的其他固有印象，就成了陪衬。这样的叙述方式造成了公众对于国家路径的更大恐慌，并且加剧了公众安全感的破碎。② 同时，这种叙述还排除了关于犯罪原因、对经济和社会可能造成的不平等与不公正的影响，以及社会为儿童提供适当服务的责任这些问题的任何严肃讨论。③ 反之，一旦最低刑龄规定使这个案件被打上犯罪问题的烙印，这些更大的视角就会淡出视线，而指责和寻找替罪羔羊则大行其道。④ 就其本身而论，正如第一章中探讨的那样，巴尔杰案揭示了

---

① Hay, Colin, Mobilization Through Interpretation: James Bulger, Juvenile Crime and the Construction of a Moral Panic, 4 *Social and Legal Studies* 197, 1995; and King, Michael, The James Bulger Murder Trial: Moral Dilemmas, and Social Solutions, 3 *International Journal of Children's Rights* 167, 1995, at 178.
② Davis, Howard, and Marc Bourhill, "'Crisis': The Demonization of Children and Young People," in Scraton, Phil, ed., *"Childhood" in "Crisis"?*, London, University College London Press, 1997.
③ 分别参见 Freeman, Michael, *The Moral Status of Children: Essays on the Rights of the Child*, The Hague, Kluwer Law International, 1997. Asquith, Stewart, When Children Kill Children: The Search for Justice, 3 *Childhood* 99, Feb. 1996; and Davis, Howard, and Marc Bourhill, "'Crisis': The Demonization of Children and Young People," in Scraton, Phil, ed., *"Childhood" in "Crisis"?*, London, University College London Press, 1997。
④ Fionda, Julia, Youth and Justice, in Fionda, Julia, ed., *Legal Concepts of Childhood*, Oxford, Hart Publishing, 2001.

司法处理方式的许多固有缺陷。

政治家们从这些形象和叙述中获得灵感,并且在政策和政治辩论中对它们加以战略性的利用。① 在整个 20 世纪 90 年代,青少年犯罪和惩罚问题成为保守党和工党之间的一个突出战场,两党各自都升级了自己的修辞和政策建议,这在很大程度上是因为巴尔杰案。② 哪个政党能够赢得公众的信任——相信其能够在混乱中恢复秩序,并且能对具有危险性的儿童采取更加严厉的制裁,这个政党就能取得最后的胜利。③ 因此,在 1997 年工党掌权的时候,当时的影子内政大臣托尼·布莱尔(Tony Blair),就指定了自己的司法议程。④ 1998 年,《犯罪与骚乱法》(Crime and Disorder Act)通过,而且正如工党政府所寻求的那样,该法令彻底废除了无犯罪能力假定。

---

① Franklin, Bob, Children's rights and media wrongs: Changing representations of children and the developing rights agenda, in Franklin, Bob, ed., *The New Handbook of Children's Rights: Comparative Policy and Practice*, London, Routledge, 2002; and King, Michael, The James Bulger Murder Trial: Moral Dilemmas, and Social Solutions, 3 *International Journal of Children's Rights* 167, 1995.

② Sparks, Richard, et al., Children talking about justice and punishment, 8 *International Journal of Children's Rights* 191, 2000.

③ Freeman, Michael, *The Moral Status of Children: Essays on the Rights of the Child*, The Hague, Kluwer Law International, 1997.

④ Sparks, Richard, et al., Children talking about justice and punishment, 8 *International Journal of Children's Rights* 191, 2000.

巴尔杰案的影响仍在继续，而且其意义不可被低估，甚至在詹姆斯·巴尔杰被谋杀的15年之后，英国首相戈登·布朗（Gordon Brown）对此仍有兴趣，将青少年违法犯罪问题作为其本届政府工作的重中之重。①

更重要的是，案件是如何通过社会自愿思考儿童和对儿童进行回应的方式，从而引起真正戏剧性转型的。无犯罪能力假定在英国扎根已经将近700年，但巴尔杰案之后仅仅5年时间，这个信条就被抛弃了。

巴尔杰案甚至在世界各地都引发了震惊和争论，特别是在欧洲和普通法系国家。在当时，好几个欧洲国家的民众都极力支持降低本国的最低刑龄。乌干达和加纳分别在1996年和1998年提高了各自的最低刑龄，并且废除了自己的无犯罪能力规定，部分原因是为了避免英国出现的问题。巴尔杰案和国内的青少年犯罪同样导致澳大利亚提出相关的建议，这些建议继续在公众议程上重新出现。② 甚至在2008年，

---

① Hinsliff, Gaby, Children's tsar seeks to ban sonic weapon used on hoodies, *Observer*, 10 Feb. 2008.
② Crofts, Thomas, Doli Incapax: Why Children Deserve its Protection, 10 *Murdoch University Electronic Journal of Law*, no.3, 2003. NSW Opposition wants criminal responsibility lowered to 10, *ABC News Online*, 2 Mar 2007. Urbas, Gregor, The Age of Criminal Responsibility, *Trends & Issues in Crime and Criminal Justice* 181, Australian Institute of Criminology, November 2000.

巴尔杰案继续引发强烈共鸣；在报道关于南非《儿童司法法案》(Child Justice Bill) 的国会辩论时，新闻界几乎将全部注意力都集中在巴尔杰案和最低刑龄问题上。

（二）美利坚合众国

虽然和英国有一些相似之处，但美国的情况还是为最低刑龄带来了其他的悖论和洞察力，其中包括一个不知何故在过去单独被抛弃的争论。① 无论是历史上还是在今天，美国在青少年司法和青少年犯罪对策领域具有广泛的影响力，而且，美国可以说是受到最广泛研究的国家。不管怎样，与世界上所有其他国家关于青少年司法的大量争论相比，国际性的儿童权利仍然属于新的概念，而且在最低刑龄问题上还没有全国性的讨论。具有讽刺意味的是，这些理由使美国成为一个特别重要的研究案例：最低刑龄在对于儿童的极端影响问题上，为何极少被提及？

在美国，各个州以及哥伦比亚特区，都自行制定法律，并有各自的青少年司法系统。正如表 5.1 所示，美国只有 15

---

① 一般参见 Cipriani, Don, *The Minimum Age of What? Criminal Responsibility, Juvenile Justice, and Children's Rights*, unpublished draft, Florence, UNICEF Innocenti Research Centre, 2002。

个州制定了最低刑龄条款，这些州规定的最低刑龄从 6 岁到 10 岁不等，而且均未达到正在形成的最低 12 岁的国际标准。在其余各州，以及非常有限的联邦青少年司法管辖区中，对于儿童罪犯的审判，根本不存在最低年龄限制。这种状况看起来像是早期少年司法制度的最初理由和预定目标的历史遗留物。如第一章所述，既然福利性方式的目的是治疗而非惩罚，那么为了给儿童予推定的帮助，就规定更低的最低刑龄就不合理。的确，这种逻辑通常会引导各州——要么通过立法，要么通过司法裁决的方式，废除少年法庭中无需承担刑事责任之无犯罪能力假定之因的可行性。① 明显是惩罚性和报复性制裁的范围，随着时间的推移而扩大，以及美国联邦最高法院在儿童诉讼权利上的历史性裁决，均已经不能引起对于最低刑龄之作用的任何重新思考。

---

① 参见 Carter, Andrew M., Age Matters: The Case for a Constitutionalized Infancy Defense, 54 *Kansas Law Review* 687, 2006; and Thomas, Tim A., *Annotation: Defense of Infancy in Juvenile Delinquency Proceedings*, 83 ALR4th 1135, 1991 and August 2002 Supplement。Criminal proceedings were considered a wholly separate matter, however, and common law rules on children's criminal responsibility(i.e., an MACR of 7 years and *doli incapax* presumption between 7 and 14 years) generally continued to apply in adult criminal courts both before and after the emergence of distinct juvenile justice systems. In fact, jurisprudence in approximately 20 states still holds the *doli incapax* presumption available in adult criminal courts, although case law is dated and largely ignored。

实际上，在当代美国的话语中，可能留给最低刑龄问题的只有很小的讨论空间。关于年龄和儿童的争论，已经常常由违法犯罪的讨论演变为哗众取宠，以及年龄问题上的政治操控——达到使特定年龄儿童进入成人刑事司法系统。在基本达到恒定水平之后，也就是20世纪80年代的大部分时间里，青少年暴力犯罪的逮捕率从1989年到1993年呈现出空前的增长态势，然后从1994年到（至少）2003年又经历了长时间的下降，降低水平低于20世纪80年代。[1] 不管怎样，在大众传媒的持续煽动下，短时间的暴力犯罪增长在整个20世纪90年代足以引发一场前所未有的公众讨伐。[2] 关于校园暴力和枪击事件、所谓的"超级掠夺者"青年以及非常年轻者实施的残忍行为等主题，哗众取宠的宣扬呈指数级增长。

这种程度的比喻和尖酸刻薄的批判破坏了关于少年司法的讨论。举例来说，1994年的一项关于国内新闻媒体、新闻广播以及选定的全国性报纸对儿童问题报道的研究表明，在有关儿童问题的内容中，几乎一半的电视新闻报道和大约

---

[1] Snyder, Howard N., and Melissa Sickmund, *Juvenile Offenders and Victims: 2006 National Report*, Washington, United States Department of Justice, Office of Juvenile Justice and Delinquency Prevention, 2006.

[2] Dorfman, Lori, and Vincent Schiraldi, *Off Balance: Youth, Race & Crime in the News*, Washington, Justice Policy Institute, 2001.

40%的报刊文章，都是关于暴力和犯罪的。① 在有关儿童的大约4%的电视和报刊报道中，儿童贫困与福利问题被覆盖了，对于在青少年问题上的政策选择和策略之讨论非常有限。公众的知识库明显受到了影响，特别是由于大多数人对青少年犯罪几乎或完全没有个人知识或经验，而是仅仅根据媒体的报道形成自己的观点。② 尽管青少年暴力犯罪率10年来持续下降，而且青少年犯罪率达到了25年来的最低水平，一项全国性的民意调查显示，超过90%的公众仍然认为，青少年暴力犯罪的百分比在过去的10年里呈增长态势或者持平。③

秉持这样的青少年司法观点，除内布拉斯加外的美国各州在1992年至1999年之间修改了各自的法律，进而使将儿童作为成年人起诉变得更加容易，这促使被作为成年人进行起诉的儿童数量急剧增加。④ 截至1996年，在所有的青少年犯罪者

---

① Shepherd, Jr., Robert E., Film at Eleven: The News Media and Juvenile Crime, 18 *Quinnipiac Law Review* 687, 1999.
② Dorfman, Lori, and Vincent Schiraldi, *Off Balance: Youth, Race & Crime in the News*, Washington, Justice Policy Institute, 2001.
③ Guzman, Lina, et al., How Children Are Doing: The Mismatch between Public Perception and Statistical Reality, *Child Trends Research Brief*, Washington, Child Trends, July 2003.
④ Griffin, Patrick, National Overviews, *State Juvenile Justice Profiles*, Pittsburgh, National Center for Juvenile Justice, 2000; Shook, Jeffrey J., Contesting Childhood in the US Justice System: The transfer of juveniles to adult criminal court, 12 *Childhood* 461, 2005.

中，每年有大约20%到25%的人——儿童的数量在21万到26万之间，在成人刑事法庭被起诉。① 直到最近，鉴于有非常明确的证据表明，对儿童进行成人式审判与量刑会产生消极和促使犯罪的影响，才使有些州开始重新考虑这些政策。②

另外，由此导致的最低刑龄规定和成人法庭审判之间的重叠部分是非常大的。在没有最低刑龄条款适用于青少年法庭的18个州中，在成人法庭中同样没有刑事责任的最低年龄限制。③ 根据各种各样的规定，这些州的儿童在任何年龄段都可能作为成年人受到起诉。此外，在这18个州中，有5个州对于被指控犯有某些特定罪行的所有年龄段的儿童，实际上授权按照成年人的程序进行起诉。④

这些激进法律之发展，反映了对儿童时期的意义和边界

---

① Bishop, Donna M., Juvenile Offenders in the Adult Criminal Justice System, 27 *Crime and Justice* 81, 2000.
② Campaign for Youth Justice, *The Consequences Aren't Minor: The Impact of Trying Youth as Adults and Strategies for Reform*, Washington, 2007.
③ 阿拉斯加州、特拉华州、哥伦比亚特区、佛罗里达州、乔治亚州、夏威夷州、爱达荷州、印第安纳州、缅因州、内布拉斯加州、内华达州、俄克拉何马州、俄勒冈州、宾夕法尼亚州、罗得岛州、南卡罗来纳州、田纳西州、西弗吉尼亚州。参见 Table 5.1 and Griffin, Patrick, Transfer Provisions, State Juvenile Justice Profiles, Pittsburgh, National Center for Juvenile Justice, 2006。
④ Delaware, Florida, Indiana, Nevada, and Pennsylvania. See Table 5.1 and Griffin, Patrick, Transfer Provisions, State Juvenile Justice Profiles, Pittsburgh, National Center for Juvenile Justice, 2006.

进行重新定义遭遇的困境。同时，它们也是对围绕着儿童时期的制度建设的一个主要反思，以及对影响青少年的根本社会和经济政策的显著偏离。① 现在，学校——所谓的从学校到监狱路径的一部分，在有辱人格的对待、虐待性惩戒措施、纪律措施中的警察干预，甚至在逮捕和警察过度使用武力中——成了主要的场所。② 这样的孩子被故意劝告离校、暂时停学、转校或者被学校开除。这些目标的实现，还包括利用了家庭；现在各州的常见做法是，对于孩子的违法行为追究其父母的刑事责任。③ 这种刑法调整范围的大幅度扩张违反了普通法的标准。由此，儿童权利委员会明确劝阻其他国家不要这样做。④

---

① Shook, Jeffrey J., Contesting Childhood in the US Justice System: The transfer of juveniles to adult criminal court, 12 *Childhood* 461, 2005.
② 除此之外，参见 Christle, Christine A., et al., Breaking the School to Prison Pipeline: Identifying School Risk and Protective Factors for Youth Delinquency, 13 *Exceptionality* 69, 2005; and Sullivan, Elizabeth, *Deprived of Dignity: Degrading Treatment and Abusive Discipline in New York City & Los Angeles Public Schools*, New York, National Economic and Social Rights Initiative, 2007。
③ Brank, Eve M., et al., Parental Responsibility Statutes: An Organization and Policy Implications, 7 *Journal of Law & Family Studies* 1, 2005.
④ 参见 Brank et al., Brank, Eve M., et al., Parental Responsibility Statutes: An Organization and Policy Implications, 7 *Journal of Law & Family Studies* 1, 2005; Committee on the Rights of the Child, *General Comment No. 10: Children's rights in juvenile justice*, CRC/C/GC/10, 25 Apr. 2007, pars. 8 and 23; Nicholas, Deborah A., Parental Liability for Youth Violence: The Contrast between Moral Responsibilities and Legal Obligations, 53 *Rutgers Law Review* 215, 2000。

（三）全球各国重复的模式

英和美国的动态发展中的许多方面，对全球范围内的最低刑龄讨论起了直接作用。在一些国家，对青少年犯罪的过度恐惧阻碍了关于最低刑龄的争论，并且缩减了最初设想的提高年龄下限。瑞士的最低刑龄提高——从之前的7岁可能提高至12岁、14岁甚至是16岁，就因为对于年幼儿童实施的严重犯罪以及不知道如何应对该问题之担忧，而在提高至10岁的时候就被叫停了。[①] 在诸如新西兰、孟加拉国以及乌拉圭这些国家，由于类似的阻力，改革最低刑龄的努力遭到了反对或者减少。在其他国家，公众舆论对降低最低刑龄造成了压力。对青少年暴力犯罪的担忧——和带有降低最低刑龄目的的重要讨论一样，导致芬兰民众呼吁降低最低刑龄。此外，荷兰和圣卢西亚也面临着类似的紧张关系。[②] 在一些拉丁美洲国家，由于各国的非常规情况后少年司法制度

[①] Zermatten, Jean, *The Swiss Federal Statute on Juvenile Criminal Law*, presented at the Conference of the European Society of Criminology, Amsterdam, August 25—28, 2004.

[②] Marttunen, Matti, Finland: The Basis of Finnish Juvenile Criminal Justice, 75 *International Review of Penal Law(Revue internationale de droit pénal)* 315, 2004. Meuwese, Stan, ed., *KIDS BEHIND BARS: A study on children in conflict with the law*, Amsterdam, Defence for Children International The Netherlands, 2003. Committee on the Rights of the Child, *Compte rendu analytique de la 1026e séance*, CRC/C/SR.1026, 24 May. 2005.

和最低刑龄条款的确立,公众的敌意变得非常普遍,并且导致建议降低最低刑龄。①

在德国和加拿大,公众压力同样威胁着降低最低刑龄,这两个国家之前已正如本章前面讨论的那样,已经出现了提高最低刑龄的趋势。在德国,到20世纪90年代,不断上升的青少年犯罪率导致一些政治家呼吁将最低刑龄从14岁降低至12岁。② 最近,一名希腊青少年和一名年轻的土耳其成人在慕尼黑地铁中残忍地袭击了一位德国老年人之后,一位州长开始围绕严厉打击犯罪的主题,为州议会选举积极奔走。特别是,这位州长建议对移民儿童要严格适用比12岁更低的最低刑龄,这是德国总理安格拉·默克尔(Angela Merkel)普遍支持的几项歧视性竞选提议之一。③

在1984年将最低刑龄从7岁提高至12岁之后的十年

---

① 比如巴西、洪都拉斯以及尼加拉瓜。
② Kerner, Hans-Juergen, Crime Prevention, Prospects and Problems: The Case of Effective Institutional Versus Community-Based Treatment Programmes for Prevention of Recidivism among Youthful Offenders, in UNAsia and Far East Institute for the Prevention of Crime and the Treatment of Offenders, 68 *Resource Material Series* 35, Tokyo, 2006.
③ "German coalition shaky over juvenile crime row," *EuroNews*, 15 Jan. 2008. Kulish, Nicholas, "Attack Jolts Germany Into Fray on Immigrant Crime," *New York Times*, 14 Jan. 2008.

间,加拿大在最低刑龄问题上的思考发生了重大转变。① 大约75%的民众随后支持降低最低刑龄,这和公众对于青少年犯罪的成因、比率以及所谓的宽容应对的普遍误解和愤怒——媒体对此起到了推波助澜的作用,是有关联的。② 加拿大司法部在2002年制定的一项青少年司法法令中,游说要将最低刑龄从12岁降低至10岁,这在很大程度上是基于其认为根本不存在有效的方式来解决年幼儿童犯罪问题,但这个提议最后以失败告终。

在已经降低其最低刑龄的国家中,日本紧随英国和美国之后,于2007年5月进行了改革,将最低刑龄从14岁有效地降低至11岁。在20世纪90年代对警察丑闻的负面报道之后,执法人员为了恢复自己的形象,开始越来越多地报道相对轻微的犯罪。③ 官方公布的犯罪率飙升,这反过来引发了公众对所谓的公共安全崩溃的普遍不满。1998年和2004

---

① 除此之外,参见 Covell, Katherine, and R. Brian Howe, Public attitudes and juvenile justice in Canada, 4 *International Journal of Children's Rights* 345, 1996。

② Roberts, Julian V., Public Opinion and Juvenile Justice, in Tonry, Michael, and Anthony N. Doob, eds., *Youth Crime and Youth Justice: Comparative and Cross-National Perspectives*, Chicago, University of Chicago Press, 2004.

③ Hamaia, Koichi, and Thomas Ellis, Crime and criminal justice in modern Japan: From re-integrative shaming to popular punitivism,34 *International Journal of the Sociology of Law* 157, 2006.

年的调查显示,即使日本的暴力犯罪率持续保持在较低水平,而且日本一直属于犯罪率最低的工业化国家之一,但在日本国内,认为犯罪形势日益恶化的民众之比例,仍然增加了一倍。在这种背景下,借助于耸人听闻的报道、令人震惊的头条以及不全面、不正确的报告,21世纪初,媒体对孤立的一系列儿童实施的极端暴力犯罪大加利用。① 这颠覆了民众对儿童的看法,并且扭曲了青少年犯罪的现实情况。在一个将近有1.27亿人口的国家,未满之前规定的14岁最低刑龄的儿童实施谋杀案的数量,在20世纪90年代为每年大概两起,2001年是10起,2001年以来是每年3到6起之间。②

随着日本民众越来越多地支持采取惩罚性控制措施和制裁,追求轰动效应的恐惧连锁反应仍在继续。③ 与过去几十年相比,犯罪和公共安全在政治上变得愈发重要,而且政治

---

① Arudou, Debito, "Upping the fear factor," *The Japan Times*, 20 Feb. 2007.
② Kinoshita, tsukasa, Juvenile law change raises questions; reform or punishment—how young is too young to send kids to reformatories?, The Daily Yomiuri, 21 Apr. 2007.
③ Hamaia, Koichi, and Thomas Ellis, Crime and criminal justice in modern Japan: From re-integrative shaming to popular punitivism, 34 *International Journal of the Sociology of Law* 157, 2006. 也可参见 Foljanty-Jost, Gesine, ed., *Juvenile Delinquency in Japan: Reconsidering the "Crisis"*, Leiden, Brill, 2003。

压力转化为法律和政策改革。① 日本采取的第一项措施是在 2001 年将其法定刑年龄——成人刑事法庭审判的最低年龄，从 16 岁降低至 14 岁。为了寻求进一步的改革，一位法务大臣明确指出，在日本首相强硬的安全议程中，把青少年犯罪和国际恐怖主义同时并列为两个最令人担忧的问题。② 在推进这一议程的时候，政府最初起草的立法草案将有效的最低刑龄设定为 0 岁。③ 最后颁布实施的改革措施是将有效的最低刑龄划定在 11 岁，同时允许超过 11 岁的儿童在司法部矫正局的监督下参加青少年训练学校。

从 20 世纪 90 年代开始，政府开始担忧保守政治、种族矛盾以及青年移民等问题，法国也经历了对其青少年司法制度的福利规则提出挑战的类似压力。④ 不断上升的儿童犯罪率，帮

---

① Arudou, Debito, Upping the fear factor, *The Japan Times*, 20 Feb 2007; and Hamaia, Koichi, and Thomas Ellis, Crime and criminal justice in modern Japan: From re-integrative shaming to popular punitivism, 34 *International Journal of the Sociology of Law* 157, 2006.
② Ito, Masami, Justice chief's mandate: make Japan safe, refugee-friendly, *The Japan Times*, 2 Oct. 2004.
③ Lawmakers eye lowering age for sending juveniles to reformatory to 12, *Kyodo News Service*, 17 Apr. 2007.
④ Peeler, Calvin, Always a Victim and Never a Criminal: Juvenile Delinquency in France, 22 *North Carolina Journal of International Law and Commercial Regulation* 875, 1997.

助强化了这样一种观点,即:青少年犯罪比以往任何时候都更严峻。要求实施更严厉的青少年司法的压力,导致了法律的修正。该修正案是在1996年的一项紧急措施中颁布的,鼓励采取更加迅速、更为明确的惩罚,即通过将所有具备辨别能力的儿童规定为具有刑事责任能力——从而回归到1791年至1912年间有效的标准,并且通过创设一类新的更严厉的教育性制裁。2002年进一步进行改革,继续了这一趋势。[1] 随后,作为其主要的政策目标之一,当时的内政部长尼古拉斯·萨科齐(Nicolas Sarkozy)仍然在利用骇人听闻的统计数据来推行更具惩罚性的措施。[2] 就任法国总统伊始,萨科齐就迅速兑现了其竞选时的一个关键承诺,并游说通过了一项"反犯罪"法案,对某些儿童判决处以成年人的刑事制裁。[3]

---

[1] Bongert, Yvonne, Délinquance juvénile et responsabilité pénale du mineur au XVIIIe siècle, in Abbiateci, André, et al., *Crimes et criminalité en France sous l'Ancien Régime: 17e—18e siècles*, Paris, Librairie Armand Colin, 1971. Pradel, Jean, Quelques observations sur le statut pénal du mineur en France depuis la loi No2002—1138 du 9 septembre 2002, 56 *Revue internationale de droit comparé* 187, 2004.

[2] *Loi 2007—297 du 5 Mar 7 relative a la prévention de la délinquance.* Associated Press, French Interior Minister says youth delinquency has soared 80 percent in 10 years, *International Herald Tribune*, 13 Sept. 2006.

[3] Associated Press, Tougher punishments for repeat offenders, including children, *International Herald Tribune*, 9 Jul. 2007.

另一个已经降低其最低刑龄的国家格鲁吉亚，一直在努力应对持续的社会转型；对于青少年犯罪，这种社会转型包含了许多恐惧、焦虑和明显的报复性反应。直到1999年，14岁的最低刑龄仅仅适用于某些相对严重的犯罪，而对于所有其他的犯罪，刑事责任年龄是16岁。到了1999年，作为一项强硬的措施，14岁的年龄下限开始适用于所有的犯罪，而且从1999年以后，14岁和15岁的定罪数量稳步上升。① 与此同时，媒体关于几个青少年谋杀案的煽动性报道引发了民众对于青少年犯罪的普遍不安情绪，由此导致越来越多的人支持将最低刑龄从14岁降低至12岁。② 青少年司法政策日益成为一项零容忍和过度依赖剥夺人身自由权的政策。在学校——联想起美国的情形——教育部正在部署金属探测器、安全摄像机以及警察局进入校园并对学生进行搜身检查。就降低最低刑龄的建议而言，最常被援引的理由可能是，12岁和13岁的儿童"正扮演着黑街太保（Kingpins）的角色，并

---

① Hamilton, Carolyn, *Analysis of the Juvenile Justice System in Georgia*, Tbilisi, UNICEF Georgia, 2007. World Organisation against Torture, *Violence against Children in Georgia: An Alternative Report to the UN Committee on the Rights of the Child on the Implementation of the Convention on the Rights of the Child: 47th session, January 2008*, Geneva and Tbilisi, 2007.
② Rimple, Paul, Georgia Grapples with Rising Teenage Crime, www.eurasianet.org, 19 June 2007.

且参与了大量的犯罪活动，还吹嘘着自己可以逍遥法外。"但这一结论只能得到传闻证据的支持，而不是犯罪统计数据的结果。① 在格鲁吉亚，制定了新法律——计划于2008年生效。该法律对于特定的严重犯罪，将最低刑龄降低至12岁。在对该法的注释中，格鲁吉亚政府将这种最低刑龄的改变描述为一种工具，借此让孩子们对自己的行为更加负责，并使其"对惩罚感到恐惧。"② 通过类似的一系列压力和回应，斯洛伐克最近将其最低刑龄从15岁降低至14岁。与此同时，捷克共和国看起来似乎也准备采取同样的措施，只不过带有强烈的种族主义和歧视性色彩。③

---

① Hamilton, Carolyn, *Analysis of the Juvenile Justice System in Georgia*, Tbilisi, UNICEF Georgia, 2007, p.47. Georgia has claimed that incomplete facilities arrangements will prevent the amendments from entering into force for the foreseeable future, and that its Ministry of Justice supports discussions in Parliament to nullify the amendments completely. Committee on the Rights of the Child, *Written Replies by the Government of Georgia to the List of Issues Prepared by the Committee on the Rights of the Child in Connection with the Consideration of the Third Periodic Report of Georgia*, CRC/C/GEO/Q/3/Add.1, 20 May. 2008, par. 48. Georgia, *Additional Information on the Implementation of the Convention on the Rights of the Child in Respect of the Third Periodic Report of Georgia*, circa May. 2008.
② Human Rights Watch, *Georgia: Lowering the Age of Criminal Responsibility Flouts International Standards*, New York, 11 Jun. 2007.
③ ČTK, Extremist National Guard to watch Karlovy Vary school, *Prague Daily Monitor*, 24 Jun. 2008. O'Nions, Helen, A litmus test for civil society, *Guardian Unlimited*, 31 July 2002.

(四)在修改最低刑龄的时候要谨慎行事

上述对于各国争论的研究,旨在探寻最低刑龄条款下重新定义儿童期对于当代的主要影响。很明显,从国际性的更大范围看,这是一个特别有争议的问题。该问题涉及不断重新定义儿童期的边界,以及社会对儿童的监管、保护和谴责等问题。近年来,最具国际影响力的无疑是《儿童权利公约》的报告程序,这与将近 65 个提高或者建议提高最低刑龄的国家有关。然而,在这一明显的最低刑龄趋势背后,是许多国家的年幼儿童单独实施的暴力犯罪、哗众取宠的媒体报道、民众对青少年犯罪的错误认识,以及利用人们对丧失政治利益的恐惧而采取的民粹主义策略等等的爆炸性混合。本文对这一问题研究的重点不是要轻视青少年犯罪——这是个人行为和社会层面的后果,也不是要对媒体和政客进行谴责。正好相反,正如国际青少年司法标准普遍认可的那样,公共安全无疑是十分重要的。① 一般来说,公众舆论、大众媒体资讯和报道,以及政治妥协,这些都是各个国家合理的压力和动力。②

儿童权利在青少年司法中的长期存在,取决于能否与公

---

① 例如参见 Beijing Rules, Rule 17 and Commentary。
② 例如参见 CRC Art. 17, and UN Standard Minimum Rules for Non-Custodial Measures, Rule 18.3。

众舆论、实际的和被感知的青少年犯罪、媒体以及政治现实达成一致。如果缺乏共同基础,扭曲性争论、报复性倾向,以及打着安全和正义的幌子剥夺儿童程序权利和实体权利等威胁就会出现。这样的政策远远不止于修改最低刑龄,而且在对于更广泛的儿童权利发展方面会造成切实的损害,这确实是值得注意的问题。①

负责任和有职业道德的新闻工作,在展现儿童形象中的作用是本文研究的重要目标之一。② 同样地,我们也需要国家来扮演制定法律和政策的角色——本着诚信善良原则,其中就包括国家要确保落实儿童权利的根本责任。尽管在诸如法国、日本和英国此类国家的政府最高层存在着这样的政治化利用,但对青少年犯罪进行政治化利用是与这一根本责任相冲突的。越来越多具有理智和参与意识的民众,也帮助促进了儿童权利的落实,其中包括通过人权和儿童权利教育的形式,以及通过稳定的民主制度和民主决策的方式。政府在

---

① Hamilton, Carolyn, and Rachel Harvey, The Role of Public Opinion in the Implementation of International Juvenile Justice Standards, 11 *International Journal of Children's Rights* 369, 2004.
② Tobin, John, Partners worth courting: The relationship between the media and the Convention on the Rights of the Child, 12 *International Journal of Children's Rights* 139, 2004.

所有这些领域都发挥着主导作用，可以对民主社会、儿童权利组织以及其他部门进行明确授权。①

其他的影响包括对最低刑龄进行改革，这种动态的努力能帮助获得更多的经验教训。如第二章所述，比起"福利—司法"和"受害者—犯罪者"分歧，儿童权利框架提供了对于儿童的更丰富的理解。在提倡者基于作为受害者的儿童或者作为无辜者的儿童话语——在最低刑龄改革中，而提出他们的策略的情况下，忠实地想象和表达以权利为基础的正义之意义，是很难实现的。这种策略也忽视了它无意中导致的陷阱。各国的经验反复表明，很容易将最低刑龄的提高描述为对儿童的不重视，这在某些情况下准确地表达了支持者的意图。单独一起青少年暴力犯罪足以使"受害者—犯罪者"这种区分遭受致命一击，而且，作为受害者的儿童这种叙述很快就会屈从于作为犯罪者的儿童所造成的恐慌。这些会给个别儿童带来实实在在的后果，而且这种强烈反对会削弱儿童权利议程中的更重要的其他因素。这个更广泛的议程包括培育一种持久的社会价值观念，即公平和有尊严地对待所有

---

① 也可参见 Hamilton, Carolyn, and Rachel Harvey, The Role of Public Opinion in the Implementation of International Juvenile Justice Standards, 11 *International Journal of Children's Rights* 369, 2004。

儿童，以及创建一种持之以恒这样做的制度。一些狭隘的最低刑龄改革可能会使这种争论偏离主题，并且分散大家对于必要的体制改革的注意力和压力。

提倡者明显需要对媒体影响、公众舆论以及政治决策压力点有十分清楚的了解，但这些都是实现目的——即有效落实所有儿童的权利——的手段，而且这些手段必须与目的相一致。举例来说，这一原则并没有进一步运用所谓的为了儿童利益之想象——正如前文提到的菲律宾的识别研究那样，根据第二章中得出的一个替代方案，即：将最低刑龄改革和应对年幼儿童问题的综合性政策结合起来，这能提供一些适当的责任形式。① 一系列有效的措施先发制人地宣称，儿童基于某种原因是无需承担责任的，这有助于消除作为犯罪者的儿童所造成的恐慌之威胁，并且充分尊重了国际性标准。

五、作为国际法一般原则的最低刑事责任年龄

正如日本所寻求的以及法国已经实现的那样，一些强化

---

① 亦可参见第六章中关于未达到最低刑龄的儿童问题的应对措施。

青少年司法的运动不仅试图降低最低刑龄，而且企图完全废除最低刑龄制度。在美国，大约三分之二的州没有规定最低刑龄，部分原因是由于报应性的青少年司法的强大动力。这些例证对创建最低刑龄制度的各种道德和法律命令——这在前面的章节中已经有过论述，特别是第三章所述的那些区域性和国际性法律文本中的授权，提出了挑战。此外，这些例证还提出了这一问题，即各个国家是否面临着需要确立各自的最低刑龄的额外要求——特别是在条约规定的法律义务之外的要求。

同时，第三章还阐述了第一个主张，即在最低刑龄问题上，存在一项国际法的一般原则，该主张是在《日内瓦公约第一附加议定书》的起草过程中被提出来的。国际法上的一般原则是一种具有约束力的国际法渊源——也就是说，国际法一般原则能够衍生出独立于条约法的国际法律义务。[1] 因此，对这样一种有关最低刑龄的原则的承认或者确认，绝非无足轻重的事情。在《日内瓦公约第一附加议定书》起草的时候，参与起草者一致认为存在着这样一项一般原则，即在

---

[1] Bassiouni, M. Cherif, A Functional Approach to "General Principles of International Law", 11 *Michigan Journal of International Law* 768, Spring 1990; and "General principle of law," *Black's Law Dictionary*, 7th ed., 1999.

犯罪行为发生时，如果行为人不能理解自己行为的后果，那么行为人就不能被判有罪。由于在可能的刑事责任的最低年龄问题上存在分歧，这一原则是否适用取决于各国的国内法规定，而且从议定书起草之后直到现在，这个问题就基本上被遗忘了。

本文研究的有关全球范围内的最低刑龄的信息，使我们能够重新评估是否存在一项与最低刑龄相关的国际法一般原则。最重要的是，国际法的一般原则或通用规则是"各国法律制度的体现"，能够从世界主要法律制度所共同遵循的一般原则中衍生出来。① 一般而言，人们认为，国际法一般原则或规则已经被各国作为国际法规则而得到普遍认可，因为这些原则和规则是直接从世界各地的法律制度中衍生出来的。② 事实上，判断某一特定的基本司法原则是否符合一项国际法一般原则的最低要求的最佳方式，是看该特定原则是否存在于联合国成员国的国内法律中。③ 归纳研

---

① Bassiouni, M. Cherif, A Functional Approach to "General Principles of International Law", 11 *Michigan Journal of International Law* 768, Spring 1990; and "General principle of law," *Black's Law Dictionary*, 7th ed., 1999, p.768.
② Kennel, John R., International Law, 48 *Corpus Juris Secundum* §2, June 2007.
③ Bassiouni, M. Cherif, A Functional Approach to "General Principles of International Law", 11 *Michigan Journal of International Law* 768, Spring 1990; and "General principle of law," *Black's Law Dictionary*, 7th ed., 1999.

究法被用来识别"一项法律原则的存在",而且,一项既定原则被重复的次数越多,它得到的尊重就越多。① 但重点在于:各国规范所依据的法律原则或法律规则,应具有一致性。

正如附件2中最全面显示的以及本章前文所讨论的那样,世界上几乎所有的国家都确立了一个最低刑龄。在所划定的这些年龄层次背后,许多释义的细微差别是可以辨别出来的,包括法律的确定性、管辖权问题、儿童承担刑事责任的能力以及青少年政策。然而,所有这些利益对于在法律中规定的最低刑龄而言,导向了更广泛的法律缘由:未达到某些特定且固定的年龄界限的儿童,不应该被要求对自己的行为承担刑事责任。第四章说明了这一共同原则是如何从所有主要法律体系各自的历史发展中衍生出来的,以及伊斯兰法中唯一的青春期例外,是如何与这一共同原则相调和的。此外,正如本章所解释的以及逐个国家进行识别的那样,这一原则包含了下述理念:未达到法定年龄下限的儿童,不应该面临蕴含着刑事责任或刑事程序的惩罚或者制裁。对这个一

---

① Bassiouni, M. Cherif, A Functional Approach to "General Principles of International Law", 11 *Michigan Journal of International Law* 768, Spring 1990; and "General principle of law," *Black's Law Dictionary*, 7th ed., 1999, p.809.

般性的刑法原则的几乎普遍接受，似乎会将这个原则提升至国际法一般原则的地位。

事实上，只有8个国家没有宣称在法律中规定最低刑龄，或者没有有效地承认在法律中规定了最低刑龄。① 本文研究的最低刑龄被分类为0岁或者青春期的其他15个国家，仍然援引或者规定了相关的法定年龄下限作为其最低刑龄的条款。② 换言之，这15个国家在形式上支持基本的法律原则并参照了相关的规范，但是，经验研究的结果要么驳斥了这些规范作为有效的最低刑龄条款，要么明确了进一步的规定，即对于某些特定的犯罪，以青春期为标准或者根本就没有年龄限制，来进行刑事责任的分配。从这个意义上来说，本文研究所关注的不仅是法律文本中的问题，也包括实践中儿童的刑事责任问题。与此相反，一般原则是建立在对现有原则——与相关规范的存在相对的——之认可的经验证据基础上的，而不谈对现有原则之应用以及在实践中受到

---

① 柬埔寨（目前正处于确立最低刑龄的过程中）、刚果民主共和国、法国、毛里求斯、瑙鲁、波兰、索马里以及美国。参见附件2以及与儿童权利委员会的审议工作有关的各个文件。
② 参见表5.1中对于巴林、科摩罗、古巴、卢森堡、马来西亚、马尔代夫、马绍尔群岛、密克罗尼西亚、莫桑比克、尼泊尔、尼日利亚、巴基斯坦、沙特阿拉伯、所罗门群岛以及苏丹的各个脚注。

实际保护之程度的争论。① 各国仍然公开且正式地宣称在法律中规定了最低刑龄条款，以及各国援引法律条文和年龄限制来说明这一点，这些事实就是各国对这个一般原则之认可的证据，尽管各国在实践中存在着不一致性或者有问题的做法。

《儿童权利公约》虽然极大地影响了最低刑龄的趋势，但实际情况是，当前的最低刑龄条款并不仅仅只是反映了各个国家在努力遵守《儿童权利公约》规定。② 如前文所述，本文研究同时也再一次从法律文本和实践的视角，对自1989年《儿童权利公约》通过以来已经确立或者提高最低刑龄的40个国家进行了统计；在这些国家中，有19个国家提高了最低刑龄。其中18个是拉丁美洲国家，这些国家放弃了非常规情况的规定，并且将实质性的最低刑龄规

---

① 参见 Bassiouni, M. Cherif, Human Rights in the Context of Criminal Justice: Identifying International Procedural Protections and Equivalent Protections in National Constitutions, 3 *Duke Journal of Comparative & International Law* 235, 1993; and Bassiouni, M. Cherif, A Functional Approach to "General Principles of International Law", 11 *Michigan Journal of International Law* 768, Spring 1990; and "General principle of law", *Black's Law Dictionary*, 7th ed., 1999。
② 相关的讨论参见 Happold, Matthew, *Child Soldiers in International Law*, Manchester, Manchester University Press, 2005。

定法典化。类似地，葡萄牙被认为是采取福利型青少年司法方式的国家，在过去，葡萄牙对于惩罚性制裁似乎没有规定任何有效的较低年龄限制。但是在1999年，葡萄牙建立了明确的青少年司法犯罪管辖权并确立了最低刑龄。在过去，这些国家一直宣称在各自的国家法律中规定了最低刑龄——这些年龄实际上是这些国家刑法典中法定的最低年龄。这些国家一直宣称遵守最低刑龄原则，但在实际执行的时候却不断动摇。自《儿童权利公约》通过以来，从表面上看只有不丹和印度尼西亚第一次支持最低刑龄背后的规则，并且将他们的最低刑龄规定法典化。事实上，最低刑龄规定背后的国际法一般原则，在时间上似乎先于《儿童权利公约》。

然而，世界各国最低刑龄规定的变化、范围及分布，通常来说阻碍了对这样一个国际法一般原则的进一步总结。就强制性的年龄层次、对于其他犯罪行为的第二层次的年龄限制，或者无犯罪能力以及对于儿童可能的承担刑事责任进行相关的个体化评价而言，似乎不可能作出任何这样的总结。最多可以说，这种说法可能是正确的——正如全球范围内的最低刑龄规定背后的基本原理所广泛反映的那样，即：各个国家不能将自己的最低刑龄设定在（从规范上来说）儿童不可能被期待理解自己的行为可能产生的后果这一年龄层次上。[①] 然而，正如本文研究所论述的那样，这是一个非常模糊的标准，以至于可以适用于儿童期的各个阶段。正如第二章和第六章所表明的那样，可以想象的是，围绕儿童在庭审过程中的有效参与权利的进一步研究和法律发展，能够帮助得出一个更加客观的基础。

最后，目前的分析认为，存在着一个有约束力的国际法一般规则，即所有的国家都必须通过法律规定一个年龄下限，在实施其行为的时候低于该年龄下限的儿童不能被追究刑事责任或者面临惩罚性制裁。这一规则为所有国家带来了法律义务，而不考虑条约法的承担义务情况如何。这一规则是否会在国内法院、地区性法庭以及/或者国际法庭中直接引起人们的争论，这取决于各个国家和地区的法律制度。这对本文研究中特别提到的没有规定最低刑龄或者缺乏有效的最低刑龄的 23 个国家来说尤其重要。特别是，欧洲人权法院的判例表明，它可能是审议这一明显的一般原则的平台。

[①] Happold, Matthew, *Child Soldiers in International Law*, Manchester, Manchester University Press, 2005.

结　语

本章叙述了全球范围内的最低刑龄的广泛类别及特点。在本章叙述必然蕴含的局限性和解释陷阱中，刑事责任的实践意义尤为棘手。正如第三章中详细说明的那样，儿童权利委员会制定了一系列标准，这些标准可以用作判断什么可能被认为是刑事责任之象征的基本标准。在分歧仍然存在的情况下，本章设法以尽可能具有普遍性和客观性的标准，对所关注的不同的法律和实践进行评估时，从赫伯特·帕克的研究成果中得到了进一步的启示。① 当对儿童实施的制裁和采取的措施符合帕克对刑事惩罚的定义时，这些制裁和措施就可以说标志着对儿童施加的有效的刑事责任是存在的。尽管许多以福利为导向的青少年司法制度和儿童保护制度宣称，只是提供了帕克角度中的处理措施，但许多国家的法律规定和实际做法都与这种说法不相符。在对本文研究中的最低刑龄规定进行分类时，我密切关注了这些考虑，尽管与此同时，我对各国政府关于其最低刑龄规定和实践的宣称给予极大的尊重。

---

① Packer, Herbert L., *The Limits of the Criminal Sanction*, Stanford, Stanford University Press, 1968.

尽管这些标准表明23个国家没有规定明确的或者有效的最低刑龄，但几乎世界上所有的国家要么规定了最低刑龄，要么无论如何都坚持声称自己规定了最低刑龄。① 全球各国最低刑龄的中间值是12岁，这与最低刑龄应该设定在12岁或者更高年龄层次的国际标准是相符合的。然而，在研究各国最低刑龄的主要特征的时候，很明显，绝大多数国家没有达到国际共识的标准。同时，自从1989年《儿童权利公约》通过以来，有一种非常强大且与日俱增的趋势指向确立、提高以及试图提高各自的最低刑龄——这涉及63个国家，几乎占了联合国全部成员国的三分之一。最低刑龄中的这一主要的当代趋势首先要归因于《儿童权利公约》的报告程序，包括儿童权利委员会的持续关注。

在围绕着最低刑龄改革辩论的动态中，有着一个不那么明显但却至关重要的趋势。在许多国家，媒体和政治上的感觉主义已经压倒了辩论，由此阻碍了最低刑龄制度改革或者降低了刑事责任年龄下限——以对更多的孩子进行明确的惩罚。也许最大的影响是：在儿童权利的基础上，对各国最低刑龄制度进行改革的能力。围绕着最低刑龄修正的不确

---

① 关于最低刑龄未能有效阻却刑事惩罚的进一步讨论，参见第六章。

定性——一般情况下可能会对儿童权利造成广泛的侵害——已经表明会对独立的最低刑龄制度改革的努力带来严重的不利。权宜之计的最低刑龄修正——没有对儿童权利背后的文化层面造成更深层次的改变——对犯罪恐惧的强大破坏力，也特别容易导致迅速瓦解改革的动力。

由于成功和可持续的最低刑龄制度改革之前景需要在青少年司法和儿童权利实现这两者的总体平衡中仔细权衡，人权的相互依存的本质是一个核心问题。考虑到许多关于最低刑龄的争论主题是公共安全和报应，对于未达到最低刑龄以及已达到最低刑龄的儿童所采取的程序和措施就需要我们给予特别的注意。这些问题具有双重的重要性，因为仅仅给人们造成的对于触犯法律的儿童缺乏一种应对制度这种印象，就可能会产生巨大的压力，从而使得青少年司法更具报复性，并且迫使降低最低刑龄。

在宣传策略方面应该特别注意要避免将儿童简单地划分为要么是无辜的要么是罪恶的——或者要么作为受害者要么作为行凶者——的二元概念。就儿童在何种状况下及何种程度上应该被原谅这一问题进行界限划分的时候，其他孩子将不可避免并且更加坚决地被迫进入应该受到惩罚的领域。期望当代社会将无罪的范围进行延伸直至达到成年期，同时以真正恰当的方式对待所有未达到成年期的儿童,这似乎同样是不现实的。这看起来似乎不是一场可以用年龄界限——或者通过预先阻止不可避免的青少年犯罪,能取胜的战斗。不管怎样,儿童权利视角鼓励人们对儿童及其发展进行更加丰富的理解——该视角集中关注于尊严、参与、重新融入社会以及充分尊重所有儿童。对于与这一观念背道而驰的策略和意象之依赖,将会使整个社会进一步偏离其根本追求的价值。

青少年犯罪通常所引发的仇恨心理,甚至导致人们呼吁完全废除最低刑龄制度。然而,除了本章研究中所描述的最低刑龄制度的各种道德义务和法律义务之外,有令人信服的证据表明存在着一项国际法的一般原则,即:各国必须确立自己的最低刑龄。不论条约义务如何,这一规则似乎都将要求各国在自己的法律中规定最低刑龄,尽管各国对最低刑龄规定的不一致阻碍了人们在恰当的最低刑龄标准问题上达成共识。

第六章
最低刑事责任年龄实施的实践影响和挑战

本研究从理论基础、现代国际解释和历史影响等不同角度,阐述最低刑事责任年龄面临的相关挑战。有些挑战明显反复出现,比如性别歧视和社会经济的差距问题。还有些挑战与少年司法制度中关于最低刑事责任年龄以上的儿童普遍存在的问题相似,但与最低刑事责任年龄没有直接关系,且这些挑战不在本研究的范围内。本章主要探讨最低刑事责任年龄实际实施面临的主要挑战及其产生的影响。

事实证明,从确定儿童的年龄以便适用最低刑事责任年龄这一看似简单的问题开始,每一个挑战都出奇复杂。当最低刑事责任年龄以下的儿童违反法律时,通常无法为其提供有效的、符合权利要求的且经济的应对措施,或者所提供的那些应对措施是存在问题的。最低刑事责任年龄本身可能一直威胁着儿童有效参与审判的权利。其他挑战还包括与无犯罪能力以及类似的刑事责任能力标准有关的问题；利用最低刑事责任年龄以下的儿童从事犯罪活动的问题，以及最低刑事责任年龄条款的适用有限性的问题。总之，本章所强调的问题可能会对世界上的每一个国家都产生影响。

一、年龄证据的缺乏与可靠年龄估计

在儿童缺乏出生证明或其他年龄证据的情况下，任何年龄限制都会变得有问题，该情况与最低刑事责任年龄有关，并且这种现象在世界各地的少年司法制度中并不少见。本节概述了此类问题的发生频率及程度、各国所采取的法律和程序解决方案、科学的年龄估计普遍存在的局限性，以及儿童权利的指导原则在解决问题上的限度。

总的来说，儿童缺乏年龄证据的情况相当普遍。例如，在2003年，全世界约有36%的新生儿没有经过出生登记。[①]这一比例因地区和国家的不同而具有很大的差异，例如在南亚是63%，而在坦桑尼亚等国几乎高达94%。然而，移民把这个问题带到了每一个国家。此外，过去那些未经登记的新

---

① UNICEF, The "Rights" Start to Life: A Statistical Analysis of Birth Registration, New York, 2005, at 3.

生儿的比例（也就是如今接近最低刑事责任年龄的儿童）往往更高。①

违反法律的儿童缺乏年龄证据的情况一旦增多，往往会使潜在的社会经济不利因素成倍增加，这将导致少年司法制度面临更大的挑战。少年司法制度以许多不同的方式进行年龄估计。② 最常见的情况显然是在确定儿童年龄时完全由法官行使自由裁量权，而完全不存在任何明确的标准。许多国家提供的程序指导和保护作用有限。例如，菲律宾 2006 年的一部法律规定，当对儿童的年龄存疑时，法院应做出有利于儿童的裁决，但却允许任何人对违反法律的当事儿童的年龄提出质疑。③ 拉丁美洲近年来的少年司法改革则更多地以儿童权利原则为基础，这有利于对年龄估计进行严格监管和对程序公正性进行保障。④ 最后，还有一些国家对儿童年龄的认定时间点存在混淆，包括指控犯罪时、逮捕时、

---

① 参见 UNICEF Innocenti Research Centre, Birth Registration: Right from the Start, Innocenti Digest 9, Florence, 2002。

② 特别参见 Campos, Niza, El 55% menores infractores carece de actas nacimiento, Listín Diario, digital edition, Santo Domingo, 24 April 2002. 一般参见 Cipriani, Don, *The Minimum Age of What? Criminal Responsibility, Juvenile Justice, and Children's Rights*, unpublished draft, Florence, UNICEF Innocenti Research Centre, 2002。

③ Juvenile Justice and Welfare Act of 2006, Sect. 7.

④ 例如参见 Paraguay, Código de la Niñez y la Adolescencia, 2001, Art. 2。

审判时、科刑时还是在实际判刑时。① 儿童权利委员会认为，按照世界各国刑法惯例的标准，年龄应以指控犯罪之时为准。②

对于缺乏年龄证据的儿童来说，实际结果往往令人遗憾。③ 最常见的情况是，例如在孟加拉国，法官仅仅通过外表来猜测儿童的年龄，这种方式很容易导致司法程序中的区别对待。④ 阿曼、埃塞俄比亚和斯里兰卡的情况近乎一致，法院要求医疗专业人员对儿童进行年龄估计，但这些医疗专业人员无法随时提供服务，这就导致儿童在审前拘留中饱受

---

① 例如参见 Committee on the Rights of the Child, Second periodic reports of States arties due in 2000: India, CRC/C/93/Add.5, 16 Jul 2003, par. 1005; Warren, H.D., and C.P. Jhong, Annotation: Age of Child at Time of Alleged Offense or Delinquency, or at Time of Legal Proceedings, as Criterion of Jurisdiction of Juvenile Court, 89 ALR2d 506, 2004；以及 Human Rights Watch, Adults before Their Time: Children in Saudi Arabia's Criminal Justice System, New York, 2008。

② 例如参见 Afghanistan, Juvenile Code, 2005, Art. 6(4); Belarus, Criminal Code, as of 1 May 1994, Art. 10; Cameroon, Code Pénal, Art. 80(5); Cuba, Código Penal, as of 2004, Art. 16(2); and Germany, Jugendgerichtsgesetz(Youth Court Act), 1953, §3。

③ 一般参见 Cipriani, Don, *The Minimum Age of What? Criminal Responsibility, Juvenile Justice, and Children's Rights*, unpublished draft, Florence, UNICEF Innocenti Research Centre, 2002。

④ 例如参见 Uddin Siddiqui, Kamal, The Age of Criminal Responsibility and Other Aspects of the Children Act, 1974，发表于达卡市 2004 年 1 月 16 日关于提高刑事责任年龄和 1974 年儿童法的其他方面的研讨会。

煎熬。在尼日利亚情况更加复杂，父母会提交虚假的子女年龄证明，因为政府医院直接出具的虚假证明成本低廉，而且很容易获得，这为伪造证明提供了便利。① 与之相反的是，许多国家的检察官和警察经常夸大儿童的年龄，甚至将最低刑事责任年龄以下的儿童认定为成年人，以严惩被指控的年轻罪犯，通过这种方式来提高逮捕率和起诉率。② 这些检察官和警察可能会特别针对流浪儿童和贫困儿童，因为这些儿童往往不太可能有年龄证据，而且法官很容易接受夸大年龄的声称。

在移民问题和少年司法背景下，为应对有关年龄证据方面的挑战，官方逐渐开始采用法医学检验来估计儿童的年龄。其中，被广泛推荐的方法是审查社会心理评估的独立结果、牙科检查情况（尤其是第三磨牙的矿化情况），以及手

---

① Owasanoye, Bolaji, and Marie Wernham, Street Children and the Juvenile Justice System in Lagos State: Nigerian Report, Lagos, Human Development Initiatives and the Consortium for Street Children, 2004.
② 特别参见 Amnesty International, Children in South Asia: Securing Their Rights, London, 1998; Society for the Protection of the Rights of the Child, The State of Pakistan's Children 2003, Islamabad, 2004; and Child Rights Coalition Sierra Leone, A Complementary Report by Non-Governmental Organizations to the State Party Report of Sierra Leone(2005) on the Implementation of the Convention on the Rights of the Child, Freetown, 2007。

腕的 X 射线的对比结果（与年龄和性别标准图像的参考图谱进行对比）。① 每项检查都应由在这方面具有法医经验的专家完成。

虽然相关的科学知识在被不断丰富，但专家们自己也指出了这种方法的一些局限性，首先是参考数据和验证方法的局限性。② 社会经济地位和种族的不同会导致部分年龄估计的结果与实际年龄产生五到六岁的差异，但是这些差异没有被人们完全了解，而且基准数值可能很少甚至不存在。③ 出于以上原因，个别检验出错的概率很高。即使进行了正确的检查和解释，上述任何一项检查也都无法确定儿童的确切年

---

① International Organization for Migration and the Austrian Federal Ministry of the Interior, Resource Book for Law Enforcement Officers on Good Practices in Combating Child Trafficking, Vienna, 2006; Olze, A., et al., Age estimation of unaccompanied minors: Part II. Dental aspects, 159 Forensic Science International S65, May. 2006 Supplement; and Schmeling, A., et al., Age estimation of unaccompanied minors: Part I. General considerations, 159 Forensic Science International S61, May. 2006 Supplement.
② Schmeling, A., et al., Age estimation, 165 Forensic Science International 178, 2007. Schmeling, A., et al., Forensic age diagnostics of living individuals in criminal proceedings, 54 Homo 162, 2003.
③ Olze, A., et al., Age estimation of unaccompanied minors: Part II. Dental aspects," 159 Forensic Science International S65, May. 2006 Supplement; and Schmeling, A., et al., Age estimation of unaccompanied minors: Part I. General considerations," 159 Forensic Science International S61, May. 2006 Supplement.

龄。① 综合各种检查的方式来看，目前还没有科学有效的方法来确定总体误差范围。② 一项针对 43 份案件卷宗样本进行的验证性研究发现，在这些案件中，法庭都认定行为人的年龄无误，然而这些行为人的年龄与科学的年龄估计值存在正负 12 个月的偏差。

批评者提出的意见甚至更广泛。一项引用了医学专家意见的研究认为，X 射线和牙科检查不是确定年龄的准确方法，不同估算方法之间的差异可达 5 岁。③ 另一些人则表示，越来越多的人认为这类检查存在道德问题，特别是在违背儿童意愿的情况下，进行医学上非必要的侵入性 X 射线检查，而且这些检查难以确保尊重医生审查所有结果，且并不符合根

---

① International Organization for Migration and the Austrian Federal Ministry of the Interior, Resource Book for Law Enforcement Officers on Good Practices in Combating Child Trafficking, Vienna, 2006; Olze, A., et al., Age estimation of unaccompanied minors: Part II. Dental aspects, 159 Forensic Science International S65, May. 2006 Supplement; and Schmeling, A., et al., Age estimation of unaccompanied minors: Part I. General considerations, 159 Forensic Science International S61, May. 2006 Supplement.
② Schmeling et al., Age estimation of unaccompanied minors: Part I. General considerations, 159 Forensic Science International S61, May 2006 Supplement.
③ Physicians for Human Rights and The Bellevue/NYU Program for Survivors of Torture, From Persecution to Prison: The Health Consequences of Detention for Asylum Seekers, Boston, 2003. Royal College of Paediatrics and Child Health, The Health of Refugee Children-Guidelines for Paediatricians, London, 1999.

据需要进行医疗干预的原则,尽管这些问题只是基于偶然的发现。① 出于这些原因,奥地利法院越来越不相信法医专家有能力准确估计儿童的年龄。维也纳少年法庭也以手腕 X 射线检查法具有局限性为由,解雇了一名法医专家,并且由于辐射照射和误差范围过大,这种方法在奥地利已不再使用。②

每个儿童的检查费用也是一个重要的实际考量因素。在欧洲,手腕 X 射线检查的费用约为 60 到 85 欧元,牙科检查的费用约为 90 欧元。对大多数国家来说,由于需要训练有素的专业人员和上述这些直接费用,导致这些检查方法在经济上似乎并不可行。

---

① Physicians for Human Rights and The Bellevue/NYU Program for Survivors of Torture, From Persecution to Prison: The Health Consequences of Detention for Asylum Seekers, Boston, 2003. Royal College of Paediatrics and Child Health, The Health of Refugee Children-Guidelines for Paediatricians, London, 1999. Schmeling, A., et al., Age estimation of unaccompanied minors: Part I. General considerations, 159 Forensic Science International S61, May. 2006 Supplement.
② Höpfel, Frank, Austria: Criminal Responsibility of Minors, 75 International Review of Penal Law(Revue internationale de droit pénal) 121, 2004; International Organization for Migration and the Austrian Federal Ministry of the Interior, Resource Book for Law Enforcement Officers on Good Practices in Combating Child Trafficking, Vienna, 2006; Olze, A., et al., Age estimation of unaccompanied minors: Part II. Dental aspects, 159 Forensic Science International S65, May. 2006 Supplement; and Schmeling, A., et al., Age estimation of unaccompanied minors: Part I. General considerations, 159 Forensic Science International S61, May. 2006 Supplement.

尽管对于儿童的年龄估计不存在简单的答案，但相关原则还是起到了一些指导作用，这些原则主要是在移民和少年司法的背景下发展出来的。如第三章所述，儿童权利委员会强调："在没有年龄证据的情况下，无法确定当事儿童的年龄是否达到或超过最低刑事责任年龄的，不应追究其刑事责任"。① 委员会还强调："在没有年龄证据的情况下，儿童有权接受可靠的医疗或社会调查，从而确定其年龄；在出现冲突或无确凿证据的情况下，儿童应当有权适用疑罪从无的原则"。② 同时委员会还指出有必要建立正式的年龄核实系统，将审查重点放在出生记录和学校记录等客观证据上。③

委员会在其关于无成人陪伴儿童的一般性意见中更详细地论述了这一问题：

身份确认措施应包括对年龄的评估，这种评估不仅应考虑到个人的外貌特征，同时也要考虑其心理成熟程度。此外，应当以科学、安全、对儿童及其性别敏感且公平的方式

---

① *General Comment No.10: Children's Rights in Juvenile Justice*, CRC/C/GC/10, 25 Apr. 2007, par. 35.
② *General Comment No.10: Children's Rights in Juvenile Justice*, CRC/C/GC/10, 25 Apr. 2007, par. 39.
③ Concluding observations: Nepal, CRC/C/15/Add.260, 3 Jun. 2005, par. 97. Concluding observations: Bangladesh, CRC/C/OPAC/BGD/CO/1, 17 Mar 2006, par. 16(a).

进行年龄评估,避免对儿童的人身安全产生任何侵犯风险,并应对人的尊严给予应有的尊重……①

委员会的指导意见对联合国难民事务高级专员早前发布的相关指导意见进行了补充:

b)在使用科学程序确定儿童年龄时,应允许存在误差……

c)当儿童年龄无法确定时,应当适用对儿童有利的解释。

在可能的情况下,应减少或淡化年龄标准所产生的法律后果及其重要性。这些年龄标准是不可取的,其会产生太多的法律上的利弊,因为这可能成为虚假陈述的诱因。指导原则可以用来判断一个人是否因看起来"不成熟"以及太脆弱而可能需要被小心对待。②

最后,一项关于无成人陪伴未成年人的研究就如何将这些原则转化为最佳实践提出了有用的建议:

应当基于现有的全部证据进行年龄评估,并考虑以下因素:儿童提出的要求、生理和心理成熟程度、持有的证件

---

① *General Comment No.6: Treatment of Unaccompanied and Separated Children outside Their Country of Origin*, CRC/GC/2005/6, 1 Sept. 2005, par. 31(i).
② Office of the UN High Commissioner for Refugees, Guidelines on Policies and Procedures in dealing with Unaccompanied Children Seeking Asylum, Geneva, 1997, par. 5.11.

（如护照或身份证）、医疗专业人员的评估、家庭成员提供的信息以及任何 X 射线检查或其他检查。如果年龄评估的结果影响到拘留的决定，则应由中立专家做出最终决定。①

因此，应将稳定且权威的原则基础上，用以指导各国进行年龄估计。然而，上述国家实践调查表明，这些原则目前既未广为人知，也未得到广泛应用。

总之，想要可靠地确定儿童的年龄是一项极为广泛、复杂并且难以解决的挑战。最关键的是最低刑事责任年龄作为少年司法中儿童权利的基础，既失去了合法性，也失去了实用价值，从而导致一系列问题，甚至还侵犯了儿童权利。

二、国家对低于最低刑事责任年龄儿童犯罪回应所产生的问题

在许多国家中，国家对于触犯法律且低于最低刑事责任年龄的儿童所采取的应对措施，实际上是一种刑事程序与刑事惩处，而这一事实形成了与最低刑事责任年龄相关的最为

---

① Crock, Mary, Seeking Asylum Alone: A Study of Australian Law, Policy and Practice Regarding Unaccompanied and Separated Children, Sydney, Themis Press, 2006, at 230.

普遍的世界性难题之一。① 针对这些儿童的这类处置措施，尽管实际上是明显地诉诸报复性的自由剥夺的手段，且有时在某些情况下，这类处置措施可能构成一种残忍的或不人道的对待，但在本国的法律中通常被归类为福利、监护、保护或者教育性措施。②

由于权威信息的缺乏，对各国所采取的应对低于刑事责任年龄的违法儿童的措施来进行比较评估，是颇为不易的。通常，国家是通过民法和行政保护程序，而不是刑事法律途径来进行干预，这导致能够获取的公开信息较少。在实践中，干预措施的性质往往是不清晰的，而且对于在最低刑事责任年龄之下的儿童施加的干预措施，其适当与否的边界同样也是难以捉摸的。

出于这些原因，第三章内容探讨了国际监督机构把某些做法归类为具有惩罚性或隐性刑事责任，但这些施加于最低

---

① 一般参见 Cipriani, Don, *The Minimum Age of What? Criminal Responsibility, Juvenile Justice, and Children's Rights*, unpublished draft, Florence, UNICEF Innocenti Research Centre, 2002。

② 例如 UN General Assembly, Human rights questions: implementation of human rights instruments: Question of torture and other cruel, inhuman or degrading treatment or punishment: Interim report of the Special Rapporteur of the Commission on Human Rights on the question of torture and other cruel, inhuman or degrading treatment or punishment, A/55/290, 11 Aug 2000, pars. 11—12。

刑事责任年龄之下的儿童的做法是不可接受的。尽管各国有权采取适当的措施，处置那些低于最低刑事责任年龄的违法儿童，同时在极少的情况下可以考虑剥夺他们的自由，但是，许多国家的处置措施无疑是与国际组织的标准相冲突的。为了在国际共识以外获取理论指导，第五章引入了帕克对刑事处罚的定义，作为衡量各国立法规定与实践的另一个标准。① 在理想情况下，国家层面的研究将对照国际指导意见及其定义，评估整个法律背景、相关机构以及最低刑事责任年龄制度的实施情况。即使在本文研究的有限范围内，与这些基准相比，许多国家的方法也存在严重的问题。②

本研究的表 5.1 以及附件 2 记录了此种模式，特别是在各自关于有关国家的脚注中（进行了说明）。例如，在 2005 年，阿尔及利亚政府曾通过专门的再教育中心，一度剥夺了将近 2000 名 8 至 13 岁（名义上的最低刑事责任年龄）儿童的自由——表面上是作为一种保护性或再教育措施。③ 最低

---

① Packer, Herbert L., The Limits of the Criminal Sanction, Stanford, Stanford University Press, 1968.
② 对此有关的更多方法论方面的考量，请参见第五章。
③ 参见 *Committee on the Rights of the Child, Second Periodic Reports of States Parties Due in 2000*: Algeria, CRC/C/93/Add.7, 3 Mar. 2005, par. 332；还可参见 Committee on the Rights of the Child, Compte rendu analytique de la 1057e séance, CRC/C/SR.1057, 20 Sept. 2005, par. 91.

刑事责任年龄制度往往问题重重——不论是其内含的正当化理由、实施程序还是结果方面。因此，将其视为对责任的有效限制，是难以成立的。例如，巴林在《刑法典》条款中规定了最低刑事责任年龄，即"15岁以下的人不能对构成犯罪的行为负责"，而该国的《青少年法》却适用于年龄更小的儿童。① 然而，在该法案中有关保护、教育、改造以及康复治疗的措施，竟包括在社会福利中心进行长达10年的拘留这一内容。这就导致儿童权利委员会认为，巴林不存在有效的最低刑事责任年龄制度。② 在法国，其《刑法典》经过近些年的修订，最终规定：所有被认为有辨别能力的儿童，如果实施了犯罪行为，都应承担刑事责任。③ 同样地，儿童权利委员会再次认为法国无有效的最低刑事责任年龄制度规定。④ 其他相关的例子包括布基纳法索、希腊、卢森堡、利比亚、肯尼亚、巴布亚新几内亚、刚果共和国、大韩民国、

---

① *Committee on the Rights of the Child, Initial Reports of States Parties Due in 1994*: Bahrain, CRC/C/11/Add.24, 23 Jul 2001, pars. 115 and 315—316.
② Concluding observations: Bahrain, CRC/C/15/Add.175, 7 Feb. 2002, par. 47.
③ 参见《法国刑法典》第122条至128条，其使用的措施因违法儿童的年龄而异。
④ Concluding observations: France, CRC/C/15/Add.240, 4 Jun. 2004, par. 16.

土耳其以及圣多美和普林西比。

苏联以及历史上深受苏联法律影响的国家，在这方面是主流，甚至占了近一半。通常情况下，地方行政机构——常被称为未成年人事务委员会，有很大的权力去处置那些触犯法律但年龄低于最低刑事责任年龄的儿童，而且可以下令将这些儿童送入专门的改造学校和再教育机构以剥夺他们的自由。[1] 在古巴，尽管该国错误地援引16岁成年年龄作为最低刑事责任年龄，但"预防和社会福利委员会"可以下令在专门的再教育中心无限期地剥夺儿童的自由——由此，这造成了实际上没有最低年龄的限制。同样，波兰法院可以对任何年龄的违法儿童施加教育性、保护性和治疗性措施，但在某些情况下，这些措施相当于无限期剥夺自由。这导致儿童权利委员会认为古巴和波兰没有明确的最低刑事责任年龄。[2] 在俄罗斯，尽管法定最低刑事责任年龄规定为14岁，但该

---

[1] 另外参见 Moestue, Helen, *Lost in the Justice System-Children in conflict with the law in Eastern Europe and Central Asia*, UNICEF, 2008。
[2] 另外参见 *Committee on the Rights of the Child, Periodic Reports of States Parties Due in 1998*: Poland, CRC/C/70/Add.12, 6 Feb 2002, par. 160；以及 Committee on the Rights of the Child, Concluding observations: Poland, CRC/C/15/Add.194, 30 Oct. 2002, par. 25。

国 1999 年的一项法律允许将年龄较小的儿童安置在少年犯临时监禁中心，而且仅在 2001 年，安置人数就超过了 24 000 人。① 阿塞拜疆、保加利亚、哈萨克斯坦、吉尔吉斯斯坦、老挝、斯洛文尼亚、塔吉克斯坦、乌克兰、乌兹别克斯坦和越南，也提供了类似制度和问题的例子。

世界各地对低龄儿童所采取的有效的逮捕措施、对自由的剥夺手段以及其他的惩罚性的措施，不仅是对儿童权利的严重侵犯，久而久之也会加剧青少年犯罪。例如，研究一致认为，当逮捕发挥作用之时，也是最有可能加剧未成年人日后的违法犯罪行为之时。② 一些国家针对低龄犯罪儿童所采用的"威慑计划"，如"直接震慑"手段以及"青少年矫治训练营"，是无效的抑或是有害的。③ 被逮捕和执行监禁的儿

---

① 参见 *Committee on the Rights of the Child, Third periodic Reports of States Parties Due in 2001*, Russian Federation, CRC/C/125/Add.5, 15 Nov. 2004, par. 323；还可参见 Stoecker, Sally W., Homelessness and criminal exploitation of Russian minors: Realities, resources, and legal remedies, Demokratizatsiya, Spring 2001。
② Thornberry, Terence P., et al., The Causes and Correlates Studies: Findings and Policy Implications, 9 Juvenile Justice 3, 2004.
③ Farrington, David P., Early Identification and Preventive Intervention: How Effective is this Strategy?, 4 Criminology & Public Policy 237, 2005；和 US Government Accountability Office, Residential Treatment Programs: Concerns Regarding Abuse and Death in Certain Programs for Troubled Youth, Washington, 2007.

童，其成年后被监禁的可能性反而大大增加，而且"没有任何研究表明，对实施严重违法犯罪行为的少年犯采取监禁措施，能够大幅降低再犯率或预防其日后的严重暴力犯罪。"① 一般来说，将高危青少年集中在一起的干预措施，如本节所述的机构化安置措施，可能会导致青少年不良行为的增加。② 当低龄儿童与年龄较大的少年犯被安置在一起时，前者可能会同时面临负面的影响和伤害，而这两种现象往往会导致进一步犯罪行为的发生。③ 与接下来章节所讨论的"有效的非监禁性矫正计划"相比，这种监禁选择对每个孩子来说也是极其昂贵的。

---

① 参见 Loeber, Rolf, et al., Child Delinquency: Early Intervention and Prevention, Child Delinquency Bulletin Series, Washington, US Department of Justice, Office of Juvenile Justice and Delinquency Prevention, May. 2003；还可参见 Thornberry, Terence P., et al., The Causes and Correlates Studies: Findings and Policy Implications, 9 Juvenile Justice 3, 2004。
② Dishion, Thomas J., Features of Ineffective and/or Unsafe Interventions, in conference report Preventing Violence and Related Health-Risking Social Behaviors in Adolescents: An NIH State-of-the-Science Conference, October 13—15, 2004, Bethesda(Maryland), National Institutes of Health, 2004.
③ 参见 Loeber, Rolf, and David P. Farrington, eds, Child Delinquents: Development, Intervention, and Service Needs, Thousand Oaks, Sage Publications, 2001；还可参见 Loeber, Rolf, et al., Child Delinquency: Early Intervention and Prevention, Child Delinquency Bulletin Series, Washington, US Department of Justice, Office of Juvenile Justice and Delinquency Prevention, May. 2003。

三、缺乏对低于最低刑事责任年龄儿童犯罪的有效反应

如果对低于最低刑事责任年龄的儿童所采取的应对措施没有问题，那么在全球范围内，对于触犯法律的低龄儿童来说最常见的结果，似乎是非系统性的、单纯的应对措施。许多国家基本上把最低刑事责任年龄作为一个绝对的分界线。但对于如何处置这个界限以下的儿童并没有实质性的规定，因此，国家对此类儿童的行为也缺乏有效的应对措施。然而，缺乏任何明显或有效的应对措施，却会加大降低最低刑事责任年龄的压力，因为人们认为此时需要刑事法律措施来填补对低龄犯罪儿童的惩罚空白。英国的情况就是如此，该国有报道称，在一年内几乎有3000起儿童犯罪案件，因涉案儿童的年龄低于最低刑事责任年龄而未予起诉，这使得之前提高最低刑事责任年龄的呼声受到了质疑。① 有鉴于此，本节会讨论为什么低龄儿童的犯罪行为会被系统性地忽视，这种不作为是如何让他们发展成为更严重的罪犯，以及除此外针对低龄儿童的哪些计划是有效、经济和符合人权要求的。

---

① Criminal age "should rise to 18", BBC News, 17 May 2007; Lock up your sons and daughters, Economist, 6 Sept. 2007；和 Thousands of crimes by under-10s, BBC News, 2 Sept. 2007。

（一）忽视问题行为以致问题恶化

许多国家已经发现或试图去解决这一缺乏有效措施来应对低于最低刑事责任年龄儿童触法的问题。例如，南非和东非国家于 2004 年召开会议，对青少年司法改革问题进行了讨论，并将这一问题确定为区域性的核心难题。① 最近在瑞士进行的有关最低刑事责任年龄改革的辩论认为，"缺乏处置低龄儿童犯罪的适当机制"凸显为一个核心问题和绊脚石。② 而加拿大接连提高了本国的最低刑事责任年龄，并优先考虑针对低龄儿童的福利性措施。不过，当该国没有建立起针对低龄儿童的广泛的干预系统时，其面临的呼吁降低最低刑事责任年龄的压力，也随之而来。③

---

① Gallinetti, Jacqueline, Child Justice Advocacy Initiatives in South Africa, Southern and Eastern Africa, in Kids behind Bars: A Child Rights Perspective: Conference Report, Defence for Children International Palestine Section, Bethlehem, 2005.
② Zermatten, Jean, The Swiss Federal Statute on Juvenile Criminal Law, presented at the Conference of the European Society of Criminology, Amsterdam, 25—28 August 2004.
③ 参见 Augimeri, Leena K., et al., Appendix B: Children Under Age 12 Years Who Commit Offenses: Canadian Legal and Treatment Approaches, in Loeber, Rolf, and David P. Farrington, eds, Child Delinquents: Development, Intervention, and Service Needs, Thousand Oaks, Sage Publications, 2001；和 Burns, Barbara J., et al., Treatment, Services, and Intervention Programs for Child Delinquents, Washington, US Department of Justice, Office of Juvenile Justice and Delinquency Prevention, 2003。

特别是，美国学者分析了即使少年法庭的管辖权一般不受年龄的限制，但各州为什么未能系统性地应对触犯法律的低龄儿童。首先，12岁以下低龄儿童的犯罪行为，仅占总体犯罪的很小一部分。① 即使这些儿童是惯犯，他们也很少有长期的犯罪记录，并且很少犯非常严重的或暴力的罪行。例如，在因涉嫌谋杀而被逮捕的青少年中，低龄儿童所占的比例微乎其微。② 因此，大多数少年司法、儿童福利以及学校资源，都是针对年龄较大的儿童以及具有长期问题行为的儿童。③ 与大龄少年犯的父母相比，低龄少年犯的父母从任何服务提供机构获得帮助的可能性大约只有前者的一半。④ 少年法庭历来

---

① Snyder, Howard N., et al., Prevalence and Development of Child Delinquency, Washington, US Department of Justice, Office of Juvenile Justice and Delinquency Prevention, 2003.
② McGarrell, Edmund F., Restorative Justice Conferences as an Early Response to Young Offenders, Juvenile Justice Bulletin, Washington, US Department of Justice, Office of Juvenile Justice and Delinquency Prevention, August 2001; 和 Snyder, Howard N., et al., Prevalence and Development of Child Delinquency, Washington, US Department of Justice, Office of Juvenile Justice and Delinquency Prevention, 2003.
③ 参见 Burns, Barbara J., et al., Treatment, Services, and Intervention Programs for Child Delinquents, Washington, US Department of Justice, Office of Juvenile Justice and Delinquency Prevention, 2003; 还可参见 Loeber, Rolf, et al., Child Delinquency: Early Intervention and Prevention, Child Delinquency Bulletin Series, Washington, US Department of Justice, Office of Juvenile Justice and Delinquency Prevention, May 2003, at 11。
④ Thornberry, Terence P., et al., The Causes and Correlates Studies: Findings and Policy Implications, 9 Juvenile Justice 3, 2004.

"不对年幼的初犯作出判决",只有在其他相关机构失灵而无法有效应对少年犯时才会介入。① 相关系统的角色不明确或功能重叠,意味着青少年罪犯更可能从系统间的缝隙中溜之大吉,甚至其可能不会被发现或将其移交给法院。②

然而颇具讽刺意味的是,那些最为棘手的少年犯罪案件中的儿童,往往在其幼年时就已表现出问题行为或有过违法行为。不过,在考虑此类证据之前,必须强调的是,大多有破坏性行为的低龄儿童并不会发展成为儿童犯罪者,并且准确预测哪些儿童将会实施违法行为,也是不现实的。③ 由于许多儿童都会在某个时期表现出问题行为,并在之后自行终止。因此,实际上筛选出相对较少的且最终不会再去实施这种行为的儿童是几乎不可能的。④ 具体来说,目前还不存在

---

① Loeber, Rolf, et al., Child Delinquency: Early Intervention and Prevention, Child Delinquency Bulletin Series, Washington, US Department of Justice, Office of Juvenile Justice and Delinquency Prevention, May. 2003, at 11.
② US Department of Justice, Office of Juvenile Justice and Delinquency Prevention, Serious and Violent Juvenile Offenders, Juvenile Justice Bulletin, Washington, May. 1998.
③ US Department of Justice, Office of Juvenile Justice and Delinquency Prevention, Serious and Violent Juvenile Offenders, Juvenile Justice Bulletin, Washington, May. 1998.
④ Szmukler, G., Violence risk prediction in practice, 178 British Journal of Psychiatry 84, 2001.

一种精确的方法去预测哪些具有破坏性行为的小男孩，其行为会随着时间推移而恶化或改善，或者哪些存在严重行为问题的儿童将会走上犯罪的道路。① 此外，即便试图进行此类预测，也必须权衡广泛的道德考量因素，包括歧视和强制性干预的潜在用途及影响。②

在这一严格限定的背景下，青少年犯罪研究表明，"亲社会行为和破坏性行为的基础，都是在生命的前五年奠定的。"③ 某些学前问题行为是与日后的行为障碍以及儿童犯罪相关联的，而与日后的犯罪行为关联度最高的因素可能是早期的反社会行为。尤其是，早期的攻击性行为呈现出与13岁前的青少年犯罪行为最为密切相关的社会行为特征。④ 此

---

① 参见 Loeber, Rolf, et al., Child Delinquency: Early Intervention and Prevention, Child Delinquency Bulletin Series, Washington, US Department of Justice, Office of Juvenile Justice and Delinquency Prevention, May 2003；还可参见 Thornberry, Terence P., et al., The Causes and Correlates Studies: Findings and Policy Implications, 9 Juvenile Justice 3, 2004。
② Grisso, Thomas, and Paul S. Appelbaum, Is It Unethical to Offer Predictions of Future Violence?, 16 Law and Human Behavior 621, 1992.
③ Loeber, Rolf, et al., Child Delinquency: Early Intervention and Prevention, Child Delinquency Bulletin Series, Washington, US Department of Justice, Office of Juvenile Justice and Delinquency Prevention, May. 2003, at 8.
④ Wasserman, Gail A., et al., Risk and Protective Factors of Child Delinquency, Bulletin Series, Washington, US Department of Justice, Office of Juvenile Justice and Delinquency Prevention, April 2003.

外,"在五个国家(加拿大、英国、新西兰、瑞典和美国)中所开展的六项纵向研究……证实,童年时期的反社会行为往往是男孩早期犯罪的最佳预测因素。"①

与其他罪犯相比,对于成为严重暴力罪犯的儿童来说,其幼年时期的轻微行为问题与早期犯罪的相关性更强。②事实上,在7至12岁就开始犯罪的儿童,其发展成为严重的、暴力的和长期的犯罪者的可能性,是年龄较大儿童的2至3倍。③有史以来对犯罪原因及其相关因素进行了最为全面的调查之结果,证实了上述结论。④而在研究中所观察到的所有致使儿童走上犯罪道路的主要"途径"中,都证明"出现问题行为或实施犯罪的年龄越早,其后续行为更易演变为严

---

① Loeber, Rolf, et al., Child Delinquency: Early Intervention and Prevention, Child Delinquency Bulletin Series, Washington, US Department of Justice, Office of Juvenile Justice and Delinquency Prevention, May. 2003, at 6.
② Loeber, Rolf, et al., Child Delinquency: Early Intervention and Prevention, Child Delinquency Bulletin Series, Washington, US Department of Justice, Office of Juvenile Justice and Delinquency Prevention, May 2003, at 6;和 US Department of Justice, Office of Juvenile Justice and Delinquency Prevention, Serious and Violent Juvenile Offenders, Juvenile Justice Bulletin, Washington, May 1998。
③ Loeber, Rolf, et al., Child Delinquency: Early Intervention and Prevention, Child Delinquency Bulletin Series, Washington, US Department of Justice, Office of Juvenile Justice and Delinquency Prevention, May. 2003.
④ Thornberry, Terence P., et al., The Causes and Correlates Studies: Findings and Policy Implications, 9 Juvenile Justice 3, 2004.

重行为。"① 研究还证实,男孩子们在因某些严重罪行而首次接触少年法庭之前,表现出相关破坏性行为的平均年龄是七岁半,并且研究结果也一致地表明了这一点。②

换言之,儿童与青少年政策陷入了一种旷久的循环中,系统性地产生误判。这些政策广泛关注青少年罪犯,却在很大程度上忽视了他们早期的问题行为以及年轻的初犯者。而对于后者,如果不采取积极的干预措施,其更有可能继续犯罪,或在青少年时期持续出现行为问题,并发展成为严重的暴力罪犯。由此,这一恶性循环再而往复。

(二)经济、有效且符合儿童权利的选择

不同于上述的死循环,最为有效、经济且最符合权利要求的方法,则是建立在已获验证的成熟方案之基础上的早期性的预防和干预措施。这种系统性的普遍预防工作,再加上对破坏性行为和违法行为的早期干预和重视对幼儿的关注,

---

① Thornberry, Terence P., et al., The Causes and Correlates Studies: Findings and Policy Implications, 9 Juvenile Justice 3, 2004, at 6.
② Loeber, Rolf, et al., Child Delinquency: Early Intervention and Prevention, Child Delinquency Bulletin Series, Washington, US Department of Justice, Office of Juvenile Justice and Delinquency Prevention, May. 2003;另外参见 Sagel-Grande, Irene, Juvenile Delinquency and Age, in Junger-Tas, Josine, et al., eds, The Future of the Juvenile Justice System/L'avenir du système pénal des mineurs, Leuven, Acco, 1991。

是国际少年司法标准的核心。某些早期预防计划着眼于解决与犯罪有关的因素，意在减少持续的破坏性行为和早期犯罪：

在所有已知的减少青少年犯罪的干预措施中，以儿童犯罪为重点的预防性干预措施，可能会在减少犯罪方面取得最显著的成效。具体来说，这些工作通常首先应针对在儿童群体中存在的持续破坏性行为进行预防；其次是预防儿童犯罪，特别是预防出现破坏性行为的儿童；第三是预防严重和暴力的青少年犯罪，尤其是儿童犯罪。"越早越好"是制定预防儿童犯罪的干预措施所要坚守的关键主题……①

因此，普遍性的预防计划至少应从小学起始阶段就开始实施，由于与在犯罪后期进行的干预措施相比，此时的干预措施更有可能取得成效。②

预防的类型或早期干预的类型绝对是至关重要的。大量

---

① Loeber, Rolf, et al., Child Delinquency: Early Intervention and Prevention, Child Delinquency Bulletin Series, Washington, US Department of Justice, Office of Juvenile Justice and Delinquency Prevention, May. 2003, at 9.
② 参见 Burns, Barbara J., et al., Treatment, Services, and Intervention Programs for Child Delinquents, Washington, US Department of Justice, Office of Juvenile Justice and Delinquency Prevention, 2003；还可参见 Loeber, Rolf, et al., Child Delinquency: Early Intervention and Prevention, Child Delinquency Bulletin Series, Washington, US Department of Justice, Office of Juvenile Justice and Delinquency Prevention, May 2003, at 9；还可参见 Thornberry, Terence P., et al., The Causes and Correlates Studies: Findings and Policy Implications, 9 Juvenile Justice 3, 2004。

的研究记录了那些有效计划的关键特征以及行之有效的具体模式。① 例如,有效的干预措施"必须考虑到个人、家庭、同伴、学校和社区"等广泛的因素,因为这些因素会产生动态影响,抵消或助长破坏性行为和犯罪的发展态势。② 事实证明,聚焦于父母和其他家庭成员的预防计划和以家庭或学校为基础的预防计划,对年龄较小的儿童最为有效。③ 例如,在学校里的某些社会能力促进项目能够持续减少幼儿的攻击性和反社会行为。④ 有一项研究显示,在那些项目的实际干预期间、项目结束后以及项目参与者年满18岁后的6年里,其反社会行为都受到了影响。不过,一般来说,为了保持这

---

① 具体参见 The Blueprints Model Programs, Center for the Study and Prevention of Violence, www.colorado.edu/cspv/blueprints/model/overview.html。
② Wasserman, Gail A., et al., Risk and Protective Factors of Child Delinquency, Bulletin Series, Washington, US Department of Justice, Office of Juvenile Justice and Delinquency Prevention, April 2003, at 10.
③ Burns, Barbara J., et al., Treatment, Services, and Intervention Programs for Child Delinquents, Washington, US Department of Justice, Office of Juvenile Justice and Delinquency Prevention, 2003;和 Farrington, David P., Early Identification and Preventive Intervention: How Effective is This Strategy?, 4 Criminology & Public Policy 237, 2005.
④ 另外参见 US Department of Health and Human Services, Centers for Disease Control and Prevention, The Effectiveness of Universal School-Based Programs for the Prevention of Violent and Aggressive Behavior: A Report on Recommendations of the Task Force on Community Preventive Services, 56/RR-7 Morbidity and Mortality Weekly Report 1, 2007。

种积极而持久的效果，就必须忠实地复刻这些不同的项目，而这则需要大量的培训和项目监督。

可以肯定的是，这些成功的预防计划的基本特征，既适用于普遍预防计划，也适用于针对幼儿具体破坏性行为和违法行为的个别应对措施。对于 12 岁及以下的儿童，"最佳的干预和服务计划会提供一个以治疗为导向的、非惩罚性的框架，且该框架重视早期识别和干预。"① 而在预防严重暴力犯罪方面，最为成功的早期干预计划是"涉及家校同时干预"，并且是由心理健康保障和儿童福利系统提供的。② 这些研究结果一般也适用于 13 岁及以上的大龄儿童。③

对幼儿的攻击性、破坏性行为及/或犯罪行为进行有效的早期干预的典范是加拿大多伦多。由于加拿大在 1984 年

---

① Burns, Barbara J., et al., Treatment, Services, and Intervention Programs for Child Delinquents, Washington, US Department of Justice, Office of Juvenile Justice and Delinquency Prevention, 2003, at 12.
② Loeber, Rolf, et al., Child Delinquency: Early Intervention and Prevention, Child Delinquency Bulletin Series, Washington, US Department of Justice, Office of Juvenile Justice and Delinquency Prevention, May 2003；和 US Department of Justice, Office of Juvenile Justice and Delinquency Prevention, Serious and Violent Juvenile Offenders, Juvenile Justice Bulletin, Washington, May. 1998, at 3.
③ 具体参见 Greenwood, Peter, Changing Lives: Delinquency Prevention as Crime Control Policy, Chicago, University of Chicago Press, 2005。

将最低刑事责任年龄从 7 岁提高到了 12 岁——这也是促使其早期预防计划成功的因素，因此，该国 20 多年来实行的"12 岁以下儿童 SNAP 外展项目"采取了一种多系统干预方法，即通过对儿童、家长、学校和社区同时进行干预，来实现对低于最低刑事责任年龄儿童的早期干预。① 该项目动员了城市警察和消防部门、儿童援助协会、学校董事会和其他儿童服务机构，建立了一个集中的、单一的服务接入点。这样，使得全市范围内的同一机制来接收所有转介，并对有反社会行为或违法行为的儿童做出处置。经过初步筛查后，所有参与的儿童都会在结构化的小组中学习认知行为技能，而他们的父母则会学习有效的家庭与儿童管理策略。根据个体需要，儿童还可以接受辅导伙伴、心理咨询、家庭学业辅导、学校辩护、教师咨询和其他服务。对照实验在内的大量研究一致表明，该计划在对儿童的治疗方面取得了积极效果，并被广泛推广。②

---

① Augimeri, Leena K., et al., A Comprehensive Strategy: Children Under 12 in Conflict With the Law: The Forgotten Group, Toronto, Center for Children Committing Offenses, Child Development Institute, 2006.
② 具体参见 Augimeri, Leena K., et al., The SNAP Under 12 Outreach Project: Effects of a Community Based Program for Children with Conduct Problems, Journal of Child and Family Studies, published online 10 Jan. 2007。

总之，针对少年儿童罪犯以及年龄小于最低刑事责任年龄的儿童的系统性应对措施的缺乏，引发了一系列复杂的问题。正如第二章所述，缺乏适当的应对措施会给儿童权利带来各种问题。从经验上看，这种"缺乏"也会使少年犯罪问题随着时间的推移而恶化。与此相应地，解决这些问题的难度和成本也会大大增加。而相比之下，最有效且最具成本效益的方法——也是同全面落实儿童权利相得益彰的方法，是对青少年犯罪的全方位预防。这种预防从低龄儿童的普及计划开始，并在模范计划的基础上，根据需要提供早期的和适当的干预。

四、最低刑事责任年龄威胁儿童有效参与审判的权利

第二章着重阐述了儿童在审判及自我辩护中享有有效参与的权利，在儿童最终无法有效参与受审及自我辩护的情况下，不得对儿童施加刑事责任、相关程序以及惩罚。事实上，如果儿童不具备为自己辩护的能力，或者他们不能够充分了解程序，那么对儿童下令处罚从根本上说就是不公正的。[1] 本节探讨了通过对那些依照规范无法有效参与审判程

---

[1] Archard, David, *Children: Rights and Childhood*, 2nd ed., London, Routledge, 2004.

序的儿童提起刑事诉讼，偏低的最低刑事责任年龄可能系统性地威胁到儿童在受审及辩护中所享有的有效参与权。本节尤其对儿童有效参与审判所需的特定能力的年龄进行着重研究，并讨论了其对最低刑事责任年龄的重要影响。

各国对审判能力设定的法律标准差异很大，但正如第二章所述，儿童权利委员会已列出了反映地区和国际人权标准的基本最低标准：

公正的审判要求被控告或被指控触犯刑法的儿童能够有效地参与审判过程，因此，这些被指控的儿童需要理解指控的内容、可能的后果和惩罚，以便指示法律代理人、询问证人、说明事件经过，并就证据、证词和拟采取的措施作出适当的决定。《北京规则》第十四条规定，诉讼应当在可理解的氛围中进行，以允许儿童参与并自由表达自己的意见。考虑到儿童的年龄和成熟程度，可能还需要修改法庭程序和做法。①

尽管这些国际儿童权利标准设定了更高的门槛，但它们大致类似于美国判例法项下的"裁断能力"所要求的几组主要能力："对指控和潜在后果的了解""对审判流程的了解"

---

① 2007年4月25日《儿童权利公约》一般性意见的第10号第46段：儿童在青少年司法中的权利。

"与律师参与辩护的能力"和"参与法庭审理的能力"。① 这些要求反过来成为关于儿童在不同年龄段相关能力研究的最为广泛的主题。

大量研究表明,培养 11 至 13 岁年龄范围的儿童参与审判所需的能力至关重要。例如,迄今为止规模最大、覆盖范围最广的项目,研究了大约 1400 名年龄在 11—24 岁的年轻人,这些年轻人分属美国四个不同区域的司法系统和普通社区。② 有近三分之一的 11—13 岁儿童一般不具备出庭受审的能力,他们在理解与庭审相关的信息和推理能力方面,与被法院认定为不具备受审能力的成年人持相同水平。这些儿童的表现明显比所有年龄较大的儿童差,与年龄最大的儿童相比,他们缺乏通常意义上的出庭能力的可能性几乎是年龄最大的儿童的三倍。

在此之前,一些规模较小的调查——例如一项关于 247

---

① Dohrn, Bernardine, I'll Try Anything Once: Using the Conceptual Framework of Children's Human Rights Norms in the United States, 41 *University of Michigan Journal of Law Reform* 29, 2007. Grisso, Thomas, What We Know about Youths' Capacities as Trial Defendants, in Grisso, Thomas, and Robert G. Schwartz, eds, *Youth on Trial: A Developmental Perspective on Juvenile Justice*, Chicago, University of Chicago Press, 2000, at 142.
② Grisso, Thomas, et al., Juveniles' Competence to Stand Trial: A Comparison of Adolescents' and Adults' Capacities as Trial Defendants, 27 *Law and Human Behavior* 333, 2003.

名被监禁儿童的出庭受审能力的研究,也得出了一致的结果。① 12 岁及以下的儿童在所有基本的司法能力评估领域的表现,均显著差于年龄较大的儿童。在另一项对 136 名接受临床能力评估的儿童案卷的调查中发现,随着儿童年龄的降低,明显具备受审能力的儿童的百分比急剧下降:14 岁时为 68%;13 岁时为 56%;12 岁时为 27%;11 岁时为 18%;而在 10 岁和 9 岁时则为 0%。② 同样,另一项个案审查中的统计分析发现,12 岁及以下的儿童比年龄较大的儿童更有可能被宣告为无能力出庭受审。③

其他研究超越了美国关于审判能力的正式标准,其探讨了影响儿童实际参与司法程序能力的更广泛的影响因素。例如,11—13 岁的孩子在法律决策情境中的情感成熟度通常低于年龄较大的孩子——在诸如考虑长期后果、感知风险、抵

---

① LaVelle Ficke, Susan, et al., The Performance of Incarcerated Juveniles on the MacArthur Competence Assessment Tool-Criminal Adjudication(MacCAT-CA), 34 *Journal of the American Academy of Psychiatry and the Law* 360, 2006.
② Cowden, Vance, and Geoffrey McKee, Competency to Stand Trial in Juvenile Delinquency Proceedings: Cognitive Maturity and the Attorney-Client Relationship, 33 *Louisville Journal of Family Law* 629, 1995.
③ Baerger, Dana Royce, et al., Competency to Stand Trial in Preadjudicated and Petitioned Juvenile Defendants, 31 *Journal of the American Academy of Psychiatry and the Law* 314, 2003.

制同伴影响和遵从权威人士等关键领域,尤其如此。①

上文提到的其他研究既有局限也有优势。其他研究只关注一个国家的宪法标准,而在这个国家内部,各州的宪法标准各不相同。美国的这些要求与国际儿童权利标准中关于有效参与的规定有很大的相关性,但又不能替代这些标准。此外,迄今为止的调查并未就儿童具备司法能力的确切年龄水平给出明确答案,即使在美国也是如此,更不用说其他国家的法律标准了。这些研究表明了年龄与能力之间的重要联系,但不能外推到全球范围。同时,这些研究也为未来研究国际标准下儿童有效参与所必需的具体能力的研究,提供了前进的方向。功能性的标准或界限可能比我们在第一章中讨论的道德主体性、道德责任和刑事责任的争议边界更加客观且易于测量,且总体上受到价值判断的影响较少。如下文所述,在确定适当的最低刑事责任年龄水平的考虑因素中,相关知识可以发挥重要作用,而关于儿童道德发展的研究一般未能影响相关争论。

---

① 例如参见 Grisso, Thomas, et al., Juveniles' Competence to Stand Trial: A Comparison of Adolescents' and Adults' Capacities as Trial Defendants, 27 Law and Human Behavior 333, 2003; and Abramovitch, Rona, et al., Young people's understanding and assertion of their rights to silence and legal counsel, 37 *Canadian Journal of Criminology* 1, 1995。

这项研究还带来了其他重要的启示，比如法院在进行审判前评估儿童参与能力方面的作用。在各国，几乎没有证据表明存在大量的评估尝试来确保儿童的能力，也没有证据表明辩护律师提出相关的主张。如果儿童及其代表在所有合理的可疑案件中，都要提出申诉，法院可能无法应对大量能力评估所带来的人员和财政负担。[①] 本章将在下文讨论的世界各地法院对无犯罪能力原则的适用表明，无论如何，能力评估都不会得到应有的考虑。

即使在确定儿童无法有效参与审判的情况下，也可能无法提供适当的援助以便于他们参与审判。在被法院裁定为无犯罪能力的成年人案件相对较少的情况下，美国的诉讼程序通常能够有效地提供充分的指示、协助及处理，使审判得以进行。[②] 然而就儿童而言，审判能力欠缺与年龄有关，且其审判能力欠缺的性质表明，克服这一缺陷的唯一方法就是年龄增长和心智成熟。例如，当研究人员向 13 岁及以下的儿童讲授核心法律概念时，他们在法律理解能力方面比

---

① 参见 Scott, Elizabeth S., and Thomas Grisso, Developmental Incompetence, Due Process, and Juvenile Justice Policy, 83 *North Carolina Law Review* 793, 2005。

② 参见 Scott, Elizabeth S., and Thomas Grisso, Developmental Incompetence, Due Process, and Juvenile Justice Policy, 83 *North Carolina Law Review* 793, 2005。

年龄较大的儿童要差。① 修改法庭环境和程序的口头式努力,以及提供指导和协助,似乎成了各国最常见的举措——然而,这些举措可能对儿童有效参与的能力没有产生任何实质影响。

在儿童可能无法有效参与的情况下,法庭可能会将儿童转介至第二章所述的福利导向的程序与措施中。其中,儿童的参与权主要以《儿童权利公约》第十二条为指引:即儿童有权自由表达意见,并且他们的观点应当根据其年龄和成熟程度得到适当的重视。如果法庭在缺乏儿童有效参与的情况下,转而处理刑事责任、程序或处罚,则直接侵犯了国际标准所规定的儿童的核心权利。

正因上述因素,较低刑事责任年龄带来了许多困难。较低的刑事责任年龄系统地将无法有效参与刑事审判的儿童置于刑事审判的风险之中。虽然并非所有与最低刑事责任年龄同样年幼的被告,都应或将会面临刑事诉讼,但大多数国家既没有查明无法有效参与的儿童,也无法为儿童提供足够的协助以使其能够参与诉讼。关于美国儿童及其标准的初步研

---

① Viljoen, Jodi L., et al., Teaching Adolescents and Adults about Adjudicative Proceedings: A Comparison of Pre-and Post-Teaching Scores on the MacCAT-CA, 31 *Law and Human Behavior* 419, 2007.

究表明，对于11—13岁这一年龄段，培养参与审判所需的能力至关重要，而12岁及以下的儿童可能不具备这些能力。尽管没有直接可比性，但这些结果至少让人对近90个国家中低于12岁的最低刑事责任年龄提出了质疑，同时也对这些国家的儿童是否能在审判中有效参与表示怀疑。

最切实可行、最公正的方法可能是制定最低刑事责任年龄，将潜在的刑事责任限制在那些极可能具备有效参与能力的儿童身上。缺乏有效参与能力的儿童将是例外，官员们可以更容易地识别和帮助他们。如有必要，还可以将他们转介到福利项目和程序中。然而，这并不表明仅仅为了确保儿童有效参与刑事程序，就应该不断提高最低刑事责任年龄。除本研究报告中提出的其他考虑因素外，大幅提高最低刑事责任年龄也会产生影响，即减少儿童对他们的指控和控告作出回应的机会，尤其是在他们完全有能力这样做的情况下。在不受刑事法律公平审判要求约束的福利程序中，儿童有权获得重要但范围较窄的参与权。对于有能力有效参与的年龄较大的儿童来说，这种政策与其权利相冲突，即有权让自己的所有能力得到认可、尊重和培养。此外，如果有相当一部分儿童基于参与能力而被排除在刑事责任之外，就像在此基础上设定较高的最低刑事责任年龄所产生的效果一样，将不会被社会广泛地接受。制度危机很可能随之而来，而制度也可能无法适当地处理儿童问题。① 今后对儿童有效参与能力的研究，即该研究根据国际儿童权利标准界定并在国家层面应用，可以在最低刑事责任年龄的辩论中发挥重要的、潜在的决定性作用。然而，各种考虑因素之间的平衡仍然很微妙，这些辩论必须权衡更广泛的权利和政策考量。

五、对无犯罪能力和其他类似推定的破坏

第四章概述了罗马法中无犯罪能力原则的法律起源——这是一种可反驳的推定，即在最低刑事责任年龄与更高年龄限制之间，儿童不负责任；并描述了英国普通法在全球范围内传播这一原则的影响。② 随着时间的推移，无犯罪能力原则在各国传播、编纂、修订和司法解释过程中，也经历了无数次修改。类似的原则测试也产生了很多变化，如历史上法

---

① 参见 Scott, Elizabeth S., and Thomas Grisso, Developmental Incompetence, Due Process, and Juvenile Justice Policy, 83 *North Carolina Law Review* 793, 2005。
② 一般可参见 Cipriani, Don, *The Minimum Age of What? Criminal Responsibility, Juvenile Justice, and Children's Rights*, unpublished draft, Florence, UNICEF Innocenti Research Centre, 2002。

国法律中的辨识力测试。无犯罪能力原则引发了当代国内外激烈的辩论——支持和反对的声音各不相同，既有支持儿童权利的，也有反对更严厉司法的。① 然而，正如第三章所述，最近人权机构达成共识，认为这些制度与儿童权利不可调和，这也是本节的出发点。接下来的部分概述了无犯罪能力及其类似测试在不同法律体系下的演变，并发现无犯罪能力原则的保护初衷，常常因推定而被忽视、转化为责任推定、适用不一致、使用的证据存在问题以及责任归咎成为歧视形式而被削弱。

英格兰的无犯罪能力条款在1998年被最终废除之前，曾引起了数十年的激烈争论。② 甚至在1883年，就有一位评论者批评类似测试"实际上并未发挥作用"，且其应用是"随心所欲的"。③ 1960年，一个著名的法律审查委员会建议废除这一推定，理由是有证据表明它仍然"没有得到一致的应用，

---

① 尤其是可参见 Crofts, Thomas, Doli Incapax: Why Children Deserve Its Protection, 10 *Murdoch University Electronic Journal of Law*, no.3, 2003；和 Bradley, Lisa, The Age of Criminal Responsibility Revisited," 8 *Deakin Law Review* 71, 2003。
② Crofts, Thomas, *The Criminal Responsibility of Children and Young Persons: A Comparision of English and German Law*, Aldershot(England), Ashgate, 2002.
③ Crofts, Thomas, Doli Incapax: Why Children Deserve Its Protection, *10 Murdoch University Electronic Journal of Law*, no.3, 2003, pars. 39 and 10.

而且法院在要求证明有罪意图的程度上各不相同"。① 在英国废除无犯罪能力之前的最后时期，反驳所需的证据要求仍然不明确。② 首选的证据，即儿童在接受警方询问时的陈述存在许多的问题，包括儿童对自身法律权利的理解不足、缺乏法律援助、警方恐吓和威胁等方面。不论发生何种情况，在议会就是否废除无犯罪能力推定进行辩论时，政府官员承认，无论如何都没有广泛的实证数据可用于评估该测试的实际运作。

在澳大利亚，类似的问题也很突出。理论上，无犯罪能力推定适用于年龄在最低刑事责任年龄（10岁）至14岁之间的所有儿童。但相关法律"一个多世纪以来一直受到批评"。③ 此外，这一推定通常被忽视，并且儿童被推测为有

---

① Crofts, Thomas, *The Criminal Responsibility of Children and Young Persons: A Comparision of English and German Law*, Aldershot(England), Ashgate, 2002, at 24.
② 一般可参见 Crofts, Thomas, Doli Incapax: Why Children Deserve Its Protection, 10 *Murdoch University Electronic Journal of Law*, no.3, 2003；和 Bradley, Lisa, The Age of Criminal Responsibility Revisited, 8 *Deakin Law Review* 71, 2003；和 Crofts, Thomas, *The Criminal Responsibility of Children and Young Persons: A Comparision of English and German Law*, Aldershot(England), Ashgate, 2002。
③ Mathews, Benjamin Peter, *Australian Laws Ascribing Criminal Responsibility to Children*, PhD thesis, Queensland University of Technology, 2001, at 132. 一般参见 Bradley, Lisa, The Age of Criminal Responsibility Revisited, 8 Deakin Law Review 71, 2003；和 Crofts, Thomas, Doli Incapax: Why Children Deserve its Protection, *10 Murdoch University Electronic Journal of Law*, no.3, 2003。

能力承担责任。甚至，在一些农村和其他地区，许多从业人员明显不熟悉无犯罪能力原则的概念或应用。在提出抗辩时，法院会采纳各种似乎有损儿童程序公正的证据——包括在没有法律顾问在场的情况下向警察招供。而且评论家们也指出，无论如何，这一推定在证据极少的情况下就会被推翻。

在亚洲和非洲的普通法国家，无犯罪能力原则往往会成为一种责任推定或社会经济歧视的手段。例如，在孟加拉国和肯尼亚的法庭上，足够成熟的儿童可能仅仅是指街头儿童、雏妓和贫困儿童，因为往往在没有对成熟度进行真正评估的情况下，就将刑事责任归咎于这些群体。① 即使进行了评估，法庭也往往是对儿童的背景及其被指控的罪行进行随意的裁决。在缅甸、巴基斯坦和斯里兰卡，司法实践扭转了无犯罪能力的举证责任。检察官不再提供证据证明相关年龄段儿童的成熟程度，而是推定儿童应承担责任，除非检察官

---

① CRADLE et al., *Street Children and Juvenile Justice in Kenya*, London, 2004. Uddin Siddiqui, Kamal, The Age of Criminal Responsibility and Other Aspects of the Children Act, 1974, 2004 年 1 月 16 日在达卡举行的"提高刑事责任年龄及 1974 年儿童法其他方面"研讨会上所作的报告。另可参见 Past Ugandan practices, in Nsereko, D.D.N., Uganda, 1995, in Fijnaut, Cyrillus, and Frankk Verbruggen, eds, Criminal Law, in Blanpain, Roger, ed., *International Encyclopaedia of Laws*, The Hague, Kluwer Law International, 2004.

证明儿童不够成熟。①

在南非和纳米比亚这两个继承了有限的罗马—荷兰法律传统的国家，其在普通法的无犯罪能力推定方面也遇到了类似的困难。研究表明，纳米比亚关于 7 至 14 岁儿童无责任的推定通常被忽视，或被简单地转化为责任推定，而无责任的结论则是例外。② 在南非，尽管当代的无犯罪能力判例法非常详尽，但在实践中，下级法院通常要接受不完整、无效和/或简化的调查，这些调查未能考虑所有必需的反驳问题。③

在民法传统中，德国法院根据相关标准对 14 至 18 岁儿童的潜在刑事责任进行单独评估。④ 法理学理论对确切的要求进行了高度细化，但"在实践中似乎存在着规避要求的倾

---

① 2003 年 7 月 1 日，儿童权利委员会在斯里兰卡举行的第 872 次会议的摘要记录。2003 年国际特赦组织于伦敦发表《巴基斯坦：剥夺儿童囚犯的基本权利》；以及 Jillani, Anees, Cries Unheard: Juvenile Justice in Pakistan, Islamabad, Society for the Protection of the Rights of the Child, 1999. 2001 年 7 月，联合国儿童基金会东亚和太平洋区域办事处，与作者的来往信件。
② Schulz, Stefan, and Marthinus Hamutenya, Juvenile Justice in Namibia: Law Reform towards Reconciliation and Restorative Justice?, Restorative Justice Online, June 2004.
③ Sloth-Nielsen, Julia, *The Influence of International Law upon Juvenile Justice Reform in South Africa*, LLD thesis, University of the Western Cape, 2001.
④ Crofts, Thomas, *The Criminal Responsibility of Children and Young Persons: A Comparision of English and German Law*, Aldershot(England), Ashgate, 2002.

向"。① 批评者认为，这一测试不再具有任何有意义的作用，而且经验证据表明，当刑事责任成为规则时，该测试经常被忽视。一项研究表明，在案件判决中确实包括成熟度评估的情况下，儿童的刑事责任几乎在每一个案件中都被草率地证明是正当的。②

最后，在历史悠久的法国民法传统中，儿童是否承担刑事责任及承担的程度，需依据他们在特定年龄区间内展现出的个体辨识是非的能力来判断。与其他国家一样，社会经济歧视也是常见的结果。例如在尼日尔共和国，只有法庭专家才能确定13岁及以上的儿童在被指控的犯罪行为发生时是否有辨别能力。③ 而专家费用需要儿童的家庭支付，但由于大多数家庭无力承担这些费用，因此评估很少进行。实际上，大多数儿童在13岁时就要承担刑事责任，而富裕家

---

① Crofts, Thomas, *The Criminal Responsibility of Children and Young Persons: A Comparision of English and German Law*, Aldershot(England), Ashgate, 2002, at 177.
② Crofts, Thomas, *The Criminal Responsibility of Children and Young Persons: A Comparision of English and German Law*, Aldershot(England), Ashgate, 2002, at 177.
③ 2001年7月，联合国儿童基金会尼日尔分部与作者的通信。一般可参见 Cipriani, Don, *The Minimum Age of What? Criminal Responsibility, Juvenile Justice, and Children's Rights*, unpublished draft, Florence, UNICEF Innocenti Research Centre, 2002。

庭的儿童可以支付专家的费用，因此直到18岁才承担刑事责任。

六、成人利用儿童作为犯罪工具的问题

专家认为，在世界范围普遍存在成年人利用儿童从事犯罪活动的现象。① 例如，在欧洲、意大利、俄罗斯和澳大利亚，② 进行组织性犯罪、贩毒、儿童卖淫的犯罪团伙，都在利用弱势儿童和幼儿进行犯罪。尽管被工具性利用的儿童不

---

① David, Pedro, The Instrumental Use of Juveniles in Criminal Activities, in UN Centre for Human Rights et al., *Children in Trouble: UN Expert Group Meeting*, report of the UN Expert Group Meeting: Children and Juveniles in Detention: Application of Human Rights Standards, Vienna, 30 October to 4 November 1994, Vienna, Austrian Federal Ministry for Youth and Family, 1995.

② Committee on the Rights of the Child, *Concluding observations: Italy*, CRC/C/15/Add.41, 27 Nov 1995, par. 11. Committee on the Rights of the Child, *Compte rendu analytique de la 1077e séance*, CRC/ C/SR.1077, 18 Oct 2005, par 18. International Organization for Migration and the Austrian Federal Ministry of the Interior, *Resource Book for Law Enforcement Officers on Good Practices in Combating Child Trafficking*, Vienna, 2006. Bell, Duane, and Bruce Heathcote, Gangs and Kinship: Gang Organisation amongst Contemporary Indigenous Culture in Western Australia, presented at *Children and Crime: Victims and Offenders Conference*, Brisbane, Australian Institute of Criminology, 17—18 June 1999. 参见 Cipriani, Don, *The Minimum Age of What? Criminal Responsibility, Juvenile Justice, and Children's Rights*, unpublished draft, Florence, UNICEF Innocenti Research Centre, 2002。

限于低于最低刑事责任年龄的儿童，但可能会对低于最低刑事责任年龄的儿童造成更大的威胁。年龄较小的儿童不仅更容易受到伤害，而且缺乏相应的处罚措施予以回应。相对而言，年龄较大的儿童和成人面临被逮捕起诉的可能性更大，而幼儿则不会。基于这种可能性的考量，成年人罪犯就更喜欢将幼儿作为犯罪工具加以利用。同时，这也意味着犯罪的幼儿不易在官方记录中被追查到，因此，也使成年人操纵幼儿进行犯罪的行为不会像操纵年长儿童那样明显。① 此外，针对成年人的追诉工作力量有限，导致工具化现象进一步加剧，而保护儿童的工作又异常复杂，且往往效果不佳。各个国家、各级政府和部门都将这一问题作为国际犯罪组织、雇佣童工、拐卖儿童、儿童福利和保护和/或少年司法的一个问题来处理。② 近年来的许多案例展现出其中一些艰难的动态变化。

---

① Palomba, Federico, The Instrumental Use of Juveniles in Criminal Activities, in UN Centre for Human Rights et al, *Children in Trouble: UN Expert Group Meeting*, report of the UN Expert Group Meeting: Children and Juveniles in Detention: Application of Human Rights Standards, Vienna, 30 October to 4 November 1994, Vienna, Austrian Federal Ministry for Youth and Family, 1995.

② 参见 inter alia, the Convention concerning the Prohibition and Immediate Action for the Elimination of the Worst Forms of Child Labour(ILO No.182), 38 I.L.M. 1207, adopted 17 Jun. 1999。

在巴基斯坦，犯罪工具化是非常严重的问题。① 成年贩毒者收买儿童，让他们搬运封装后的包裹，但不一定会告知儿童包裹里装着毒品。如果运输成功，此后毒贩就有廉价的配送员可用。在这种情况下，无犯罪能力推定在理论上也适用于 7 至 12 岁的儿童。然而，如果警察逮捕了儿童，人贩子往往会贿赂警察让其忽视自己的罪责，而涉案儿童则会被追究责任。在巴基斯坦，大约有 5000 名儿童被关在监狱里。据专家估计，对这些儿童最常见的指控是携带毒品犯罪——甚至年仅 8 岁的儿童，也被指控如此。② 另一种工具化的现象也普遍存在——报复性谋杀，因此，在一所监狱里，近 20% 的儿童正在等待谋杀指控的审判。在农村地区更为常见的是，家庭成员命令儿童进行报复性谋杀，谋杀对象通常是以前的家庭成员。

其他国家也出现了相关问题。在哥伦比亚，毒贩利用幼

---

① Integrated Regional Information Network, *Pakistan: Focus on Boys behind Bars*, UN Office for the Coordination of Humanitarian Affairs, 10 Sept. 2001. 一般参见 Cipriani, Don, *The Minimum Age of What? Criminal Responsibility, Juvenile Justice, and Children's Rights*, unpublished draft, Florence, UNICEF Innocenti Research Centre, 2002。
② Integrated Regional Information Network, *Pakistan: Focus on Boys Behind Bars*, UN Office for the Coordination of Humanitarian Affairs, 10 Sept 2001; and Society for the Protection of the Rights of the Child, *The State of Pakistan's Children 2003*, Islamabad, 2004.

儿实施毒品相关的谋杀。警察没有将重心放在成年实行者身上，而是抱怨他们无权对儿童采取行动。① 香港也存在毒贩利用幼儿的相关报道，由于担心这种工具化现象会扩大，香港抵制提高最低刑事责任年龄。② 对工具化利用儿童进行刑事犯罪的担忧，也直接影响到泰国、菲律宾和南非等国提议的修正案。欧洲部分地区也存在类似巴基斯坦的报复性谋杀，即父母命令未达最低刑事责任年龄的男孩对自己的女性家庭成员实施"名誉谋杀"。③

同样在欧洲，成年人将罗马尼亚儿童贩卖到德国的城市，从事扒窃、入室盗窃和卖淫等活动。④ 特别是，人贩子

---

① Griswold, Eliza, The 14-Year-Old Hit Man, *New York Times Magazine*, 28 Apr 2002.
② Law Reform Commission of Hong Kong, *Report on the Age of Criminal Responsibility in Hong Kong*, Wanchai, 2000. 一般参见 Cipriani, Don, *The Minimum Age of What? Criminal Responsibility, Juvenile Justice, and Children's Rights*, unpublished draft, Florence, UNICEF Innocenti Research Centre, 2002。
③ Council of Europe Committee of Ministers, 788 *Meeting of the Ministers' Deputies: 13 March 2002: Steering committee for equality between women and men(CDEG) Explanatory memorandum*, CM(2002)17 Addendum, 8 Feb 2002.
④ Gittrich, Thomas, Overview on the Situation of Unaccompanied Minors in Germany-Examples of Good Practice in Reception, in *Final Report from Conference on Separated and Trafficked Children in the Baltic Sea Region*, Vilnius, September 1416, 2003. International Organization for Migration, *Trafficking in Unaccompanied Minors for Sexual Exploitation in the European Union*, Brussels, 2001.

往往会将目标锁定在低于德国最低刑事责任年龄 14 岁的弱势儿童身上，将这些弱势儿童集中监禁在戒备森严的德国公寓中。一旦儿童试图逃跑，就会遭到威胁、殴打、强奸和折磨。德国和罗马尼亚政府做出的回应是，实施 36 小时快速遣送计划，以救助所有与父母失散的罗马尼亚儿童。因此，被贩卖的儿童的总数有所下降。然而，被遣送的儿童往往又会在罗马尼亚流落街头，或回到最初将他们卖给人贩子的家庭中，而能够保障他们不再被贩卖的后续措施却十分有限。

最后，在坦桑尼亚的入室盗窃和偷窃案件中，涉及至少三名嫌疑人的盗窃案通常会包含一名 7 至 13 岁的儿童嫌疑人。① 成年罪犯利用被称为"老鼠"的儿童，让这些儿童从窗户或其他狭小空间进入住宅。然后，孩子们从里面打开门，让成人入室盗窃。如果入室盗窃未遂，儿童通常会被单独抓获，而成年主犯则能够狡猾地成功逃脱。某法院的统计数据显示，近 40% 的成人刑事犯罪都涉及对儿童的工具性利用。

---

① Legal and Human Rights Centre, *The State of Juvenile Justice In Tanzania: A FactFinding Report on Legal and Practical Considerations*, Dar-Es-Salaam, 2003. 坦桑尼亚的最低刑事责任年龄为 10 岁，并且会对 10 至 12 岁的儿童进行无犯罪能力推定。在桑给巴尔，最低刑事责任年龄为 12 岁，并会对 12 至 14 岁的儿童进行无犯罪能力推定。

七、法院漠视最低刑事责任年龄和不按法定程序处置儿童犯罪

在某些国家，法官未能始终如一地适用最低刑事责任年龄制度，或不按法定程序处置被指控的儿童罪犯。这些现象往往存在共同的关键因素——当指控儿童罪犯时，为了实现报应，更愿意无视法律。有时，结果也几乎是完全一致的：未满最低刑事责任年龄的儿童被剥夺自由，甚至更糟，其会侵犯儿童权利和破坏法律制度。

最令人震惊的案件是，伊朗对被指控犯罪时年龄低于最低刑事责任年龄的儿童判处死刑。除最低刑事责任年龄问题外，国际法作为强制性规范，明确禁止对被指控犯罪时未满18岁的任何人判处死刑。[①] 在其他违反这一强制性规定的行为中，尽管伊朗自己的最低刑事责任年龄为15个阴历年（即14岁零7个月），当局仍于2007年12月对麦克万·莫莱德扎德（Makwan Mouladzadeh）处以绞刑。但是，据当

---

① Human Rights Committee, *General Comment No.24: Issues relating to reservations made upon ratification or accession to the Covenant or the Optional Protocols thereto, or in relation to declarations under article 41 of the Covenant*, CCPR/C/21/Rev.1/ Add.6, 4 Nov. 1994, par. 8.；也可参见 CRC Art. 37(a)。

局称麦克万·莫莱德扎德是在 13 岁时就犯下罪行。2006 年，三名男子指控莫莱德扎德在七年前强奸了他们，但他们随后撤回了指控，莫莱德扎德也撤回了自己的供词，称其供词是在警察胁迫下作出的假供词。① 对莫莱德扎德判处的绞刑也无视了伊朗司法机构负责人的暂缓执行和进一步司法审查的命令，该负责人认为最初的定罪违反了伊斯兰教法。② 在其他案件中，艾哈迈德·努尔扎希（Ahmad Nourzahi）因 12 岁时犯下的罪行而被判处死刑，另有三名男孩因 14 岁时犯下的罪行（即可能低于最低刑事责任年龄）而被判刑和 / 或被处决。③

其他国家和地区的例子说明与最低刑事责任年龄相关的法律适用范围有限。例如，在科索沃和乌干达，即使有时涉案儿童的年龄低于最低刑事责任年龄，法院也会简单地让这些儿童为自己的行为承担刑事责任。为了解决同样的问题，孟加拉国最高法院让官员追溯适用最低刑事责任年龄和无行

---

① Human Rights Watch, *Iran: Revoke Death Sentence in Juvenile Case*, Washington, 3 Nov. 2007.
② Human Rights Watch, *Iran: Prevent Execution of Juvenile Offender*, New York, 5 Dec. 2007.
③ Amnesty International, *Iran: The last executioner of children*, London, 2007. Child Rights Information Network, *IRAN: Appeal to spare the lives of youths*, Geneva, 8 Jul. 2008.

为能力的规定，并释放因年龄太小或不成熟而无法承担刑事责任的儿童。① 在坦桑尼亚，一起备受瞩目的案件涉及一名 9 岁男孩，尽管他的年龄低于最低刑事责任年龄，但却被指控强奸一名 5 岁女童并被定罪。② 该男孩被判处终身监禁，但后来这一判决被撤销。

与法院漠视最低刑事责任年龄形成鲜明对比的是，执法人员通过私人私刑对幼童采取了非法定程序的行为。③ 这些行为往往被认为与国家针对儿童的法律措施不足有关，因此执法人员选择将法律掌握在自己手中。低于最低刑事责任年龄的儿童面临的风险特别大，因为许多国家都没有对他们的非法行为做出任何实质性的回应，从而强化了年轻儿童不负责任的形象。因此，在牙买加，警察甚至把远远低于 12 岁

---

① World Organisation Against Torture, *Rights of the Child in Bangladesh: Report on the Implementation of the Convention on the Rights of the Child in relation to Children in Conflict with the Law by Bangladesh*, Geneva, 2003.
② Legal and Human Rights Centre, *The State of Juvenile Justice In Tanzania: A FactFinding Report on Legal and Practical Considerations*, Dar-Es-Salaam, 2003. 坦桑尼亚的最低刑事责任年龄为 10 岁，并且会对 10 至 12 岁的儿童进行无犯罪能力推定。在桑给巴尔，最低刑事责任年龄为 12 岁，并会对 12 至 14 岁的儿童进行无犯罪能力推定。
③ 一般参见 Cipriani, Don, *The Minimum Age of What? Criminal Responsibility, Juvenile Justice, and Children's Rights*, unpublished draft, Florence, UNICEF Innocenti Research Centre, 2002。

的最低刑事责任年龄的 9 岁和 10 岁儿童，长期与成年人关押在相同的牢房里。① 阿富汗和尼日利亚等国也存在相关问题。在以色列，武装部队经常无视军事命令，逮捕年龄低于以色列最低刑事责任年龄 12 岁的巴勒斯坦儿童，而且显然至少有一名这样的儿童在狱中遭受酷刑和性虐待。②

相反，在莫桑比克和坦桑尼亚等国，针对幼儿的私刑是一个严重的问题。在这些国家，私人经常逮捕被利用进行入室盗窃或涉嫌抢劫的儿童。③ 在坦桑尼亚，暴民司法显然是针对低于最低刑事责任年龄的儿童的常见对策，包括集体殴打，有时甚至是致命的殴打。

---

① UN Economic and Social Council: Commission on Human Rights, *Question of the Human Rights of All Persons Subjected to Any Form of Detention or Imprisonment, in Particular: Torture and Other Cruel, Inhuman or Degrading Treatment or Punishment: Report of the Special Rapporteur, Mr. Nigel S. Rodley, Submitted Pursuant to Commission on Human Rights Resolution 1995/37, E/CN.4/1996/35*, 9 Jan. 1996, par. 94.

② Office of the Special Representative of the Secretary-General for Children and Armed Conflict, *Report: Visit of the Special Representative for Children & Armed Conflict to the Middle East: Lebanon, Israel and Occupied Palestinian Territory*, 9—20 April 2007, 2007. Special Committee to Investigate Israeli Practices Affecting the Human Rights of the Palestinian People and Other Arabs of the Occupied Territories, Report, A/62/336, 24 Sept. 2007, par. 66.

③ Legal and Human Rights Centre, *The State of Juvenile Justice In Tanzania: A FactFinding Report on Legal and Practical Considerations*, Dar-Es-Salaam, 2003. Committee on the Rights of the Child, *Initial report of States parties due in 1996: Mozambique*, CRC/C/41/Add.11, 14 May. 2001.

结　语

在世界范围内，各种各样的实践挑战使最低刑事责任年龄的实施复杂化并遭到破坏：缺乏年龄证明和不可靠的年龄估算；针对触犯法律的低于最低刑事责任年龄的儿童的对策存在问题或没有对策；过低的最低刑事责任年龄导致无法有效进行自我辩护的儿童被起诉；忽视或不一致地、歧视性地应用无行为能力推定和类似推定；成年人在犯罪活动中利用幼儿；司法不仅会漠视最低刑事责任年龄，而且还会对低于最低刑事责任年龄的儿童采取非法定程序的行为。儿童权利原则以及法律制度和有效的公共政策都要求处理和解决这些问题。有关少年司法问题和最低刑事责任年龄规定的争论，为采取这些行动提供了适当的机会，事实上，这些争论必须至少充分考虑到这些潜在的问题，以便进行连贯的改革。

较高的最低刑事责任年龄与上述许多问题密切相关。例如，在儿童普遍不具备可靠的年龄证明的情况下，针对青春期后期的年龄估算可能会越来越困难，因为这些儿童的外貌接近成人，虚报年龄的情况可能会增加。如果政府不能对触犯法律的低于最低刑事责任年龄的儿童提供可靠的、系统的和适当的应对措施——这些儿童的数量会随着最低刑事责任年龄的提高而增加——那么,将不适当的干预和/或降低最低刑事责任年龄作为刑法应对措施的压力就会增加。在这种情况下,政府干预显然是对儿童权利的严重威胁,非法定程序的行为和私刑也是如此。事实上,少年司法的历史以问题重重的国家干预为特点,目前研究表明,这种风险仍然存在,例如存在于许多受苏联法律影响的少年司法系统中。较高的最低刑事责任年龄也可能为进一步利用幼儿从事犯罪活动提供便利。

国家对触犯法律的幼儿做出适当反应的问题,同样值得特别关注。正如本研究在第二章中所论述的,从儿童权利的整体视角出发,各国应当在与发展相适应的水平上,以适当的方式遵守国际少年司法标准,让所有儿童为自己的行为负责。这一点对最低刑事责任年龄之上和之下的儿童都是如此,这是让儿童在法律上承担责任的实质性和象征性限制。除其他因素外,低于最低刑事责任年龄的应对措施必须是非刑事性、非惩罚性的,且只有极少数例外情况下是监禁性的。研究大体支持这一观点,并与国际共识相吻合,即12岁是可接受的最低刑事责任年龄。研究表明,针对12岁及以下儿童的最有效对策不是逮捕、剥夺自由和相关法律制裁。同时,对幼儿罪犯缺乏有效的应对措施,与儿童随着时间的推移发展成为严重、长期和暴力的罪犯之间存在相关性。对于触犯法律的低于最低刑事责任年龄的儿童，两种最常见的应对措施是以惩罚为主的措施和完全不采取应对措施，这些可能是最适得其反的手段。这些措施在侵犯儿童权利的同时，还会导致犯罪问题日趋严重，从而使解决这些问题的难度和成本不断增加。

　　本章强调的挑战是确保儿童有效参与审判，这是国际少年司法标准中的一项核心权利，也是对最低刑事责任年龄最敏感的挑战。最低刑事责任年龄偏低可能会系统地导致部分儿童暴露在刑事审判中，而这些儿童在正常情况下是无法有效参与审判的，他们无法适时改进或学习如何有效参与审判。当这些儿童无法有效参与审判时，他们也不可能被排除在刑事审判之外。虽然这是一个复杂的问题，但在这种情况下，最好的起点可能是在大多数儿童有能力有效参与的最低年龄段进行刑事司法协助审查。在未来，根据儿童有效参与的国际标准，对刑事责任能力进行国家层面的比较研究，能够为儿童有效参与审判的发展作出重要贡献。美国广泛的相关研究表明，根据美国的具体标准，11—13岁是儿童能力发展的关键时期。

　　归根结底，不论平均最低刑事责任年龄水平如何，或少年司法的制度如何，本章强调的各种挑战都可能在某种程度上影响世界各国。正如第三章所述，《儿童权利公约》规定的义务涉及所有这些问题。因此，似乎每个国家都有义务对一直存在的问题采取行动。如果实践措施未能解决这些问题，最低刑事责任年龄就不再是少年司法方面的重要里程碑，而更像是对儿童权利的误导。

第七章
让最低刑事责任年龄为儿童权利服务

最低刑事责任年龄（MACR）是儿童可能被判定为犯罪，或因触犯一国刑法而在少年司法中承担责任的最低年龄。它也标志着一个国家对触犯法律的幼儿的处理承诺，即只采取非惩罚性的方式，而不承担刑事责任。尽管最低刑事责任年龄的内涵具有重要的意义，但在实践中，最低刑事责任年龄标准本身对保护儿童权利的意义可能微乎其微。在很大程度上，要使最低刑事责任年龄为儿童权利服务，取决于各国为全面落实所有儿童权利所做的更大努力，包括通过充分尊重这些权利的有效少年司法和儿童保护制度。在这一更大的框架内，最低刑事年龄是一个重要的转折点，需要认真对待，但必须密切考虑对年龄低于和高于其门槛的儿童的影响。

与此同时，法律制度的基本合法性要求建立最低限度的刑事司法审查制度——这是法律的确定性和刑事处罚所传递的道德谴责的最低要求。此外，根据《儿童权利公约》规定的义务和显然适用于所有国家的国际法一般原则，除两个国家之外，所有国家都有建立最低刑事责任年龄制度的义务。根据国家和地区的不同，这些义务可能会由国家、地区和/或国际司法机构强制执行。此外，国际指导为各国提供了建议——有时是附加法律义务，以说明如何建立和适用最低刑事责任年龄制度。

作为结论，本章汲取现有研究的内容，阐述了以支持儿童权利的方式建立和实施最低刑事责任年龄的主要考虑因素。

一、界定具有意义的最低刑事责任年龄

尽管界定最低刑事责任年龄似乎相当简单，但是它不仅是一个设立和适用年龄限制的问题。对于儿童而言，不论是在法律还是在实践中，对刑事责任的理解都必须与相关的程序、措施、条件，以及这些因素的正当理由联系起来。不论是在成人和少年刑法中，还是在以福利、关怀与保护为背景的民法中，对高于或低于最低刑事责任年龄儿童的刑事责

任,都应当采用这种理解方式。最低刑事责任年龄是重要的法律里程碑,但是设定的年龄以及设定这些年龄阶段的名义上的理由,往往不如实践中发生的具体情况具有启示性。

正因如此,在界定最低刑事责任年龄时,把其仅限于儿童潜在地会承担刑事责任的最低年龄,是不充分的。正在形成的国际共识认为,最低刑事责任年龄必须提供一个在各国家领土范围内都适用的清晰的法律标准,并平等地适用于其境内的所有儿童,统一执行而不受任何形式的歧视。最低刑事责任年龄排除次要的和多重刑事责任年龄,比如无犯罪能力以及类似规定的年龄,也不包括根据犯罪类型或者推定犯罪的严重程度而规定的多重年龄界限。相比之下,根据国际人权和少年司法标准,成人刑事法院的最低责任年龄(即刑事成年的最低年龄)为18岁或以上。

国际共识还认为,低于最低刑事责任年龄的儿童在少年或成人刑事司法系统中,在被指控犯罪的时候,不能被正式追究刑事责任,也不能对其采取刑事法律程序或相应的处置措施。不论在何种制度的背景下,都不能以任何刑事定罪的方式对待这些儿童,包括警察拘留或其他形式的拘留。相反,可以采取符合其最大利益的特别保护措施,即要么通过非刑事司法诉讼程序或者完全不诉诸司法诉讼的程序。在所有保护性程序中应适用所有重要权利，法律保障必须确保程序和处理措施是公平的。特别是在那些极为罕见的情况下，当特殊保护性措施可能会剥夺低于最低刑事责任年龄的儿童的自由时，与剥夺自由有关的额外权利才能适用。

然而，国家在实践中如何应对最低刑事责任年龄的宽泛理解，并不总是很清楚。在对最低刑事责任年龄以下的儿童，适用特别保护措施的情况下尤其如此，因为许多国家的措施在保护和惩罚之间含糊不清。古典刑法提供了一个额外的参考点，用来评估可能表明事实上刑事责任的措施。[①] 惩罚通常包括所有令人不快的制裁，这些制裁主要作为对犯罪行为的报复或作为对进一步犯罪行为的预防。更确切地说，刑事处罚是与过去一些犯罪行为有关的法律制裁措施，这些措施主要为了惩罚罪犯或保护公共安全。因此，尽管是基于过去的行为或罪行而下令采取康复、改造和治疗措施，并旨在防止将来的行为或罪行，但这些措施仍然是刑事处罚。

这些不同面相的惩罚措施和最低刑事责任年龄的含义，为国家最低刑事责任年龄的评估提供了客观基础。与最低刑事责任年龄的定义相矛盾的做法或规定，应当得到纠正。如

---

① Packer, Herbert L., *The Limits of the Criminal Sanction*, Stanford, Stanford University Press, 1968.

159　果这些做法和规定是惩罚的表现，因此也就意味着刑事责任。但这些做法和规定对于低于最低刑事责任年龄的儿童来说，是不可接受的，因此应予以摒弃，转而采取适当的补救措施。

国家主管部门对确保最低刑事责任年龄的定义符合本节所述内容负有主要责任。其他机构，包括国家法院和独立的人权机构、区域和国际司法机构、区域和国际人权监测机构以及国家、区域和国际非政府组织（NGOs），均应发挥重要作用。基于此出发点，这些机构应审查正式的法律和政策规定，对形式上低于或高于最低刑事责任年龄的儿童做出的实际反映情况也应进行审查，并且要对做出这些反应的背后理由分别进行说明；还要审查儿童行为对这些反应的作用、处置措施的理由在实践中是否得到体现，以及审查一般预期是否有益。另外，有关国家回应的综合数据，无论是合法的还是非法的，为了低于和高于最低刑事责任年龄的儿童，都应被审查。①

---

① 例如，数据至少可按以下分类进行细分：年龄；性别；地区；农村／城市地区；国家、社会和民族出身；干预措施的审查原因、性质、持续时间、环境和周期性；任何时期被剥夺自由的所有案件，包括逮捕；儿童被剥夺自由的场所数量、可用空间的数量以及照顾者与儿童的比例。

二、最低刑事责任年龄：规定、执行和监督

在界定"儿童"的不断斗争过程中，颁布最低刑事责任年龄是高度政治化和令人省悟的时刻。纵观少年司法的历史，这场斗争主要是以讨论采取福利和司法方法的名义展开，并且其是以截然不同的儿童能力观、权利观、刑事责任观以及因此涉及的最低刑事责任年龄为根据的。但这两种方法都带来了概念上的缺陷，对儿童产生了重要和深远的实际影响。国际儿童权利也包含一套关于儿童和儿童时期的观念，但这套观念是在一个可行且能持久解决并调解福利与司法之间的紧张关系的框架内的观念。以儿童发展能力的多面相概念为核心，该观念中关于儿童刑事责任的观点，被一系列的关于高于和低于最低刑事责任年龄的儿童之程序性和实体性的考量因素，变得五彩缤纷。本节从规定、执行和监督最低刑事责任年龄的结果方面，研究了这些视角中的几个因素。

（一）年龄问题

就非常具体地规定最低刑事责任年龄的年龄阶段而言，迄今为止的学术证据不足以有力地为所有国家推荐一个最佳

年龄界限。尽管如此,这项研究确也发现了一些重要指标,这些指标表明12—13岁是最能满足儿童权利的最低刑事责任年龄的年龄阶段。首先,最低刑事责任年龄应当被设定在12岁或以上是国际共识。而且,目前全球的最低刑事责任年龄的中位年龄是12岁。在涉及对最低刑事责任年龄进行变化后的接受度考量,以及维持最低刑龄长期稳定方面,中位年龄是一个重要的实践考虑因素。虽然这些措施只在北美实施,但现有最全面的犯罪研究表明,对于12岁及以下的儿童,最有效的应对措施是严苛的非惩罚性和以治疗为导向的措施,并且这些措施应当以家庭或学校为基础。当这些措施正确实施后,某些示范方案会持续减少短期和长期的问题行为和犯罪的发生,并且这些方案的实施完全符合低于最低刑事责任年龄的儿童所享有的权利。相比之下,对12岁及以下的儿童实施逮捕、剥夺自由和其他惩罚性措施通常是无效的。事实上,随着时间的推移,实施这些措施通常会导致儿童的行为和犯罪问题更加严重。

儿童有效参与审判的能力是确定最低刑事责任年龄的年龄阶段时另一个至关重要的考虑因素。较低的最低刑事责任年龄使年幼的儿童整体都面临刑事审判,而这些儿童可能无法有效地参与自己的辩护,并且法院也可能无法识别所有的这些儿童，也无法将这些儿童转介到适当的福利或保护程序中。从这一角度来看，将最低刑事责任年龄规定在儿童更能在审判中有效地参与自己的辩护的年龄，可能才是最佳方法。将来，针对"有效参与"的国际标准的定义的比较和国家级研究，可能能确定儿童通常需要的必要能力的年龄。美国关于有效参与审判的相关法律标准的广泛研究表明，11—13岁的年龄对于儿童有效参与审判能力的发展至关重要，尽管这些发现不能直接外推到其他国家。

逐步提高最低刑事责任年龄的年龄阶段，在理论和实践两个层面上，都给尊重儿童权利带来了很多困难。国际上最低刑事责任年龄不应低于12岁的普遍共识，已经反映了以保护儿童权利为导向的相关立场。因此，隐含的是较低的最低刑事责任年龄与儿童权利之间是不相容的。尽管一些当局支持将最低刑事责任年龄的年龄阶段设定得远远高于12岁——这样的设定在很大程度上仍是由保护性立场驱动的，但是这种年龄阶段的设定会带来其他挑战。

儿童权利的相互关联性表明，这种保护性倾向需要与其他相关原则相平衡。然而，只单独要求大幅度提高最低刑事责任年龄的主张，却无法做到这一点。例如，这些主张单独大幅度提高刑事责任年龄的论点天然地将儿童描述为能力较差和责任感较低,这种定性与主张让这些儿童更多参与、更多考虑儿童自己以及儿童实际上代表他们自己行使权利的观点,是相矛盾的。

能力发展原则要求切实地承认、尊重并培养儿童的能力,并且随着儿童能够行使自己的权利,那么无论是自由还是承担的责任,也应随之增加。对于儿童而言,在责任和自由不断增加的过程中,他们需要在能力不断发展的适当阶段上逐渐认识到他们的选择所产生的后果,这是向完全的成人权利和责任过渡的一个渐进过程。少年司法制度是这条发展道路上的一个符合儿童能力发展原则且极具价值的组成部分,且责任和刑事责任都在其中发挥着重要的作用。能力发展过程中的保护,确实非常重要,例如保护儿童免于承担他们尚未准备好的责任。然而,这种通过不断提高最低刑事责任年龄,从而达到以保护的名义拖延刑事责任的做法,会侵犯儿童的其他权利。国际少年司法标准的程序性和实质性规则,能够更好地解决那些在通常情况下反复出现且能引发关注保护儿童权利的少年司法问题。执行这些标准是对所有儿童权利的尊重,尽管其具有挑战性,但却是具有可持续性的解决方案。

相比之下,把最低刑事责任年龄提高到12—13岁以上,以避免少年司法问题，似乎既不可持续，而且也不可能在实践中实现对儿童权利的尊重。相对较高的最低刑事责任年龄，常常导致对儿童的看法简单化，如将他们视为无辜或邪恶、受害者或加害者。在现实中，这些观念不会都期望把所有未满18岁的人均视为是"无辜者"，一些年长的儿童将面临施加刑事责任的可能性。至少，严厉的言论和政策可能会针对这些未满十八岁的人。此外，年幼儿童的单纯暴力犯罪很快就会导致这种逻辑发生转变，由此导致违背保护性意图，进而导致强烈要求对犯下这些罪行的"邪恶"儿童进行惩罚的公共和政治压力，以及导致对更广泛的权利议程造成不可估量的不利影响。

在实践中，推动提高最低刑事责任年龄，也会导致对年幼儿童普遍且有争议的国家干预。例如，拉丁美洲以前的异常情况制度、一些以福利为导向的少年司法制度，以及许多显然受到苏联法律影响的制度，都有所体现。向年龄较大的青少年群体施加严格的非惩罚性措施的难度增加，而且这往往与公众问责的压力相冲突，有时会导致法外待遇和私刑。随着最低刑事责任年龄的增长，其他问题也越来越多。在儿童普遍不具有可靠年龄证明的情况下，随着更多触犯法律的儿童数量已经接近极限，对年龄的估计可能变得越来越困难。如果不采取明显且更有效的努力来制止对儿童的剥削，利用年幼儿童参与犯罪活动的倾向也可能会增加。

（二）没有执行和监督的年龄之意义不大

正如上文所指出，最低刑事责任年龄低于12岁被认为与儿童权利相抵触。与此同时，最低刑事责任年龄超过12—13岁与儿童权利之间的矛盾也日益凸显。尽管如此，仅仅将最低刑事责任年龄设定为12或13岁是不够的。年龄阶段的设定本身不能与针对低于或高于各自最低刑事责任年龄儿童的政策相分离，并且除非这些政策获得慎重的协调，否则最低刑事责任年龄就无法有效地发挥其预期功能。本节重点介绍需要同时解决的一些最低限度的考虑因素。

国家全面落实儿童权利和国际少年司法标准是基础。简单地说，特别是通过实现儿童的社会、经济、公民和政治权利，以及为所有儿童开展持续而全面的犯罪预防工作，都能减少对后续各种类型干预的需求。这些积极的措施直接减轻了将来对幼儿的惩罚性政策和其他违背儿童权利做法的压力。总的来说，这种能够减轻压力的工作需要在整个社会范围内，包括在经济、法律、政治、体制、政策和其他领域得到执行和监督，并明确鼓励对儿童及其犯罪行为进行结构—

第七章　让最低刑事责任年龄为儿童权利服务

体制性理解。然而，这些领域的制度尽管是同步性的制度，但其会传统地认为这和他们本身并不具有相关性。这迫使人们从根本上重新思考对犯罪预防的传统理解。犯罪预防转向了角色和责任这一更大的根据；因此应更早地开始针对所有儿童的预防计划；重点关注非惩罚性的、以家庭和学校为基础的，防止短期和长期青少年犯罪的具体示范计划。这种计划还要求普及出生登记，并需要结合符合最新的国际指南的年龄审核制度和政策。

儿童权利原则还指导儿童个体层面的行动，包括对所有触犯法律的儿童都采取与其发展相适应的应对措施，无论这些儿童的年龄处于最低刑事责任年龄以上还是以下。首先，对于低于最低刑事责任年龄的儿童，不论是在形式上还是在实质上，程序和应对措施都必须反映出其不是追究刑事责任。就像普遍预防方案那样，针对年幼儿童的破坏性、好斗性以及犯罪行为，已证明有效的示范干预方案都是以治疗、非监禁的和非惩罚性的措施为导向的。也就是说，在没有刑事责任的情况下，这些干预方案通常是可以接受的。通常与缺乏责任相悖的选择，例如惩罚性措施、法律制裁和剥夺自由，可能会使年幼儿童的破坏性、好斗性以及犯罪行为，随时间的推移而恶化。同样，直接忽视儿童的早期破坏性行为和违法行为，会导致随着时间推移，出现长期持续和更严重的犯罪行为。恶化的犯罪问题不仅更难解决，而且解决代价更昂贵，甚至还会导致面临降低最低刑事责任年龄的压力。新兴政策应严肃对待年幼的儿童及其行为，并通过适合发展的示范方案对幼儿及其行为作出持续反应。

对达到最低刑事责任年龄的儿童来说，其存在承担刑事责任的可能性。然而，这既不意味着也不表明，所有达到最低刑事责任年龄且触犯法律的儿童，都会面临刑事诉讼或被追究刑事责任。这类儿童确实应该受到与他们行为发展程度相符合的回应，但儿童权利鼓励采用替代程序的方式和多样化的处置选择，而非采取正式的刑事诉讼和制裁。针对年幼儿童的相同示范干预方案——始终是非监禁性的、非惩罚性的和治疗导向的，也是对大龄儿童的问题行为和犯罪行为的最有效的对策。通常而言，可假定儿童的真实同意并充分尊重儿童权利，那么这些措施可以通过各种替代性措施实现，比如恢复性司法、社区调解、传统司法制度。① 重要的是，国际儿童权利也要求，剥夺自由只能作为在特殊情况下使用的最后处置手段，并且剥夺自由的时间仅能持续最短的必要

---

① 参见 Van Bueren, Geraldine, A Curious Case of Isolationism: America and International Child Criminal Justice, 18 *Quinnipiac Law Review* 451, 1999。

期间。对大龄儿童来说，惩罚性制裁和剥夺自由，与年幼儿童一样，通常是无效或有害的。

支持最低刑事责任年龄的框架——国家落实所有儿童权利，为所有儿童提供普遍的犯罪预防，以及对低于和高于最低刑事责任年龄的儿童分别采取适当对策的框架，同样也需要公众的认同和支持，以保持最低刑事责任年龄随时间推移而稳定有效。为了使《儿童权利公约》的原则和规定——"利用适当的积极手段，使成人和儿童都能普遍知晓《公约》的原则和规定"，作为更大义务和努力的一部分，应该积极倡导全国性辩论，以此来鼓励了解在少年司法中的儿童权利。[①]这些工作的努力包括与媒体的建设性接触、公众教育和宣传运动，以及对有关公职人员的培训。做出的这些努力表达了对儿童时期的看法，即：抵制将辩论简化为好孩子与坏孩子，而是促进对所有儿童的尊重和尊严的维护，并鼓励对所有儿童做出适当的回应。这种观念强调了社会落实儿童权利的共同作用和责任，以及给全社会带来的收益。当这些言论观点被更广泛地接受并内化时，最低刑事责任年龄才能较为成功地标示并确定少年司法中的无责任和刑事责任之间的

---

① 《儿童权利公约》第四十二条。

界线。

尽管如此,世界上每个国家可能都存在与最低刑事责任年龄有关的严峻挑战,这就凸显出仔细监督执行工作的重要性。儿童权利和少年司法监督需要审查最低刑事责任年龄的潜在问题,例如与年龄估计有关的问题、与低于最低刑事责任年龄儿童不相符的或有问题的应对措施问题、有效参与审判的问题、将儿童作为犯罪活动的利用工具问题,以及扩大了公众对少年司法的误解问题。在出现挑战现象时,应对法律、政策和计划进行相应的调整。这种监督和调整主要是国家当局的主要任务,其应根据《儿童权利公约》来落实儿童权利。国家当局的工作应由相关机构,例如独立的人权机构、国家和国际非政府组织,以及国家、区域和国际司法和条约监督机构等机构完成。这些机构应完成这些工作,且应对此负责。

最低刑事责任年龄确实是界定"儿童时期"的一个至关重要的标志,但仅凭这一年龄限制,并不能终结实践中经常围绕其发生的侵权行为。尽管使最低刑事责任年龄为儿童权利服务,需要采取更为广泛的路径以及付出更加全面的努力,但是儿童权利要求我们必须全力以赴。

附件一 联合国儿童权利公约

（1989年11月20日联合国大会第44/25号决议通过，并于1990年9月2日生效）

序 文

本公约缔约国

考虑到根据《联合国宪章》所宣布的原则，承认人类大家庭所有成员的固有尊严以及平等和不可剥夺的权利是世界自由、正义与和平的基础。

铭记联合国人民在《宪章》中重申他们对基本人权以及人格尊严和价值的信念，并决心在更广泛的自由中促进社会进步和更高的生活水平。

承认联合国在《世界人权宣言》和《国际人权公约》中宣布并同意：人人都有权享有一切的权利和自由，不因种族、肤色、性别、语言、宗教、政治或其他见解、国籍或社会出身、财产、出生或其他身份而有任何区别。

回顾在《世界人权宣言》中，联合国宣布儿童有权得到特别照顾和援助，深信家庭作为社会的基本单元，作为家庭所有成员特别是儿童的成长和福利的自然环境，应获得必要的保护和援助，使家庭能充分承担社会上的责任。

认识到为了使儿童的个性得到全面和谐的发展，儿童应在充满幸福、爱与理解的家庭环境中成长。

考虑到儿童应做充分准备而能够在社会中独立生活，并应本着《联合国宪章》所宣布的理想精神，特别是在和平、尊严、宽容、自由、平等和团结的精神之下成长。

铭记在1924年的日内瓦《儿童权利宣言》以及1959年11月20日由联合国大会通过的《儿童权利宣言》中已经申明了的对儿童给予特别关照的必要性，并且这一需要已在《世界人权宣言》、《公民权利和政治权利国际公约》（特别是在第二十三条和第二十四条）、《经济、社会及文化权利国际公约》（特别是在第十条）以及关注儿童福利的专门机构和国际组织的章程及相关文件中得到了确认。

铭记《儿童权利宣言》指出："儿童由于身心不成熟，在出生前后均需要特殊的保障和照顾，包括适当的法律保护"。

回顾《关于保护儿童和儿童福利的社会和法律原则宣言》的各项规定,特别是关于国内和国际上寄养安置和收养的规定;《联合国少年司法最低限度标准规则》(《北京规则》);以及《在紧急情况和武装冲突中保护妇女和儿童宣言》。

认识到世界各国都有生活在特别困难条件下的儿童,这些儿童需要得到特别照顾。

充分考虑到各民族的传统和文化价值观念对保护儿童和促进儿童和谐发展的重要性。

认识到国际合作对改善各国,特别是发展中国家儿童生活条件的重要性。

达成如下协议:

第一部分

第一条

就本《公约》而言,儿童是指十八岁以下的任何人,除非根据适用于该儿童的法律,成年年龄较早。

第二条

1. 缔约国应毫无歧视地尊重并确保其管辖范围内每一儿童均享有本《公约》中所规定的一切权利,不因儿童或其父母或法定监护人的种族、肤色、性别、语言、宗教、政治或其他见解、国家、民族或社会出身、财产、残疾、出生或其他身份而有任何差异。

2. 缔约各国应采取一切适当措施确保儿童受到保护，不因其父母、法定监护人或家庭成员的地位、活动、所表达的观点或信仰而受到一切形式的歧视或惩罚。

第三条

1. 在公共或私人社会福利机构、法院、行政当局或立法机构采取的一切有关儿童的行动中，儿童的最大利益应是首要考虑因素。

2. 缔约国承诺确保儿童享有福祉所需的保护和照料，同时考虑到儿童父母、法定监护人或对其负有法律责任的其他个人的权利和义务。为此，缔约国应当采取一切适当的立法和行政措施。

3. 缔约各国应确保负责照料或保护儿童的机构、服务机构和设施符合主管当局制定的标准，特别是在安全、卫生、工作人员的数量和员工的资格以及有效监督方面。

第四条

缔约国应采取一切适当的立法、行政和其他措施，以实现本《公约》所承认的权利。关于经济、社会和文化权利，缔约国应在其现有资源的最大限度内采取措施，必要时在国际合作的框架内，采取这些措施。

第五条

缔约国应当尊重父母或在适用时按照当地习俗认定的大家庭成员或社区成员、法定监护人或其他依法对儿童负有责任的人的责任、权利和义务，根据儿童逐渐成长的能力，以适当的方式指导和引导儿童行使本《公约》所确认的权利。

第六条

1. 缔约国承认，每个儿童都有与生俱来的生命权。

2. 缔约国应尽最大可能确保儿童的生存和发展。

第七条

1. 儿童出生后应立即登记，并有权自出生起拥有姓名，有权取得国籍，以及尽可能知其父母是谁的知情权和被父母照顾的权利。

2. 缔约国应确保根据其国内法和在这一领域的相关国际文书下的义务，落实这些权利，特别是在不如此做，否则儿童无国籍的情况下。

第八条

1. 缔约国承诺尊重儿童维护其身份，包括法律所承认的国籍、姓名和家庭关系，不受非法干涉的权利。

2. 如果儿童被非法剥夺其身份方面的部分或全部要素，缔约国应提供适当的援助和保护，以期迅速重新确立其身份。

第九条

1. 缔约国应确保儿童不应违背父母的意愿与他们分离，除非经司法审查的主管当局依照适用的法律和程序，确定这种分离是为儿童的最佳利益所必需的。在某些特殊情况下，如父母虐待或忽视儿童，或父母分居而必须决定儿童的居住地等，可能需要作出这种决定。

2. 凡依照本条第 1 款进行的任何诉讼，应给予所有有关各方参加诉讼并表明其意见的机会。

3. 缔约国应尊重与父母一方或双方分离的儿童与父母双方定期保持个人关系和直接联系的权利，但违反儿童的最大利益的情况除外。

4. 如果这种分离是由缔约国对父母一方或双方或儿童本身所采取的任何行动，如拘留、监禁、流放、驱逐出境或死亡（包括该人在国家监禁下因任何原因造成的死亡），那么根据请求，该缔约国应向父母、儿童或适当情况下向家庭其他成员提供有关失踪家庭成员行踪的基本信息，除非提供此类信息将不利于儿童的福祉。缔约国还应进一步确保相关人员不因提交此类请求而受不利后果。

第十条

1. 根据第九条第 1 款规定的缔约国义务，缔约国应以积极、人道和迅速的方式处理儿童或其父母为家庭团聚目的而进入或离开一缔约国的申请。缔约国还应确保，这种请求的提出不应对申请人及其家庭成员造成不利后果。

2. 父母居住在不同国家的儿童，除特殊情况外，应有权定期维持与父母双方的个人关系和直接联系。为此目的，按照缔约国在第九条第 1 款所规定的义务，缔约国应尊重儿童及其父母离开包括本国在内的任何国家和进入本国的权利。离开任何国家的权利仅应受到法律规定的限制，且这些限制是为保护国家安全、公共秩序（公共安全）、公共卫生或道德，或他人的权利和自由所必需的，并且与本《公约》所承认的其他权利相一致。

第十一条

1. 缔约国应采取措施，制止非法将儿童转移至国外及不予遣返的行为。

2. 为此目的，缔约国应促进缔结双边或多边协定或加入现有协定。

第十二条

1. 缔约各国应确保有主见能力的儿童，有权在一切影响到本人的问题上自由发表自己的意见,并应根据儿童的年龄和成熟程度,适当考虑儿童的意见。

2. 为此,儿童应有机会,尤其是在影响其自身的任何司法和行政程序中,以符合国家法律的诉讼规则的方式,直接或者通过代表或适当机构发表意见。

第十三条

1. 儿童应有言论自由的权利,这项权利应包括不受国界限制地以口头、书面或印刷、艺术形式或通过儿童选择的任何其他媒介,寻求、接受和传播各种信息和思想的自由。

2. 这一权利的行使可能受到某些限制,但这些限制只能是由法律规定的并且是必要的:

  a. 尊重他人的权利或名誉;或

  b. 为了保护国家安全或公共秩序,或公共卫生或道德。

第十四条

1. 缔约国应尊重儿童享有思想、信仰和宗教自由的权利。

2. 缔约国应尊重父母的权利和义务,并在适用时尊重法定监护人的权利和义务,以符合儿童不断发展的能力的方式指导儿童行使其权利。

3. 表达自己宗教或信仰的自由,仅受法律规定的限制,且这些限制是为保护公共安全、秩序、卫生或道德，或他人的基本权利和自由所必需。

第十五条

1. 缔约国承认儿童享有结社自由以及和平集会自由的权利。

2. 这些权利的行使不得受到除法律规定以外的任何限制，且这些限制必须是在民主社会中为了国家安全、公共安全、公共秩序（公共治安）、保护公共卫生或道德，或为了保护他人的权利和自由所必需。

第十六条

1. 任何儿童的隐私、家庭、住宅或通信均不受任意或非法干涉，其荣誉和名誉也不得受到非法攻击。

2. 儿童有权受到法律保护，而免于这种干涉或攻击。

第十七条

缔约国确认大众传媒所发挥的重要作用，并应确保儿童能够接触到来自国内外多元的信息和资料，特别是那些旨在促进其社会、精神和道德福祉以及身心健康的内容。为此目的，各缔约国应：

  a. 鼓励大众传播媒介按照第二十九条的精神，传播有益于儿童的社会和文化的信息和材料；

b. 鼓励来自不同文化、国家和国际资源在编制、交流和传播这类信息和资料方面的国际合作；

c. 鼓励儿童读物的编著和传播；

d. 鼓励大众传播媒介特别注意属于少数群体或土著儿童的语言需要；

e. 鼓励根据第十三条和第十八条的规定制定适当的准则，保护儿童不受有损于其福祉的信息和资料之害。

第十八条

1. 缔约国应尽最大努力确保父母双方对儿童的抚养和成长负有共同责任的原则得到确认。父母或在适当情况下法定监护人对儿童的抚养和成长负有主要责任。儿童的最大利益应是他们的根本关切。

2. 为保障和促进本《公约》所规定的权利，缔约国应在父母和法定监护人履行其抚养儿童的责任方面提供适当协助，并应确保发展照顾儿童的机构、设施和服务。

3. 缔约国应采取一切适当措施，确保就业父母的子女有权享受他们有资格享受的托儿服务和设施。

第十九条

1. 缔约国应采取一切适当的立法、行政、社会和教育措施，保护儿童在受父母、法定监护人或者任何其他负责照料儿童的监护时，免受任何形式的身体或精神暴力、伤害或虐待、忽视或照料不周、苛待或剥削，包括性虐待。

2. 这些保护措施应在适当情况下包括采取有效程序来建立社会项目，以为儿童及其照顾者提供必要的支持，以及采取其他形式的预防措施，并在适当情况下，对上述儿童虐待案件进行查明、报告、转介、调查、处理和追究，以及在适当情况下进行司法介入。

第二十条

1. 暂时或永久被剥夺家庭环境的儿童，或为其自身的最大利益不被允许留在这种环境中生活的儿童，有权得到国家提供的特别保护和援助。

2. 缔约国应根据其国内法确保对这类儿童的替代照料。

3. 这种照料除其他外可包括寄养、伊斯兰法的"卡法拉"（监护）、收养或在必要时将儿童安置在适当的机构。在考虑解决办法时，应应当考虑到儿童培养教育的连续性以及儿童的种族、宗教、文化和语言背景的可取性。

第二十一条

凡承认和／或允许收养制度的缔约国应确保以儿童的最大利益为首要考虑，并应：

a. 确保儿童收养仅由有权机构批准，这些机构根据适用的法律和程序并依据所有相关和可靠的信息，确定收养儿童有关父母、亲属和法定监护人方面的情况后可允许收养，必要时，有关人士已在可能需要的咨询基础上对收养表示知情同意；

b. 确认如果儿童无法被寄养或被领养家庭收养，或无法在儿童原籍国以任何适当方式得到照顾，则可将跨国收养视为照料儿童的一个替代办法；

c. 确保跨国收养所涉及的儿童享有与本国收养相同的保障和标准；

d. 采取一切适当措施，确保在跨国收养中的安置不会给参与人员带来不正当的经济利益；

e. 在适当时通过缔结双边或多边协议或协定来促进本条文目标的实现，并在此框架内努力确保主管当局或机构负责将儿童安置在另一国家。

第二十二条

1. 缔约国应采取适当措施，确保申请难民身份或根据适用的国际或国内法律和程序被视为难民的儿童，无论有无父母或其他人陪同，均可获得适当的保护和人道主义援助，以享有本《公约》和上述国家作为缔约国的其他国际人权或人道主义文书中规定的适用权利。

2. 为此目的，缔约国应对联合国及其他与联合国合作的政府间组织或非政府组织所做的任何努力提供其认为适当的合作，共同保护和协助这类儿童，并为难民儿童追寻其父母或其他家庭成员，以便获得必要消息使家庭团聚。在未能找到儿童的父母或其他家庭成员的情况下，该儿童应获得与本《公约》中所述因任何原因而永久或暂时脱离家庭环境的其他儿童相同的保护。

第二十三条

1. 缔约国确认身心残疾的儿童应在确保其尊严、促进其自力更生和促进其积极参与社会生活的条件下，享受充实和体面的生活。

2. 缔约国确认残疾儿童享有接受特别照料的权利，并应鼓励和确保在现有资源允许范围内，向符合条件的儿童和负责照料该儿童的人提供所申请的、与申请人情况相适应的援助，并将这种照料扩展到符合条件的儿童和负责照料他或她的人。

3. 鉴于残疾儿童的特殊需要，同时考虑到该儿童的父母或其他照顾人员的财务状况，在可能的情况下应免费提供按照本条第 2 款给予援助，并应确保残疾儿童能够有效获得和接受教育、培训、医疗服务、康复服务、就业准备和娱乐机会，其方式应有利于儿童最大限度地融入社会、实现个人发展，包括其文化和精神发展。

4. 缔约各国应本着国际合作精神，促进预防性保健和残疾儿童的医疗、心理和功能治疗领域的适当信息交流，包括康复方法、教育和职业服务信息的传播与获取，以使缔约国能够提高其能力和技术，并扩大其在这些领域的经验。在这方面，应特别考虑到发展中国家的需要。

第二十四条

1. 缔约国承认儿童有权享有可达到的最高标准的健康，并有权使用医疗和康复设施。缔约国应努力确保没有任何儿童被剥夺获得这些医疗服务的权利。

2. 缔约国应充分致力于实现这项权利，特别是应采取适当措施，以：

  a. 降低婴幼儿死亡率；

  b. 确保向所有儿童提供必要的医疗援助和保健，重点是发展初级卫生保健；

  c. 防治疾病和营养不良，包括在初级保健框架内，特别是通过应用现有可得的技术和提供充足的营养食品和清洁饮用水，同时考虑到环境污染的危险和风险；

d. 确保为母亲提供适当的产前和产后保健；

e. 确保向社会各阶层，特别是向父母和儿童介绍有关儿童保健和营养、母乳喂养的好处、个人卫生和环境卫生以及预防事故等基本知识，并使其接受这方面的教育和支持其应用这种基本知识；

f. 开展预防保健、对父母的指导和计划生育教育和服务。

3. 缔约国应采取一切有效和适当的措施，以期废除有害儿童健康的传统习俗。

4. 各缔约国承担促进和鼓励国际合作，以期逐步充分实现本条所确认的权利。在这方面，应特别考虑到发展中国家的需要。

第二十五条

缔约国确认对于因照料、保护或治疗其身心健康的目的，而被主管当局安置的儿童，有权获得对提供给儿童的治疗及其所受安置相关的所有情况的定期审查。

第二十六条

1. 缔约国应确认每一儿童有权享受社会保障，包括社会保险，并应根据其国内法采取必要措施充分实现这一权利。

2. 在提供福利时,应考虑到儿童和对儿童负有抚养责任的人的经济状况和环境,以及与儿童提出的或他人代表儿童提出的福利申请有关的任何其他考虑因素,酌情给予福利。

第二十七条

1. 缔约国确认每个儿童都有权享有足以适合其身体、心理、精神、道德和社会发展的生活水准。

2. 父母或其他对儿童负责的人负有在其能力和经济条件允许范围内,确保儿童发展所必需生活条件的主要责任。

3. 缔约国应根据本国国情,在力所能及的范围内,采取适当措施,协助父母和其他对儿童负责的人实现这项权利,并应在必要时提供物质援助和支助方案,特别是在营养、衣着和住房方面。

4. 缔约国应采取一切适当措施,确保从缔约国国内和国外的父母或对儿童负有经济责任的其他人那里追索对儿童的赡养费。特别是,如果对儿童负有经济责任的人生活在与儿童不同的国家,缔约国应促进加入国际协定或缔结这种协定,以及做出其他适当安排。

第二十八条

1. 各缔约国承认儿童有受教育的权利,为了在机会平等的基础上逐步实现这一权利，缔约国尤其应：

　　a. 实施全面的免费初等义务教育；

　　b. 鼓励发展不同形式的中等教育，包括普通教育和职业教育，使每个儿童都能获得这些教育，并采取适当措施，如实行免费教育和向有需要的人提供财政补助；

　　c. 通过一切适当手段，根据能力使所有人都能获得高等教育的机会；

　　d. 向所有儿童提供教育和职业信息和指导；

　　e. 采取措施鼓励按时出勤和降低辍学率。

2. 缔约国应采取一切适当措施，确保以符合儿童人格尊严和本《公约》的方式管理学校纪律。

3. 缔约各国应促进和鼓励在有关教育事项方面的国际合作，特别是为了促进在全世界消除愚昧和文盲，并便利获得科学技术知识和现代教学方法。在这方面，应特别考虑到发展中国家的需要。

第二十九条

1. 缔约国一致同意儿童的教育应指向以下方面：

　　a. 培养儿童的个性、才能、智力和身体能力，以开发其最大潜力；

b. 培养对人权和基本自由以及《联合国宪章》所载原则的尊重；

c. 培养对儿童的父母、他或她自身的文化认同、语言和价值观念的尊重，对儿童生活的国家的民族价值观念、其可能来自的国家以及不同于其本国的文明的尊重；

d. 使儿童能够本着所有人民、族裔、民族和宗教团体以及土著民族之间的谅解、和平、宽容、两性平等以及友好的精神，在自由社会中过有责任感的生活；

e. 培养对自然环境的尊重。

2. 对本条或第二十八条的任何部分的解释均不得干涉个人和团体设立和指导教育机构的自由，但必须始终遵守本条第 1 款规定的原则，并遵守在这些机构中提供的教育应符合国家可能规定的最低标准的要求。

第三十条

在存在有民族、宗教或语言方面属于少数群体或土著居民的国家中，属于此类少数群体或为土著的儿童不应被剥夺以下权利：与群体内的其他成员共同享受自己的文化、信奉自己的宗教并举行宗教仪式或使用自己的语言。

第三十一条

1. 缔约国确认儿童有权休息和休闲，参加适合其年龄的游戏和娱乐活动，并自由参加文化生活和艺术活动。

2. 缔约国应尊重和促进儿童充分参与文化和艺术生活的权利，并应鼓励为文化、艺术、娱乐和休闲活动提供适当和平等的机会。

第三十二条

1. 缔约国承认儿童有权受到保护，不受经济剥削，不从事任何可能有害或影响儿童教育或有害儿童健康或身体、心理、精神、道德或社会发展的工作。

2. 缔约国应采取立法、行政、社会和教育措施，确保本条款的执行。为此目的，并考虑到其他国际文书的有关规定，缔约国应特别：

    a. 规定最低就业年龄；

    b. 规定雇佣的时间和条件的适当规则；

    c. 规定适当的处罚或其他制裁，以确保本条款的有效执行。

第三十三条

缔约国应采取一切适当措施，包括立法、行政、社会和教育措施，保护儿童不致非法使用有关国际条约中所界定的麻醉药品和精神药物，并防止利用儿童非法生产和贩运这类物质。

第三十四条

缔约国承担保护儿童免受一切形式的性剥削和性虐待。为此目的，缔约国应特别采取一切适当的国家、双边和多边措施，防止：

    a. 引诱或强迫儿童从事任何非法的性活动；

    b. 利用儿童卖淫或从事其他非法的性活动；

    c. 利用儿童进行色情表演和充当色情题材。

第三十五条

缔约国应采取一切适当的国家、双边和多边措施，防止出于任何目的或以任何形式诱拐、买卖或贩运儿童。

第三十六条

缔约国应保护儿童免受有损儿童福利的任何方面的一切其他形式的剥削之害。

第三十七条

缔约国应确保：

    a. 儿童不得遭受酷刑或其他残忍、不人道或有辱人格的待遇或处罚。对未满 18 岁的人所犯罪行，不得判处死刑或无释放可能的无期徒刑；

b. 任何人不得非法或任意地剥夺儿童的自由。对儿童的逮捕、拘留或监禁应符合法律的规定，并仅应作为最后手段，其使用的期限应当为最短的适当时间；

c. 所有被剥夺自由的儿童应受到人道的对待，并应尊重其人格的固有尊严，并且这种对待方式应考虑到他们这个年龄段的特殊需求。特别是，每个被剥夺自由的儿童应与成人分开关押，除非认为不这样做才符合儿童的最佳利益，并应有权通过通信和探访与他或她的家人保持联系，但特殊情况除外；

d. 每个被剥夺自由的儿童应有权迅速获得法律和其他适当援助，并有权向法院或其他独立公正的主管当局就其自由被剥夺的合法性提出质疑，且有权迅速对任何此类行动得到裁决。

第三十八条

1. 缔约国承担尊重并确保尊重在武装冲突中对其适用的国际人道主义法律中有关儿童的规则。

2. 缔约国应采取一切可行措施，确保未满 15 岁的人不直接参与敌对行动。

3. 缔约国应避免将未满 15 岁的人招募入伍。在招募已满 15 周岁但未满 18 周岁的人员时,缔约国应致力于优先考虑年龄最大的人员。

4. 根据国际人道主义法律规定的保护武装冲突中的平民的义务,缔约国应采取一切可行措施,确保保护和照顾受武装冲突影响的儿童。

第三十九条

缔约各国应采取一切适当措施,促使遭受下列行为之害的儿童身心康复和重返社会:任何形式的忽视、剥削或凌辱;酷刑或任何其他形式的残忍、不人道或有辱人格的待遇或处罚;或武装冲突。这种康复和重返社会应在促进儿童健康、自尊和尊严的环境中进行。

第四十条

1. 缔约国确认,每一名被指控、被控告或被认为违反刑法的儿童都有权以符合促进儿童尊严和价值感的方式得到对待,这种对待方式加强了儿童对他人人权和基本自由的尊重,并考虑到儿童的年龄以及促进其重返社会并在社会中发挥建设性作用的愿望。

2. 为此目的,并考虑到国际文书的有关规定,缔约国应特别确保:

a. 任何儿童均不得因作为或不作为之时本国法或国际法不禁止的作为或不作为之理由,而被指称、指控或认为违反刑法;

b. 每一个被指控或被控告违反刑法的儿童至少得到以下保证:

（1）在依法判定有罪之前被假定为无罪;

（2）迅速且直接地告知对其的指控,在适当情况下通过其父母或法定监护人告知,并在准备和提出辩护时获得法律或其他适当的协助;

（3）由一个独立公正的主管当局或司法机构,在法律或其他适当协助的情况下,通过依法公正审理及时判决,尤其考虑到儿童的年龄或状况,其父母或法定监护人也应在场,除非认为这样做不符合儿童最大利益;

（4）不被强迫作证或认罪;有权审查或要求审查不利于自己的证人,并在平等条件下要求有利于自己的证人出庭和接受质询;

（5）如果被认为违反了刑法,有权根据法律规定，要求更高一级的、独立公正的主管当局或司法机构对该判决及其后续采取的任何措施依法进行复审；

（6）如果儿童不懂或不会说所使用的语言，有权免费得到一名口译员的帮助；

（7）在诉讼的所有阶段，当事人的隐私应得到充分尊重。

3. 缔约各国应努力促进建立专门适用于被指控、被控告或被认定违反刑法的儿童的法律、程序、当局和机构，特别是：

a. 规定儿童在低于最低年龄时应被推定为不具有违反刑法的行为能力；

b. 适当和必要时，在充分尊重人权和法律保障的前提下，采取不诉诸司法程序的措施处置这些儿童。

4. 应采取各种处置方案，如照顾、指导和监督命令、辅导、考察、寄养、提供教育和职业培训方案以及机构照料以外的其他替代方案，以确保对待儿童的方式适合儿童福祉、并与他们的情况和罪行相称。

第四十一条

本《公约》的任何规定均不应影响下列各项中更有利于

实现儿童权利的规定：

　　a. 缔约国的法律；或

　　b. 对该国有效的国际法。

第二部分

第四十二条

缔约国承担以适当的积极方式使成人和儿童能普遍了解《公约》的原则和规定。

第四十三条

1. 为审查各缔约国在履行依据本《公约》所承担义务方面所取得的进展，应设立儿童权利委员会，该委员会应履行以下规定的职能。

2. 委员会应由 10 名在本《公约》所涉领域具有崇高道德地位和公认能力的专家组成。委员会成员应由缔约国从其国民中选出，并应以个人身份任职，同时需考虑到公平地域分配以及主要的法律体系。

3. 委员会成员应以无记名投票方式从缔约国提名的人员名单中选举产生。每一缔约国可从其本国国民中提名一人。

4. 委员会的初步选举应最晚不迟于本《公约》生效之日

起六个月举行,此后每两年举行一次。联合国秘书长应至少在每次选举日期前四个月致函各缔约国,请他们在两个月内提出其提名的人选。秘书长随后应按字母顺序编制所有被提名者的名单,注明提名他们的缔约国,并分送本《公约》各缔约国。

5. 选举应在联合国总部由秘书长召开的缔约国会议上举行。在此会议上,应以三分之二缔约国出席作为法定人数,得票最多且获得出席并参加表决的缔约国代表绝对过半数的人,当选为委员会成员。

6. 委员会委员由选举产生,任期四年。如果成员被再次提名,他们有资格再次当选。在第一次选举中选出的委员中,有5名任期应在两年届满;这5名成员应由会议主席在第一次选举后立即以抽签方式选出。

7. 如果委员会的成员去世、辞职或声明由于其他原因不能再履行委员会职责,提名该成员的缔约国应从其国民中另选一名专家,接替完成剩余任期,但需经委员会批准。

8. 委员会应制定自己的议事规则。

9. 委员会应选举主席团成员,任期两年。

10. 委员会会议通常应在联合国总部或委员会确定的任何其他方便的地方举行。委员会通常每年举行一次会议,委员会会议的会期应由本《公约》缔约国会议确定并在必要时进行审查,但须经大会批准。

11. 联合国秘书长应提供必要的工作人员和设施,以便委员会有效履行本《公约》规定的职责。

12. 本《公约》所设委员会的成员,经大会核准,应按大会所决定的条件,从联合国资源中领取薪酬。

第四十四条

1. 缔约国承担按下述办法,通过联合国秘书长向委员会提交报告,用以说明他们为落实本《公约》所确认的各项权利而采取的措施,以及在享受这些权利方面所取得的进展:

a. 在《公约》对有关缔约国生效后两年内;

b. 此后每五年一次。

2. 根据本条提出的报告应指出影响本《公约》义务履行程度的因素和困难,如果有的话。报告还应载有充分的资料,使委员会全面了解有关国家执行《公约》的情况。

3. 缔约国若已向委员会提交了全面初次报告,就无需根据本条第1(b)项提交的后续报告中重复提供以前已提供的基本资料。

4. 委员会可要求缔约国进一步提供与《公约》实施情况有关的资料。

5. 委员会通过经济及社会理事会每两年向大会提交关于其活动的报告。

6. 缔约国应在其本国向公众广泛提供其报告。

第四十五条

为促进《公约》的有效实施,并鼓励在《公约》所涵盖的领域进行国际合作:

a. 各专门机构、联合国儿童基金会和其他联合国机构有权派代表参与审议本《公约》中属于其职权范围内的条款实施情况。委员会可邀请各专门机构、联合国儿童基金会和委员会认为适当的其他机构,就本《公约》中属于其职责范围内的实施问题提供专家意见。委员会可邀请专门机构、联合国儿童基金会和其他联合国机构就《公约》在属于他们活动范围内的领域的实施情况提交报告;

b. 委员会应根据其认为适当的情况,将缔约国报告中包含请求或说明需要技术建议或援助的部分,连同委员会可能提出的观察意见和建议,转交给专门机构、联合国儿童基金会和其他相关机构;

c. 委员会可建议大会请秘书长代表委员会对有关儿童权利的具体问题进行研究;

d. 委员会可根据依照本《公约》第四十四和四十五条收到的资料提出提议和一般性建议。这些提议和一般性建议应转交任何有关的缔约国，并连同缔约国的意见（如有意见）一并向大会报告。

第三部分

第四十六条

本《公约》应向所有国家开放并供签署。

第四十七条

本《公约》须经批准。批准书应交存于联合国秘书长。

第四十八条

本《公约》应继续开放供任何国家加入。加入书应交存于联合国秘书长。

第四十九条

1. 本《公约》应于第二十份批准书或加入书交存联合国秘书长之日起第三十天生效。

2. 对于在第 20 份批准书或加入书交存后批准或加入本《公约》的每一个国家，本《公约》应在其交存批准书或加入书后第 30 天生效。

第五十条

1. 任何缔约国均可提出修正案，并提交给联合国秘书长。秘书长应随即将所提议的修正案通知各缔约国，并请它们表明是否赞成召开一次缔约国会议，以便审议提案并进行表决。如在上述通知发出之日起四个月内，至少有三分之一的缔约国赞成召开此会议，秘书长应在联合国主持下召开该次会议。在大会上出席并参加表决的缔约国过半数通过的任何修正案，应提交大会批准。

2. 根据本条第1款通过的修正案，经联合国大会批准并经缔约国三分之二多数接受后，即行生效。

3. 修正案生效时，应对已接受修正案的缔约国具有约束力，其他缔约国仍受本《公约》的规定和这些缔约国已接受的任何先前修正案的约束。

第五十一条

1. 联合国秘书长应接受各国在批准或加入时所作的保留案文，并将其分发给所有国家。

2. 与本《公约》宗旨和目的抵触的保留不被允许。

3. 缔约国可随时通知联合国秘书长，撤回保留意见，并由秘书长通知所有国家。此种通知应自秘书长收到之日起生效。

第五十二条

缔约国可书面通知联合国秘书长退出本《公约》。退出自秘书长收到通知之日起一年后生效。

第五十三条

指定联合国秘书长为本《公约》的保存人。

第五十四条

本《公约》正本应交存联合国秘书长,其阿拉伯文、中文、英文、法文、俄文和西班牙文文本具有同等效力。下列经各自政府正式授权的全权代表,在本《公约》上签字,以昭信守。

附件二

全球各国最低刑事责任年龄的规定及其法定渊源

国 家	最低刑事责任年龄	特定犯罪刑事责任年龄	无犯罪能力检测	最低刑事责任年龄的法条渊源
阿富汗	12	—	—	2005年《青少年法典》第5(1)条规定：未满12岁的人不承担刑事责任。[1]
阿尔巴尼亚	14	16	—	2001年《阿尔巴尼亚刑法典》第12条规定：行为人在实施犯罪行为时，如已满14周岁，则应当依法承担刑事责任。犯有刑事违规行为的人16岁时要承担责任。[2]

附件二 全球各国最低刑事责任年龄的规定及其法定渊源

续表

国家	最低刑事责任年龄	特定犯罪刑事责任年龄	无犯罪能力检测	最低刑事责任年龄的法条渊源
阿尔及利亚	13[3]	—	—	《阿尔及利亚刑法典》第49条。[4]
安道尔	12	—	—	1999年关于未成年人管辖权的合格法律、《刑法》的部分修改和关于司法的合格法律第3条规定：……12岁以下的未成年人不负刑事责任。因未满12岁未成年人犯罪而引起的损害赔偿诉讼必须由普通民事法院处理。
安哥拉	12	—	—	关于未成年人法庭的1996年第9/96号法第12条和第16条。第12条规定：未成年人司法机构有义务：……B）专门针对12至16岁的未成年人采取刑事预防措施。第16条规定：刑事预防措施适用于实施法律规定的犯罪行为的未成年人。
安提瓜和巴布达	8	—	—	1951年《少年法》第3条规定：应最终推定任何未满8岁的儿童都不可能构成任何罪行。
阿根廷	16[5]	18	—	1983年《未成年人刑事责任法》第22.278号法第1至2条。[6] 第1条规定：未满16周岁的未成年人不负刑事责任。对于私人诉讼或处以不超过两年监禁、罚款或资格剥夺的罪行，未满18周岁的未成年人也不承担刑事责任。…… 第2条规定：16至18周岁的未成年人，如其犯下非第1条所述的罪行，应追究其刑事责任。

续表

国家	最低刑事责任年龄	特定犯罪刑事责任年龄	无犯罪能力检测	最低刑事责任年龄的法条渊源
亚美尼亚	14	16	—	2003年《刑法典》第24(1—2)条。第24(1)条规定：犯罪前不满16周岁的，应当负刑事责任。第24(2)条规定：在犯罪发生时年满14岁的人需对以下罪行承担刑事责任：谋杀（第104—109条）、故意造成严重或中等健康损害（第112—116条）、绑架（第131条）、强奸（第138条）、强制猥亵行为（第139条）、盗匪行为（第179条）、盗窃（第177条）、敲诈勒索（第176条）、在没有侵占意图的毁坏或损害财产（第185条第2款和第3款）、盗窃或敲诈麻醉药品、精神药物（第269条）、破坏交通工具或通信线路（第246条）、流氓行为（第258条）。7
澳大利亚	10	—	10—14	来源取决于管辖权。8 1914年《联邦犯罪法》第4m条和1995年《联邦刑法典》第7.1条；1914年《联邦刑法典》第7.2条中关于无犯罪能力的规定。2002年《澳大利亚首都地区刑法典》第25条；2002年首都地区刑法典》第26条中关于无犯罪能力的规定。2005年生效的《北领地区刑法典》第38(1)条；2005年生效的《北领地区刑法典》第38(2)条中关于无犯罪能力的规定。1987年新南威尔士州《儿童（刑事诉讼）法》第5条；《普通法》中关于无犯罪能力中的规定。1989年维多利亚州《儿童与青少年法》第127条；《普通法》中

附件二　全球各国最低刑事责任年龄的规定及其法定渊源

续表

国家	最低刑事责任年龄	特定犯罪刑事责任年龄	无犯罪能力检测	最低刑事责任年龄的法条渊源
澳大利亚	10	—	10—14	关于无犯罪能力的规定。1993年南澳大利亚州《少年罪犯法》第5条;《普通法》中关于无犯罪能力的规定。1913年《西澳大利亚州刑法典》第29（1）条;1899年《昆士兰州刑法典》第29（2）条中关于无犯罪能力的规定。1924年《塔斯马尼亚州刑法典》第18（1）条;1924年《塔斯马尼亚州刑法典》第18（2）条中关于无犯罪能力的规定。
奥地利	14	16	—	1988年《少年法庭法》第1（1—2）条和第4条。1988年《少年法庭法》第1条规定:根据本联邦法律制定的定义。1.未成年人:指尚未满14岁的人;2.青少年:指年龄已满14岁,但未满19岁的人。1988年《少年法庭法》第4条规定:（1）对于未成年人的可刑罚行为,不予追究刑事责任。（2）犯下可受惩罚行为的青少年在以下情况下不具有刑事责任:1.因特定原因他尚未足够成熟,无法认识到行为的错误或认识到错误后采取相应行动。2.该青少年在16岁之前犯下轻罪,没有重大过失,且设有特殊理由需要适用少年刑法来防止青少年犯罪,或3.满足《德国刑法典》第42条的规定。
阿塞拜疆	14[9]	16	—	《刑法典》第20（1—2）条规定:（1）犯罪时已满16岁的人应当承担刑事责任。（2）犯罪时已满14岁的人,应对故意杀人、故意造成重大或较轻伤、绑架、强奸、性暴力行为、盗窃、抢劫、敲诈勒索、非出于劫掠目的的非法占用汽车或其他交通工具、故意破坏或损坏财产且情节严重、恐怖活动、劫持人质、严重流氓行为、抢劫或敲诈勒索枪支、弹药、爆炸物及爆炸装置、抢劫或敲诈勒索麻醉药品或精神药物、使车辆或通讯工具失效等罪行承担刑事责任。[10]

续表

国家	最低刑事责任年龄	特定犯罪刑事责任年龄	无犯罪能力检测	最低刑事责任年龄的法条渊源
巴哈马	7	—	7—12	2001年巴哈马成文法。《刑法典》第84章第91（1—2）条规定：（1）7岁以下的人所做的任何行为都不属犯罪。（2）7岁及以上但未满12岁的人所实施的行为，如果该人尚未达到足够的理解成熟度以判断其被指控事项中行为的性质和后果，则不构成犯罪。
巴林	0[11]	—	—	
孟加拉国	9	—	9—12	2004年《刑法典》第82—83条。《刑法典》第82条规定：9岁以下儿童所实施的行为不构成犯罪。《刑法典》第83条规定：9岁以上12岁以下的儿童所做的任何事都不构成犯罪，因为他不具有足够成熟的理解力来判断他当时行为的性质和后果。
巴巴多斯	11	—	—	1998年《少年犯法》第7条规定：第11岁无足够能力犯罪的任何儿童因犯罪而受到惩罚。
白俄罗斯	14	16	—	1994年5月1日生效的《刑法》第10条规定：犯罪前已满16周岁的人，应当负刑事责任。年龄在14至16岁之间犯罪时才需承担刑事责任：杀人，侵害民兵、人民警卫或其他人员导致健康紊乱，至少与侵犯其直系亲属的生命相似，强奸，抢劫，盗窃特别巨额的财产，偷窃，持续或特别恶劣的流氓行为，故意破坏或损坏财产导致严重后果，盗窃枪支、弹药或爆炸物，盗窃麻醉药品以及故意实施可能引起火车事故的行为……[12]

续表

国家	最低刑事责任年龄	特定犯罪刑事责任年龄	无犯罪能力检测	最低刑事责任年龄的法条渊源
比利时	12	—	—	2006年《关于保护青少年、处理犯有轻罪的未成年人以及修复由此造成的损害的法律》第36（4°）条，第37（§1）条，第37（§2）（1er）（1°—3°）条，第37（§2）（2）条，第37（§2quater）（1er）（1°）条和第37（§2quater）（3）条。 第36（4°）条规定：未成年法庭审理以下事项：……4. 对于那些在未满18岁之前犯下并已被判定失违法行为的个人，由公诉机关做出起诉请求。 第37（§1）条规定：未成年法庭可就被交的人下令采取监护、保护和教育措施…… 第37（§2）（1er）（1°—3°）条规定：在必要的情况下，可以同时实施以下多种措施：1. 对相关人员进行训诫，并且除已满18岁者外，可将其交还或送回负责其住宿的人士手中，同时要求后者在未来更好地履行监护或教育职责；2. 将其置于有资质有的社会服务机构的监管之下；3. 对其实施强化教育辅导，并由社区指定的服务机构指派的主要教育工作者或符合社区设定条件的个人进行个性化的指导与管理…… 第37（§2）（2）条规定：只有第一款第1项、第2项和第3项中提到的措施，才可以对未满12岁的人作出命令…… 第37（§2quater）（1er）（1°）条规定：法庭不得根据第2条第1款第8项的规定，针对未满12岁的人，下令将其安置在开放式教育制度下的公共青少年保护机构中，除非这些人：1. 实施了犯罪行为，如果该行为由成年人犯下，根据刑法典或特别法律的规定，其性质将导致至少三年监禁刑或更重的刑罚……

续表

国家	最低刑事责任年龄	特定犯罪刑事责任年龄	无犯罪能力检测	最低刑事责任年龄的法条渊源
比利时	12	—	—	第37（§2quater）（3）条规定：在不影响第2条所列条件的前提下，年龄在12至14岁之间的人生命或健康的行为，如果且这些行为具有特别危险性，法院可以依据第2条第1款第8项的规定，对其采取公共青少年保护机构的封闭教育制度措置。
伯利兹	9	—	9—12	2000年《刑法典》第25条规定：（1）9岁以下的人所做的任何事都不是犯罪。（2）9岁至12岁的儿童在其所做指控的行为前不是能够判断自己行为的性质及其后果的足够成熟的理解力，则其所为的行为亦不构成犯罪。
贝宁	13	—	—	关于对18岁以下未成年人所犯违法行为进行审判的1969年7月10日第69—23号法令之第23条。[13]
不丹	10	—	—	2004年《刑法典》第114条规定：如被告是10岁及以下的儿童，则其无须就其所犯的罪行承担法律责任。
玻利维亚	12	—	—	1999年《儿童、女孩和青少年法典》第223条规定：未满12岁的儿童免除社会责任，但民事责任除外，其将在主管法院被起诉讼……
波斯尼亚和黑塞哥维那	14	—	—	2003年《刑法典》第8条规定：波斯尼亚和黑塞哥维那的刑事立法不适用于在实施刑事犯罪时未满14岁的儿童。[14]

附件二 全球各国最低刑事责任年龄的规定及其法定渊源

续表

国家	最低刑事责任年龄	特定犯罪刑事责任年龄	无犯罪能力检测	最低刑事责任年龄的法条渊源
博茨瓦纳	8	12	8—14	《刑法典》第13条。[15]
巴西	12	—	—	1990年《儿童与青少年法》第2条和第105条。《儿童与青少年法》第2条规定：根据本法的目的，被视为儿童的是年龄未满12岁的人，而青少年则是指年龄在12岁至18岁之间的人。《儿童与青少年法》第105条规定：针对儿童所实施的违规行为，将对应采取第101条[特定保护措施]中所规定的措施。
文莱达鲁萨兰国	7	—	7—12	《刑法典》第82—83条。[16]
保加利亚	14[17]	—	14—18	根据2002年《保加利亚刑法典》第31（2）规定：已满14周岁但未满18周岁的未成年人，如果其能够认识到自己行为的性质和重要性，并能控制自己的行为，则应当承担刑事责任。[18]
布基纳法索	13[19]	—	13—18	1996年《刑法典》第74条。[20]
布隆迪	13	—	—	关于《刑法典》改革的1981年4月4日第1/6号法令第14条规定：13岁以下未成年人所犯的罪行只能得到民事赔偿。

续表

国家	最低刑事责任年龄	特定犯罪刑事责任年龄	无犯罪能力检测	最低刑事责任年龄的法条渊源
柬埔寨	0	—	—	—
喀麦隆	10	—	—	《刑法典》第80（1）条规定：10岁以下的未成年人不承担刑事责任。[21]
加拿大	12	—	—	1985年《刑法典》第13条规定：任何人不得因其在未满12岁时的行为或不作为而被判定有罪。
佛得角	16	—	—	—[22]
中非共和国	13	—	—	《刑法典》第49条。[23]
乍得	13	—	—	关于13（13）岁至18（18）岁以下未成年人犯罪的起诉和审判程序的1999年第007/pr/99号法律第22条规定：如果初步证据确凿地指向一名13岁的未成年人，则仅可对其采取本法第五章规定的监护、监督或教育措施。不得对他作出任何刑事判决。
智利	14	16	—	2007年生效的《第20.084号法律》第1条和第3条确立了青少年因触犯刑事法律规定而需承担的刑事责任制度。 第1条规定：……仅当涉及违法行为时，16岁以上的青少年根据本法承担责任。 第3条规定：本法适用于任何犯罪行为为开始实施时年龄在14岁以上不满18岁的人……

附件二　全球各国最低刑事责任年龄的规定及其法定渊源

续表

国家	最低刑事责任年龄	特定犯罪刑事责任年龄	无犯罪能力检测	最低刑事责任年龄的法条渊源
中国	14[24]	16	—	1997年《刑法典》第17条。[25]
	香港：10	—	10—14	2003年起香港特别行政区施行的《未成年犯条例》第3条以及普通法（推定无犯罪能力）。
	澳门：12	—	—	1999年澳门特别行政区第65/99/M号法令第6(1)条。
哥伦比亚	14	—	—	2006年《儿童和青年未成年法典》第142条规定：……未满14岁的人，不得被审判或被宣告负有刑事责任，不会因被指控或指控他人的行为而被剥夺自由……[26]
科摩罗	13；或14—15，或性理成熟（男孩）或告婚（女孩）[27]	—	—	《科摩罗刑法典》和《伊斯兰法》。
刚果（共和国）	13[28]	—	—	1963年的《刑事诉讼法典》第686条第1款规定：儿童法庭与未成年人刑事法院……第2款规定：当考虑到案件的具体情形以及被告未成年人的个人特征时确有必要时，可以对13岁以上的未成年人判处刑事处罚……

续表

国 家	最低刑事责任年龄	特定犯罪刑事责任年龄	无犯罪能力检测	最低刑事责任年龄的法条渊源
哥斯达黎加	12	—	—	1996年《未成年刑事司法法》第6条规定：12岁以下未成年人所犯的构成犯罪或轻罪的行为不受本法管辖；民事责任得以保留，并由相应的有管辖权的法院行使……
科特迪瓦	10	—	—	1981年《刑法典》第116条规定：10岁以下未成年人所犯的行为不受刑事定性和刑事起诉的影响……
克罗地亚	14	—	—	《刑法典》第10条和1997年《少年法庭法》第2条。[29]
古巴	0[30]	—	—	关于关注有行为障碍未成年人的1982年12月30日第64号法令。
塞浦路斯	10	12	10—12	1999年《刑法典》第154节第14条。[31]
捷克共和国	15	—	—	2003年青少年刑事责任及青少年司法事项之法律。[32]
朝鲜民主主义人民共和国	14	—	—	《刑事诉讼法》第53条。[33]

附件二 全球各国最低刑事责任年龄的规定及其法定渊源　　379

续表

国家	最低刑事责任年龄	特定犯罪刑事责任年龄	无犯罪能力检测	最低刑事责任年龄的法条渊源
刚果民主共和国	0	—	—	—[34]
丹麦	15[35]	—	—	《刑法典》第 15 条。[36]
吉布提	13	—	—	《刑法典》。[37]
多米尼克	12	—	—	1970 年《儿童和青少年法》第 3 条规定：应当推定不满 12 岁的儿童不可能犯有罪行，此推定具有决定性效力。[38]
多米尼加共和国	13	—	—	2003 年《儿童、女童及青少年基本权利保护系统法典》第 223 条规定：……十三（13）岁以下的儿童和女童，在任何情况下均不负刑事责任，因此不得被拘留，不得被剥夺自由，也不得受到任何当局的制裁。
厄瓜多尔	12	—	—	2003 年《儿童与青少年法典》第 4 条和第 307 条。《儿童与青少年法典》第 4 条规定：儿童是指未满 12 岁的人……第 307 条规定：儿童绝对无刑事责任能力，也不承担任何责任，他们不受本法典所规定的社会教育措施约束……
埃及	7	—	—	1996 年《儿童法典》第 94 条。[39]

续表

国　家	最低刑事责任年龄	特定犯罪刑事责任年龄	无犯罪能力检测	最低刑事责任年龄的法条渊源
萨尔瓦多	12	—	—	2006年生效的《青少年刑法》第2条规定：……未满12周岁的未成年人如果展现出反社会行为，其不会受到这种法律制度的约束，也不会受到一般法律制度的约束；他们免除法律责任……
赤道几内亚	16	—	—	—[40]
厄立特里亚	12	—	—	《过渡刑法典》第52条规定：本法典的规定不适用于未满12岁的儿童。根据该法律，这些儿童不应对自己的行为负责。[41]
爱沙尼亚	7	—	—	2004年《未成年人制裁法》第1（1）至（2）条和第2条。《未成年人制裁法》第1（1）条规定：本法提供了适用于未成年人的制裁措施，并规定了少年委员会的权限。《未成年人制裁法》第1（2）条规定：本法适用于未成年人：1）在未满14岁的情况下，实施与刑法规定的犯罪构成要件相对应的非法行为；2）在未满14岁的情况下，实施与刑法或其他法案规定的轻罪构成要件相对应的非法行为……《未成年人制裁法》第2条规定：就本法而言，未成年人是指年龄在7至18岁之间的人。
埃塞俄比亚	9	—	—	2004年《刑法典》。[42]

附件二 全球各国最低刑事责任年龄的规定及其法定渊源

续表

国家	最低刑事责任年龄	特定犯罪刑事责任年龄	无犯罪能力检测	最低刑事责任年龄的法条渊源
斐济	10	12	10—12	2005年《刑法典》第14条规定：（1）不满10岁的人对其任何作为或不作为不负刑事责任。（2）不满12岁的人对其作为或不作为不负刑事责任，除非能够证明其在实施该行为时，有能力知道不应实施该行为或不作为。（3）假定不满12岁的男性无能力发生性交。
芬兰	15	—	—	2003年《刑法典》第3章第4（1）条规定：承担刑事责任的条件是犯罪人在实施行为时已年满15岁并且具有刑事能力。[43]
法国	0[44]	—	0—18	2005年《刑法典》第122—8条规定：具有辨认能力的未成年人对其被认定犯有的罪行、轻罪或违警罪行为负有刑事责任……
加蓬	13	—	—	《刑法典》第56条。[45]
冈比亚	12	—	—	2005年《儿童法案》第209条规定：最低刑事责任年龄为12岁。[46]
格鲁吉亚	12	14	—	2007年《刑法典》第33条。[47]
德国	14	—	14—18	1953年《未成年法庭法》第1条和第3条。《未成年法庭法》第1条规定：（1）当一名青少年或青年犯下了根据一般法律规定可能受到刑事处罚的过错时，本法适用。（2）所谓青少年，是指犯罪时年龄在14岁至18岁之间的人；所谓青年，是指犯罪时年龄在18岁至21岁之间的人。

续表

国家	最低刑事责任年龄	特定犯罪刑事责任年龄	无犯罪能力检测	最低刑事责任年龄的法条渊源
德国	14	—	14—18	《未成年法庭法》第3条规定：当一个青少年在犯罪时，其道德和精神发展已经达到足够成熟，能够认识到行为的错误并能根据这种认识行事时，则其应当承担刑事责任……[48]
加纳	12	—	—	1998年《刑法典》。[49]
希腊	13[50]	—	—	2003年《希腊刑法典》第121条、第126—127条。
格林纳达	7	—	7—12	《刑法典》第50（1）—（2）条。[51]
危地马拉	13	—	—	2003年《全面保护儿童与青少年法》第138条规定：13岁以下儿童所犯的构成犯罪或过失的行为不在本标题的讨论范围内，民事责任将子以保留，并将在有管辖权的法院上行使……
几内亚	13	—	—	1998年《刑法典》第64条规定：10岁以下未成年人所实施的行为不受刑事定罪和起诉。13岁的未成年人在有罪的情况下，享有因未成年而被绝对免责的权利。对于10至13岁的未成年人，只能采取保护、援助、监督和教育等措施……[52]
几内亚比绍	16	—	—	《刑法典》第10条和第12条。[53]

附件二　全球各国最低刑事责任年龄的规定及其法定渊源　　383

续表

国家	最低刑事责任年龄	特定犯罪刑事责任年龄	无犯罪能力检测	最低刑事责任年龄的法条渊源
圭亚那	10	—	—	1972年《未成年罪犯法》第3条规定：明确推定10岁以下的儿童不可能犯罪。
海地	13	—	—	1961年《刑法典》第51条规定：如果案件的情况和被告或被控告者（年龄超过13岁）的个人情况要求进行刑事判决时，判决将依照以下方式作出……[54]
洪都拉斯	12	—	—	1996年《儿童和青少年法典》第180条规定：儿童……仅可因他们实施的非法行为或不作为而根据本法典追究其责任。本标题中的规定仅适用于犯下违法行为或过失行为的十二（12）岁以上的儿童。十二（12）岁以下的儿童不认为是犯罪……
匈牙利	14	—	—	1978年《刑法典》第23条规定：任实施行为时尚未满14岁的人，不应受到惩罚。[55]
冰岛	15	—	—	自2004年3月1日起施行的《普通刑法典》第14条规定：个人在未满15岁之前所犯下的行为，不应受到惩罚。[56]
印度	7	—	7—12	1860年《刑法典》第82—83条。《刑法典》第82条规定：7岁以下儿童所做的任何事都不构成犯罪。《刑法典》第83条规定：由已超过7岁但未满12岁的儿童所实施的行为，如果该儿童还未达到足够的理解成熟度来评判其行为的性质和后果，则不构成犯罪。

续表

国家	最低刑事责任年龄	特定犯罪刑事责任年龄	无犯罪能力检测	最低刑事责任年龄的法条渊源
印度尼西亚	8	—	—	1997年《未成年法庭法》第5条。[57]
伊朗（伊斯兰共和国）	9/15[58]	—	—	1991年《伊斯兰刑法典》第49和1982年《民法典》第1210条。这两部法典由联合国儿童基金会阿富汗办事处提供的非官方翻译。《伊斯兰刑法典》第49条规定：在犯罪行为发生时，儿童不负刑事责任。[59]《民法典》第1210条规定：男孩负民事责任的年龄为农历年15岁，女孩为农历年9岁。[60]
伊拉克	9	—	—	《青少年福利法》1983年第76号法律。[61]
爱尔兰	10	12	—	截至2006年，《2001年儿童法》第52（1—2）条规定：（1）根据第2款的规定，12岁以下的儿童不得被控以任何罪行。（2）第1款的规定不适用于被指控犯有谋杀、非预谋谋杀、强奸，依据1990年《刑法（强奸）法》（修正案）法》第4条规定的强奸罪或严重性侵犯的10岁至11岁儿童。
以色列	12 OPT[62]: 9	—	—	1996年《刑法典》第34f条和2005年《儿童法》第67—69条。[63]《刑法典》第34f条规定：一个人在年满12周岁之前，无须对自己的行为担刑事责任。[64]
意大利	14	—	14—18	1999年《意大利刑法典》第97—98条。《意大利刑法典》第97条规定：在实施行为时未满14岁的人，其行为不应被视为犯罪。《意大利刑法典》第98条规定：在实施行为时已满14岁但尚未满18岁的，如果具有理解和意志的能力，则应承担刑事责任……

附件二 全球各国最低刑事责任年龄的规定及其法定渊源　　385

续表

国家	最低刑事责任年龄	特定犯罪刑事责任年龄	无犯罪能力检测	最低刑事责任年龄的法条渊源
牙买加	12	—	—	2004年《儿童保育和保护法》第63条规定：应最终假定12岁以下的儿童不会犯有任何罪行。
日本	11[65]	—	—	2007年5月《日本青少年法》。[66]
约旦	7	—	—	2002年《未成年人法》第36条规定：对于犯罪时未满7岁的人所犯的罪行，不得提起刑事诉讼。[67]
哈萨克斯坦	14[68]	16	—	2004年《哈萨克斯坦刑法典》第15条规定：（1）达到16岁的个体在犯下特定罪行时应承担刑事责任。（2）在犯罪时已满14岁的人，在加重情节下的故意造成中等严重身体伤害（第96条）、故意造成严重身体伤害（第103条）、在加重情节下的故意性性行为（第121条）、绑架（第125条）、盗窃（第175条）、抢劫（第178条）、强盗行为（第179条）、勒索（第181条）、在加重情节下非法占用汽车或其他运输工具而非出于盗窃目的（第185条第二、第三和第四部分）、在加重情节下的故意破坏或损坏财产（第187条第二和第三部分）、恐怖主义（第233条）、劫持人质（第234条）、故意谎报恐怖行为（第242条）、盗窃或敲诈武器、弹药、爆炸物和爆炸装置（第255条）、在加重情节下的流氓行为（第257条第二和第三部分）、故意破坏行为（第258条）、盗窃或敲诈毒品或精神药物（第260条）、在加重情节下亵渎死者遗体和墓地（第275条第二部分）以及故意破坏运输车辆

201

续表

国家	最低刑事责任年龄	特定犯罪刑事责任年龄	无犯罪能力检测	最低刑事责任年龄的法条渊源
哈萨克斯坦	14[68]	16	—	或通讯工具（第 299 条）承担刑事责任。（3）如果未成年人在本条第一和第二部分规定的年龄犯下较轻或中等严重的罪行，但由于心理发展滞后（与精神障碍无关）不能完全意识到其行为的实际性质或公共危险（不作为），或者不能控制他们的行为，则不应承担刑事责任。[69]
肯尼亚	8	12	8—12	《刑法典》第 14（1—2）条。[70]
基里巴斯	10	12	10—14	1999 年《刑法典》第 14 条规定：（1）不满 10 岁的人对其作为或不作为不承担刑事责任。（2）14 岁以下的人对其作为或不作为不负刑事责任，除非证明其作出该作为或不作为时，该人有能力知道不应该做出该作为或不作为。（3）12 岁以下的男性被推定为无性交能力。
科威特	7	—	—	1960 年《刑法典》第 18 条规定：任何在犯罪时不满 7 岁的人，不得受到刑事检控。[71]
吉尔吉斯斯坦	14[72]	16	—	1998 年《刑法典》第 18 条规定：（1）犯罪时已满 16 岁的，应当负刑事责任。（2）已满 14 周岁但其残忍的罪行"严重犯下"严重犯罪的性行为，对于下列行为负有刑事责任：故意杀人；故意犯下"严重犯罪或其残忍的罪行"；抢劫；盗窃大量财产；绑架；强奸；暴力勒索；敲诈勒索；汽车偷窃；盗窃；盗牛（偷盗性畜）；恐怖主义；劫持人质；流氓；破坏公物；使用枪支盗窃或勒索；故意纵火罪；持有、分销和销售非法毒品；为毒品而偷窃或勒索。[73]

附件二 全球各国最低刑事责任年龄的规定及其法定渊源

续表

国　家	最低刑事责任年龄	特定犯罪刑事责任年龄	无犯罪能力检测	最低刑事责任年龄的法条渊源
老挝人民民主共和国	15[74]	—	—	《老挝刑法典》第 17 条。[75]
拉脱维亚	14	—	—	2004 年《刑法典》第 11 条规定：在发生刑事犯罪之日年满 14 岁的自然人，可被追究刑事责任。未成年人，即不满 14 岁的人，不能承担刑事责任。[76]
黎巴嫩	7	—	—	2002 年关于保护与法律冲突或处于风险中的青少年第 422 号法律之第 3 条。[77]
莱索托	7	—	7—14	普通法。[78]
利比里亚	7	—	—	1972 年《少年法庭诉讼法》第 11.11 条。[79]
阿拉伯利比亚民众国	7[80]	—	—	《刑法典》第 80 条和第 150—151 条。
列支敦斯登	14	—	—	1988 年《少年法庭法》第 2（1—2）条规定：任本法律中提及：1. 青少年指的是已满 14 岁未满 18 岁。2. 青少年犯罪行为是指青少年所实施的、可能受到法庭刑事处罚的作为与不作为。

续表

国家	最低刑事责任年龄	特定犯罪刑事责任年龄	无犯罪能力检测	最低刑事责任年龄的法条渊源
立陶宛	14	16	—	2003年《刑法典》第13条。[81]
卢森堡	0[82]	—	—	1995年《青年保护法》第1（4）和第4条《青年保护法》第1（4）条规定：少年法庭对其审理的未成年人采取监护、教育和保护措施。根据情况，法庭可以：……将其安置在国家的再教育机构中。《青年保护法》第4条规定：如果未成年人犯有敌定性为可判处监禁的任一措施，可以将其成年后的该措施延长。第5条和第6条规定的重罪事实，青少年法庭若采取了第1条，但延长期限不得超过其25岁……
马达加斯加	13	—	13—18	关于保护儿童的1962年9月19日第62—038号命令第35条、第44条和第46条。第35条规定：如果针对一名13岁的未成年人实施预防措施，少年法庭采取简单能得信赖的人监管。第44条规定：如果被告年龄超过13岁且未满16岁，并其刑事责任能力被认为不存在，少年法庭将给予实施教育措施：交由父母、监护人、曾负责任能其他人或一个值得信赖的人监管。第46条规定：如果被告年龄在16岁以上但未满18岁，则适用前两条的规定……
马拉维	7	12	7—12	《刑法典》第14条。[83]

附件二　全球各国最低刑事责任年龄的规定及其法定渊源

续表

国家	最低刑事责任年龄	特定犯罪刑事责任年龄	无犯罪能力检测	最低刑事责任年龄的法条渊源
马来西亚	0[84]	青春期/10/13	10—12	1975年《基本（安全案件）条例》第3条，1997年《伊斯兰刑法（联邦领土）法案》第2（1）和51条，1997年《伊斯兰刑事诉讼（联邦领土）法案》第2（1）条，1950年《证据法》第113条，以及《刑法典》第82—83条。《基本（安全案件）条例》第3条规定：被指控或被控犯有安全罪行的人，不论其年龄如何，均应按照本条例的规定和据此制定的命令进行处理和审判，1947年《少年法庭法》第2（1）条规定：在本法中，除非上下文另有要求……"成年的"指的是根据伊斯兰法所规定的青春期年龄所实施的年龄。[85]《伊斯兰刑法（联邦领土）法案》第51条规定：未达到伊斯兰法所规定的青春期年龄的儿童所实施的行为，不算犯罪。[86]《伊斯兰刑事诉讼（联邦领土）法案》第2（1）条规定："未成年犯罪者"是指年龄在10岁以上且未满16岁的犯罪者。[87] 1950年《证据法》第113条规定：根据法律不可反驳的推定，13岁以下的男孩没有能力犯强奸罪。[88]《刑法典》第82条规定：10岁以下儿童所实施的行为不构成犯罪；第83条规定：10岁以上但未满12岁的儿童，如果尚未达到足够的理解成熟度以判断其当时行为的性质和后果，则其所实施的行为不构成犯罪。[89]

续表

国家	最低刑事责任年龄	特定犯罪刑事责任年龄	无犯罪能力检测	最低刑事责任年龄的法条渊源
马尔代夫	青春期[90]	10/15	—	2006年《对未成年人犯罪进行公正审讯、调查、宣判的规定》第4—6条。《对未成年人犯罪进行公正审讯、调查、宣判的规定》第4条规定：(a)10岁以下的儿童不承担任何犯罪行为的刑事责任。(b)然而，如果第4条(a)款和(b)款中规定的罪行承担刑事责任，对于这些犯罪，伊斯兰教法（Sharia'）规定了"哈德"（hadh），即惩罚。《对未成年人犯罪进行公正审讯、调查、宣判的规定》第5条规定：从10岁至15岁期间的未成年人仅在其犯下以下特定罪行时才需承担刑事责任：(a)在伊斯兰律法中规定了惩罚的罪行；(1)叛教。(2)反国家革命。(3)私通(4)错误地指控某人私奸。(5)饮酒。(b)非法与某人有关的罪行及其参与。(c)所有与毒品有关的罪行。《对未成年人犯罪进行公正审讯、调查、宣判的规定》第6条规定：15岁至18岁的儿童应对其所犯的所有罪行承担刑事责任。
马里	13	—	13—18	2002年《儿童保护法》第98条规定：未满13岁的儿童被认为没有违反刑法的能力。这一假设对年龄不超过13岁的儿童则变得有争议……当被告年龄在13岁以上但不足18岁时，如果确定其行为缺乏判断力，则可减轻其责任。在前述各款规定下，未成年人将被送回其父母处或交由公立或私立或专门教育机构管教，该时间由判决决定，但不得超过其18岁。

附件二 全球各国最低刑事责任年龄的规定及其法定渊源

续表

国家	最低刑事责任年龄	特定犯罪刑事责任年龄	无犯罪能力检测	最低刑事责任年龄的法条渊源
马耳他	9	—	9—14	2004年《刑法典》第35（1—2）条规定：（1）9岁以下的未成年人不因任何作为或不作为承担刑事责任。（2）14岁以下的未成年人同样应免除任无任何恶意判断下所做任何作为或不作为的刑事责任。
马绍尔群岛	0[91]	—	—	2004年《修订版法典》第26篇第303（2—3）条和第307条。第303（2—3）条规定：如本章所用……（2）"儿童"指任何未满18岁的自然人；（3）"违法儿童"包括任何（a）违反共和国法律的……；（b）由于任性或习惯性不服从、不接受父母、教师、监护人或监管人的合理控制的；（c）经常从家中或学校逃学的；或（d）行为举止伤害自己或他人道德或健康的。第307条规定：被裁定为违法儿童的人，在条件下利期限内被法院认为最符合儿童利益的情况下，在适当的地方，条件下利期限内被拘留，但拘留的期限不超过如果他未根据本章被视为"少年犯"可能被拘留的期限。
毛里塔尼亚	7	—	—	关于儿童的刑事保护第2005—015号法令第2条规定：7岁以下的儿童被无可辩驳地推定为不具备触犯刑法的能力，该推定对7岁以上的儿童是可以推翻的……
毛里求斯	0[92]	—	—	《刑法典》第44—45条。

续表

国　家	最低刑事责任年龄	特定犯罪刑事责任年龄	无犯罪能力检测	最低刑事责任年龄的法案渊源
墨西哥	12	—	—	2006年《墨西哥众合国宪法》第18条规定：……联邦、各州和联邦区将在其各自职权范围内建立一个综合司法体系，适用于那些因刑法将其行为定性为犯罪的人，并且这些人已满12岁但未满18岁……未满12岁且其行为在法律中被定性为犯罪的人，将只接受康复和社会援助……
密克罗尼西亚联邦	0[93]	—	—	1999年《密克罗尼西亚联邦法律》第12章第1102条和第1105条。《密克罗尼西亚联邦法律》第1102条规定：在本章中使用，"违法儿童"包括任何儿童：（1）违反任何联邦土或地区法律……或（2）由于任性或习惯性不服从，不接受父母、教师、监护人或监管人的合理控制；或（3）经常从家中或学校逃学；或（4）行为举止伤害或危害自己或他人道德或健康。《密克罗尼西亚联邦法律》第1105条规定：被判定是失足少年的人可以按照法院认为符合儿童最大利益的要求，在特定的地方，条件下和期限内被限制自由，这个期限不超过如果他没有被本章视为未成年犯罪时他可能被限制自由的期限。
摩尔多瓦	14	16	—	2002年《刑法典》第21（1）条规定：承担刑事责任的是那些在犯下严重、重大或特别严重罪行时已满14岁的自然人，以及在犯下较轻或不太严重罪行时已满16岁的人……[94]
摩纳哥	13	—	—	《刑法典》。[95]

续表

国家	最低刑事责任年龄	特定犯罪刑事责任年龄	无犯罪能力检测	最低刑事责任年龄的法条渊源
蒙古国	14	16	—	2002年《刑法典》第21(1)—(2)条。《刑法典》第21(1)条规定：在犯罪时已满16岁的人应对承担刑事责任。《刑法典》第21(2)条规定：14至16岁的人应当对某杀（第96条）、强奸（第126条）、故意造成严重的身体伤害（第146条）、抢劫（第147条）、故意毁坏或损坏财产（第145条）、挪用（第146条）、强奸（第126条）、故意造成严重的身体伤害（第145条）、挪用（第146条）、强奸（第126条）、故意造成严重的身体伤害（第145条）、挪用在加重情节下的盗窃（第145条）、挪用（第146条）、强奸（第126条）、故意造成严重的身体伤害（第145条）、挪用（第146条）、强奸（第126条）、故意造成严重的身体伤害（第145条）、挪用在加重情节下的流氓行为（第181.2条和第181.3条）承担刑事责任。[96]
黑山共和国	14	—	—	2004年《刑法典》（儿童）第80条规定：刑事制裁不适用于犯罪时未满14岁的青少年。[97]
摩洛哥	12	—	—	《刑法典》第138条。[98]
莫桑比克	0[99]	—	—	《未成年人法律援助法规》第16条。
缅甸	7	—	7—12	1993年《儿童法》第28条规定：(a) 7岁以下儿童所做的任何事均不构成犯罪；(b) 7岁以上未满12岁的儿童，如果尚未达到足够的理解成熟度来判断其行为的性质和后果，其所做之事不构成犯罪。
纳米比亚	7	—	7—14	普通法。[100]

续表

国　家	最低刑事责任年龄	特定犯罪刑事责任年龄	无犯罪能力检测	最低刑事责任年龄的法条渊源
瑙鲁	0[101]	—	—	《刑事司法法》。
尼泊尔	0[102]	10	—	2004年《恐怖主义者与破坏性活动（控制及惩罚）法令》和1992年《儿童法令》第11（1）条。《儿童法令》第11（1）条规定：如果10岁以下的儿童犯了法律规定的罪行，其不应受到任何形式的惩罚。
荷兰	12[103]	—	—	2005年《刑法典》第77a条规定：对于犯有刑事行为时已满12岁但未满18岁的人，第9条第1款、第10条至第22a条、第24c条、第37条至第38i条、第44条和第57条至第62条不适用。相反，应适用第77d条至第77gg条中包含的特别规定。[104]
新西兰	10	14	10—14	2004年《儿童、青少年及其家庭法》第2（1）和272（2）条以及2006年《犯罪法》第21（1）和22（1）条。《儿童、青少年及其家庭法》第2（1）条规定："……"青少年"指14岁及以上但未满17岁的男孩或女孩……"《儿童、青少年及其家庭法》第272（2）条规定：杀罪的10岁及以上儿童……本法案适用。《犯罪法》第21（1）条规定：任何未满10岁的人不得因其作为或不作为而被定罪。《犯罪法》第22（1）条规定：除非他知道该作为或不作为是错误的或违法的，否则任何10岁但未满14岁的人不得因其所做的作为或不作为而被定罪。

附件二　全球各国最低刑事责任年龄的规定及其法定渊源

续表

国家	最低刑事责任年龄	特定犯罪刑事责任年龄	无犯罪能力检测	最低刑事责任年龄的法条渊源
尼加拉瓜	13	—	—	1998年《儿童和青少年法典》第95条规定：青少年特殊刑事司法……适用于已满13岁且任犯罪或通过失行为发生时未满18岁的青少年……未满13岁的男孩和女孩不适用青少年特殊刑事司法，他们被免除刑事责任，但民事责任仍然保留……禁止因任何理由对他们采取任何涉及剥夺自由的措施。
尼日尔	13	—	13—18	《刑法典》第45条。[105]
尼日利亚	北方州：7 南方州：7 不同的州：青春期[106]	— 12 7	7—12 7—12	《北方州刑法典》第50条。[107] 《南方州刑法典》第30条。[108] 鲍奇、博尔诺、贡贝、吉加瓦、卡杜纳、卡诺、卡齐纳、凯比、尼日尔、索科托、尤贝和赞法拉州[109]；2000年《赞法拉州伊斯兰教刑事诉讼程序法典》第1号和《赞法拉州伊斯兰教刑法典》第4卷第237条[110]和《尼日利亚赞法拉州伊斯兰教刑法典》第47条、第71条和第126—141条。[111]
挪威	15	—	—	1994年《普通民刑法典》第46条规定：未满15岁的人不得因其所犯的任何行为而受到惩罚。
阿曼	9	—	—	1974年《刑法典》第104条规定：犯罪时未满9岁的人不得受到刑事起诉……

续表

国家	最低刑事责任年龄	特定犯罪刑事责任年龄	无犯罪能力检测	最低刑事责任年龄的法条渊源
巴基斯坦	0[112]	7	7—12	《刑法典》第82—83条。1979年《胡杜德法令》[113]和2002年《反恐法》[114]。《刑法典》第82条规定：7岁以下的儿童所做的一切都不算犯罪；第83条规定：7岁以上12岁以下的儿童，在理解力不够成熟、判断当时行为的性质和后果的情况下，所犯的罪行均不构成犯罪。[115]
帕劳	10	—	10—14	《国家（法律）法典》第17.106条。[116]
巴拿马	14	—	—	关于青少年特殊刑事责任制度的1999年第40号法律第8条规定：未满14岁可能触犯的行为违法不承担刑事责任。
巴布亚新几内亚	7[117]	14	7—14	1993年《巴布新几内亚刑法典》第30条规定：（1）7岁以下的人不对任何作为或不作为负刑事责任。（2）未满14岁的人不对作为或不作为负刑事责任，除非有证据证明其在作出该作为或不作为时有能力知道不应做出该作为或不作为。（3）14岁以下的男性被推定为无性行为能力，但该推定是可反驳的。
巴拉圭	14	—	—	2003年《1.702/01号法律》第1条和2001年《儿童与青少年法典》第1条规定：……青少年是指从14岁到17岁的人类个体……《儿童与青少年法典》第194条规定：刑事责任随青春期开始而产生……

续表

国家	最低刑事责任年龄	特定犯罪刑事责任年龄	无犯罪能力检测	最低刑事责任年龄的法条渊源
秘鲁	14	—	—	2007年《儿童与青少年法典》第4条规定：……如果违反刑法，十四（14）岁以下的儿童和青少年将接受保护措施，十四（14）岁以上的青少年将受到社会教育措施。
菲律宾	15[118]	—	15—18	2006年《少年司法与福利法》第6条规定：在犯罪时年满十五（15）岁或以下的儿童应免于刑事责任……十五（15）岁以上但十八（18）岁以下的儿童同样应免于刑事责任并接受干预计划，除非他/她有辨别能力行事，在这种情况下，该儿童应按照本法的规定接受适当程序……
波兰	0[119]	—	—	1982年10月26日关于涉及少年案件程序的法律。
葡萄牙	12	—	—	1999年《教育保护法》第1条规定：12至16周岁的未成年人实施法律认定为犯罪的事实，应依本法规定适用教育监护措施。
卡塔尔	7	—	7—18	《刑法典》规定：1. 7岁以下未成年人对其所犯罪行不承担刑事责任；2. 如果未成年人年满7岁但未满18岁，除非其具有足够的成熟意识来判断自己所犯罪行的性质或启示，否则不承担刑事责任。[120]
大韩民国	14[121]	—	—	《刑事诉讼法》第9条以及《刑法》。[122]

续表

国家	最低刑事责任年龄	特定犯罪刑事责任年龄	无犯罪能力检测	最低刑事责任年龄的法条渊源
罗马尼亚	14	—	14—16	2004年《刑法典》第113条规定：（1）不满14周岁的未成年人不承担刑事责任。（2）14周岁至16周岁的未成年人，经证明有明知故犯的，应当承担刑事责任。（3）16周岁以上的未成年人应在适用于未成年人的处罚制度框架内承担刑事责任。[123]
俄罗斯联邦	14[124]	16	—	2004年《刑法典》第20（1—2）条规定： 1. 犯罪前已年满16岁的人应承担刑事责任。 2. 在犯罪行为发生前已满14岁的人，应对以下罪行承担刑事责任：杀人（第105条）、故意造成严重身体伤害而损害健康（第111条）、故意造成中等程度的身体伤害（第112条）、绑架（第126条）、强奸（第131条）、强迫性行为（第132条）、盗窃（第158条）、抢夺（第161条）、抢劫（第162条）、敲诈勒索（第163条）、非法占用汽车或其他运输工具而没有盗窃（第166条）、在加重情节下故意致使损坏财产（第167条第二部分）、恐怖主义（第205条）、劫持人质（第206条）、故意虚假报告恐怖主义行为（第207条）、在加重情节下的流氓行为（第213条第二和第三部分）、破坏行为（第214条）、盗窃或持有枪支、弹药、爆炸物和爆炸装置（第226条）、盗窃或持有麻醉药品或精神药物（第229条）、破坏运输车辆或通讯方式（第267条）。[125]
卢旺达	14	—	—	《刑法典》第77条规定：当犯罪或实施违法行为的犯罪者或同谋犯罪时在年龄超过14岁但未满18岁时，如其需承担刑事处罚，处罚应如下……[126]

附件二　全球各国最低刑事责任年龄的规定及其法定渊源

续表

国家	最低刑事责任年龄	特定犯罪刑事责任年龄	无犯罪能力检测	最低刑事责任年龄的法条渊源
圣基茨和尼维斯	8	—	—	《少年法》第 3 条规定：应最终推定 8 岁以下的儿童不能犯任何罪行。[127]
圣卢西亚	12	—	—	1972 年《儿童和青少年法案》第 3 条。[128]
圣文森特和格林纳丁斯	8	—	—	《少年法》第 168 节第 3 条和《刑法典》第 124 节第 12 条。[129]
萨摩亚	8	—	8—14	1961 年《犯罪条例》第 11—12 条。《犯罪条例》第 11 条规定：任何人不得因其在 8 岁以下时的作为或不作为而被认定。《犯罪条例》第 12 条规定：任何人不得因其在 8 岁但未满 14 岁时所实施的作为或不作为而被认定罪，除非审判其案件的陪审团或有权处理此案的法院认为该人知道该作为或不作为是错误的。
圣马力诺	12	—	12—18	《刑法典》第 10 条规定：未满 12 岁的人不负刑事责任。对于已满 12 岁但未满 18 岁的未成年人，如果法官确认其具有理解和意志能力，将适用减轻处罚……

续表

国家	最低刑事责任年龄	特定犯罪刑事责任年龄	无犯罪能力检测	最低刑事责任年龄的法条渊源
圣多美和普林西比共和国	16[130]	—	—	《刑法典》第42条和《圣多美与普林西比共和国未成年人司法援助条例》（第417/71号法令）第15—16条。[131]
沙特阿拉伯	青春期[132]	7 or 12[133]	—	—
塞内加尔	13	—	—	2000年《刑法典》第52条规定：如果……决定对13周岁以上的未成年人进行刑事定罪，应按如下规定处罚……
塞尔维亚	14	—	—	2005年《刑法典》第4（3）条规定：不得对犯罪时未满14岁的人实施刑事制裁……[134]
塞舌尔	7	12	7—12	《刑法典》第15条规定：7岁以下的人不对其作为或不作为负刑事责任。12岁以下的人对其作为或不作为不承担刑事责任，除非证明在做出该作为或不作为时其有能力知道自己不应做出该作为或不作为。12岁以下的男性被假定没有性交能力。[135]
塞拉利昂	14	—	—	2007年《儿童权利法》第70条规定：在塞拉利昂的任何司法程序中，如果儿童未满14岁，不得对其行为承担刑事责任。

附件二 全球各国最低刑事责任年龄的规定及其法定渊源　　401

续表

国家	最低刑事责任年龄	特定犯罪刑事责任年龄	无犯罪能力检测	最低刑事责任年龄的法条渊源
新加坡	7	—	7—12	1998年《刑法典》第82—83条。《刑法典》第82条规定：7岁以下儿童所做之事不构成犯罪。《刑法典》第83条规定：7岁以上、12岁以下的儿童在理解力不够成熟以判断其行为的性质和后果的情况下所犯的任何罪行均不构成犯罪。
斯洛伐克	14	—	14—15	2005年《刑法典》第94—96条。[136]
斯洛文尼亚	14[137]	—	—	1995年《刑法典》第71条规定：不得对犯罪时未满14岁的人（儿童）实施刑事制裁。[138]
所罗门群岛	0[139]	—	—	1996年《青少年罪犯法令》第2条和第16（1-j）条。《青少年罪犯法令》第2条规定："……儿童"指的是：……未满14岁的人，"青少年"指的是：……14岁及以上但未满18岁的人。《青少年罪犯法令》第16（1-j）条规定：凡被控犯有罪的儿童或青少年在任何法院受审，且该法院确信其有罪，则该法院可以采取下列任何一种或多种方式处理案件，即……（j）将罪犯送往拘留所羁押；或（j）如果罪犯是青少年，则判处其入狱服刑。……
索马里	0[140]	—	—	—
南非共和国	7	—	7—14	普通法。[141]

续表

国家	最低刑事责任年龄	特定犯罪刑事责任年龄	无犯罪能力检测	最低刑事责任年龄的法条渊源
西班牙	14	—	—	关于未成年人刑事责任的2006年1月12日第5/2000号组织法第1(1)条和第3条。第1(1)条规定：本法适用于14岁以上但未满18岁且对犯罪行为承担刑事责任的人，这些人的行为特别刑事法典或被认定性为犯罪或违法行为。第3条规定：如果实施上述行为的人为未满14岁的未成年人，则不予追究其法律责任……
斯里兰卡	8	—	8—12	1980年《刑法》第75—76条。《刑法典》第75条规定：任何由8岁以下儿童所实施的行为均不构成犯罪行为。《刑法典》第76条规定：8岁以上、12岁以下的儿童在理解其行为的性质和后果的情况下，所犯的任何罪行均不构成犯罪。
苏丹	0[142]	7 15/18 /青春期	—	1991年苏丹刑法（刑法典）第3条、第9条、第27(2)条和第47条，以及1994年《麻醉药品和精神药物法》第15条和第20条。
苏里南共和国	10	—	—	《刑事诉讼法》第56条第1款。[143]
斯威士兰	7	—	7—14	普通法。[144]
瑞典	15	—	—	2004年《刑法典》第6条规定：对于一个人在未满15岁之前所犯下的罪行，不得施加制裁。

附件二 全球各国最低刑事责任年龄的规定及其法定渊源

续表

国家	最低刑事责任年龄	特定犯罪刑事责任年龄	无犯罪能力检测	最低刑事责任年龄的法条渊源
瑞士	10	—	—	2003年关于未成年人刑事责任的联邦法律第3(1)条规定：该法律适用于在10至18岁之间做出应受延罚行为的任何人。
阿拉伯叙利亚共和国	10	—	—	2003年《少年法》第18号法律第2条和第30条。[145]
塔吉克斯坦	14[146]	16	—	《刑法典》第23条规定：(1)犯罪时已年满16周岁的人，应当承担刑事责任。(2)已满14岁的人对下列犯罪应当负刑事责任：故意杀人（第104条）、故意重伤（第110条）、故意轻伤（第111条）、绑架（第130条）、强奸（第138条）、强迫性行为（第139条）、恐怖主义（第179条）、劫持人质（第181条）、盗窃武器，弹药和爆炸物（第199条）、非法贩运麻醉品（第200条）、破坏其前体物质（第202条）、破坏交通讯方式（第214条）、加重情节下的流氓行为（第204条）、第2部分和第3部分）、盗窃（第237条、第250条）、敲诈（第248条）、极端暴力抢劫（第244条）、劫持车辆或其他交通工具而不以偷窃为目的（第252条）、任加重情节下故意损坏或毁坏财产（第255条）。(3)本法分则另有规定的，年满16周岁的人才负刑事责任。[147]

续表

国　家	最低刑事责任年龄	特定犯罪刑事责任年龄	无犯罪能力检测	最低刑事责任年龄的法条渊源
泰国	7	—	—	《刑法典》第 73 条规定：不满 7 周岁的儿童实施犯罪行为的，不负刑事责任。[148]
前南斯拉夫的马其顿共和国	14	—	—	2004 年《刑法典》第 71 条规定：不得对犯罪时未满 14 岁的少年（儿童）实施刑事制裁。[149]
东帝汶	12	—	—	自 2001 年起生效的联合国东帝汶过渡行政当局关于刑事诉讼过渡规则的第 2000/30 号条例第 45.1 条规定：……未满 12 周岁的未成年人，视为无犯罪行为能力，不予追究。
多哥共和国	13	—	—	1983 年《刑事诉讼法》第 455 条规定：未满 13 周岁的未成年人不负刑事责任：……
汤加	7	—	7—12	2005 年《刑事犯罪法》第 16 条规定：（1）任何未满 7 岁的人的行为均不得视为犯罪。（2）对于 7 岁以上未满 12 岁的人所做的行为，除非法院或者陪审团认为该人已具备足够的理解能力，能够认识到其被指控的行为的性质及其后果，否则不应视为犯罪行为。
特立尼达和多巴哥	7	—	10—14	普通法。[150]

续表

国家	最低刑事责任年龄	特定犯罪刑事责任年龄	无犯罪能力检测	最低刑事责任年龄的法条渊源
突尼斯	13	—	13—15	1995年《儿童保护法》第68条规定：13岁以下的儿童被认为无可辩驳地推定为没有犯罪能力，对于13至15岁的儿童，这一推定可被推翻。
土耳其	12[151]	—	12—15	2004年《土耳其刑法典》第31（1—2）条规定：（1）对于任何犯罪行为发生时未满12周岁的儿童，可能不负刑事责任。此外，不得对此类人提起刑事诉讼……（2）对于任何犯罪行为发生时已满12周岁但未满15周岁的人员，如果其不具备理解该行为的法律意义及其后果的能力，或者无法控制自己的行为，则可能不对该行为承担刑事责任……[152]
土库曼斯坦	14	16	—	1998年《土库曼斯坦刑法典》第21条。[153]
图瓦卢	10	12	10—14	1978年《图瓦卢刑法典》第14条规定：（1）10岁以下的人对任何作为或不作为不负刑事责任。（2）不满14周岁的人对其作为或不作为不承担刑事责任，除非能够证明在实施该作为或不作为时，他具有知道不应实施该作为或不作为的能力。（3）12岁以下的男性被推定为无性交行为能力。
乌干达	12	—	—	1996年《儿童法》第89条规定：承担刑事责任的最低年龄为12岁。[154]
乌克兰	14[155]	16	—	2001年《乌克兰刑法典》第22条规定：1.任何犯罪行为发生前已满16岁的人应当承担刑事责任。2.在14至16岁犯下刑事罪行的人仅对故意杀人（第115至117条）、企图杀害国家领导人或公众人物、执法人员，平

续表

国家	最低刑事责任年龄	特定犯罪刑事责任年龄	无犯罪能力检测	最低刑事责任年龄的法条渊源
乌克兰	14[155]	16	—	民维持治安或防卫边单位成员，军人，法官，评估员或陪审员与其行使司法职责相关的行为，辩护律师或与提供法律援助相关活动中的任何人，或外国代表（第 112、348、379、400 和 443 条），故意重伤他人（第 121 条，第 345、346、350、377 和 398 条第 3 款），故意造成中等严重人身伤害（第 122 条，第 345 条，第 346 条，第 350 条，第 377 条和第 398 条中的第 2 款），破坏行为（第 113 条），流氓行为（第 257 条），恐怖主义行为（第 258 条），劫持人质（第 147 条和第 348 条），强奸（第 152 条），暴力且非自然的性欲满足方式（第 153 条），盗窃（第 185 条，第 262 条和第 308 条的第 1 款），抢劫（第 186、262 条和第 308 条），故意毁坏或损坏财产（第 194、347、352 和 378 条第 2 款，第 399 条第 2 和第 3 款，损坏通讯路线和运输工具（第 277 条），盗窃或扣押铁路机车车辆、海运或河船（第 278 条），挪用交通工具（第 289 条第 2 款和第 3 款）和流氓行为（第 296 条）承担刑事责任。[156]
阿拉伯联合酋长国	7	—	7-n/a	《联邦法》1976 年第 9 号法律第 6 条规定：不得对 7 岁以下的少年犯提起刑事诉讼……[157]

附件二 全球各国最低刑事责任年龄的规定及其法定渊源

续表

国家	最低刑事责任年龄	特定犯罪刑事责任年龄	无犯罪能力检测	最低刑事责任年龄的法条渊源
大不列颠及北爱尔兰联合王国	英格兰和威尔士：10 北爱尔兰自治区：10 苏格兰：8 其他属地：8—10之间	— — — Varies	— — — Varies	1988年英格兰和威尔士《儿童与青少年法》第50条。1998年《刑事司法（儿童）（北爱尔兰）令》第3条。1995年《刑事诉讼（苏格兰）法》第41条。其他司法管辖区（海外领土和皇家属地）：安圭拉（最低刑事责任年龄10岁，无犯罪能力10—14岁）；百慕大（最低刑事责任年龄10岁，无犯罪能力8—14岁）；英属维尔京群岛（最低刑事责任年龄10岁，其他罪行12岁，无犯罪能力10—14岁）；开曼群岛（最低刑事责任年龄10岁，无犯罪能力10—14岁）；福克兰群岛（最低刑事责任年龄10岁，无犯罪能力10—14岁）；马恩岛（最低刑事责任年龄10岁）；皮特凯恩（最低刑事责任年龄10岁，无犯罪能力10—14岁）；圣赫勒拿及其附属地（最低刑事责任年龄10岁，无犯罪能力10—14岁）；特克斯和凯科斯群岛（最低刑事责任年龄8岁）。[158]
坦桑尼亚联合共和国	桑吉巴：12	10 —	10—12 12—14	1998年《刑法典》第15条规定：（1）10岁以下的人不对任何作为或不作为负刑事责任。（2）12岁以下的人不对作为或不作为负刑事责任，除非证明在做出该作为时他有能力知道他不应做出该作为或不作为。[159] 1986年第11号法案。[160]

续表

国家	最低刑事责任年龄	特定犯罪刑事责任年龄	无犯罪能力检测	最低刑事责任年龄的法条渊源
美利坚合众国[161]	加利福尼亚州,	—	加利福尼亚州: 0—14[164]	2006年《加利福尼亚州刑法典》第26条。
	新泽西州,[162]	—	—	
	宾夕法尼亚州,	宾夕法尼亚州: 10	—	2006年《宾夕法尼亚州综合法规》第42篇第6302条和第6355(e)条。
	佛蒙特州以及其他州[163]: 0	佛蒙特州: 10	—	2006年《佛蒙特州法规》第33篇第5502(a)(1)(a)条和第(C)条。
	北卡罗来纳州: 6	—	—	2006年《北卡罗来纳州一般法规》, 第7b—1501(7)条。
	马里兰州, 马萨诸塞州, 纽约州: 7	—	—	2006年《马里兰州法典》第3—8a—05(d)条。2006年《马萨诸塞州一般法规》第119—52条。《纽约州家庭法院法》第301.2(1)条。

附件二 全球各国最低刑事责任年龄的规定及其法定渊源

续表

国家	最低刑事责任年龄	特定犯罪刑事责任年龄	无犯罪能力检测	最低刑事责任年龄的法条渊源
美利坚合众国[161]	亚利桑那州、华盛顿州		华盛顿州：8—12	2006年《亚利桑那州修订法规》第8—201(11)条和第8—201(13)(a)(iv)条。2006年《华盛顿州法典》第9a.04.050条。
	阿肯色州、科罗拉多州、堪萨斯州、路易斯安那州、明尼苏达州、密西西比州、南达科塔州、德克萨斯州、威斯康星州：10		—	2006年《阿肯色州法典》第9—27306(a)(1)(a)(i)条。2006年《科罗拉多州修订法规》第1—801条。2006年《堪萨斯州儿童法规》第38-2302(i)和38-2302(n)条。2006年《路易斯安那州儿童法典》804(3)条。2006年《明尼苏达州法律》第260C.007(6)(12)条。2006年《密西西比州法典》第43—21—105(i)条。2006年《南达科塔州编纂法律》第26—8C—2条。2006年《德克萨斯州家庭法典》第51.02(2)(a)条。2006年《威斯康星州修订法规》第938.02(3m)条。

续表

国家	最低刑事责任年龄	特定犯罪刑事责任年龄	无犯罪能力检测	最低刑事责任年龄的法条渊源
乌拉圭	13	—	—	2004年《儿童与青少年法典》第74条规定：……只有13岁以上不满18岁的青少年，在被指控违反刑法时，才能按照本法典规定的特别程序接受审理……
乌兹别克斯坦	13[165]	14/16	—	1994年《刑法典》第17条规定：犯罪时年满16周岁或以上的健全人，应当承担刑事责任。犯罪时年满13周岁的人，仅对故意加重杀害本法典第97条第1款、第98条、第104至106条、第118条、第119条、第137条第1款、第164条至第166条、第169条、第173条第2款和第3款、第220条、222、247、252、263、267和271条、第277条第2款和第3款规定的罪责……[166]
瓦努阿图	10	—	10—14	1988年《刑法典》第17（1）条规定：不满10周岁的儿童无能力实施任何刑事犯罪行为。10周岁以上但未满14周岁的儿童，除非有证据证明其能够辨认是非，并目就其所叙控告的罪行而言确实如此了，否则推定其无能力实施刑事犯罪行为。
委内瑞拉	12	—	—	1998年《儿童与青少年保护法》第2条和第528条。《儿童与青少年保护法》第2条规定：……"青少年"是指年龄在12岁及以上但未满18岁的人……《儿童与青少年保护法》第528条：青少年如果犯下应受惩罚的行为，应根据其过错程度承担责任，其处罚方式与成年人不同……

附件二 全球各国最低刑事责任年龄的规定及其法定渊源　　411

续表

国家	最低刑事责任年龄	特定犯罪刑事责任年龄	无犯罪能力检测	最低刑事责任年龄的法条渊源
越南	14[167]	16	—	1999年《越南刑法典》第12条规定：1. 任何年满16岁的人对任何罪行均应承担刑事责任。2. 任何年满14周岁且不满16周岁的人，对故意犯下的非常严重的罪行或极其严重的罪行负有刑事责任。[168]
也门	7	—	—	《也门刑法典》。[169]
赞比亚	8	12	8—12	1995年《赞比亚刑法典》第14条规定：（1）8岁以下的人不对任何作为或不作为负刑事责任。（2）12岁以下的人不对作为或不作为负刑事责任，除非有证据证明在做出该作为或不作为时他有能力知道他不应做出该作为或不作为。（3）12岁以下的男性被假定没有性交能力。
津巴布韦	7	12	7—14	—[170]

* 译者注：为了更好查看和阅读效果，译者对前述内容的注释进行了调整，即由脚注变为了尾注。

1　由联合国儿童基金会阿富汗办事处提供的非官方翻译。
2　此翻译由 Agron Alibali 完成，他是阿尔巴尼亚法律信息倡议的成员，该倡议与肯特法学院及伊利诺哥青特法学院合作。网址为 pbosnia.kentlaw.edu/resources/legal/Albania/crim_code.htm.
3　《阿尔及利亚刑法典》规定："对于不满13岁的未成年人，只能适用保护性措施或者再教育措施"，这些措施明显包括安置在专业的再教育中心，这些再教育中心由司法部管理，数量大致有30个。在2005年，有将近2000名年龄

4　在 8 到 13 岁之间的儿童，因触犯法律而被剥夺人身自由，被安置在这些再教育中心里。参见 Committee on the Rights of the Child, *Second Periodic Reports of States Parties Due in 2000: Algeria*, CRC/C/93/add.7, 3 Mar 2005, par. 332; 参见 Committee on the Rights of the Child, Compte rendu analytique de la 1057e séance, CRC/C/sr.1057, 20 sept 2005, par. 91.

5　2005 年的 Ley de protección integral de las derechos de las niñas, niños y adolescentes 明确废除了 1919 年的 Agote law，该法律是阿根廷非常规情况政策的基础，这一政策事实上可以任意剥夺任何年龄段儿童的人身自由。本着这种精神，2005 年的法律似乎也同样废除了 1980 年 Ley 22.278, Régimen Penal de la Minoridad 中的规定。然而，最终的分析可能取决于悬而未决的青少年刑事责任立法的具体规定。

6　第 1 条：不得对任何未满 16 岁的人施加惩罚。对于未满 18 岁的人，也不得因私人可提起诉讼的罪行，判处不超过两年监禁的罪行或处以罚款或取消取得资格的罪行而施加任何形式的惩罚……。第 2 条：对于已实施犯罪行为且年龄在 16 至 18 岁之间的人，可以施以惩罚，但所犯的罪行常非第 1 条所列明的罪行……。参见 Committee on the Rights of the Child, *Periodic Reports of States Parties Due in 1998*: Argentina, crc/C/70/add.10, 26 feb 2002, par. 615.

7　美国律师协会、中欧和欧亚法律倡议项目提供的非官方翻译。参见 www.internews.am/legislation/index.asp.

8　澳大利亚犯罪学研究所，《年轻人与犯罪》，表 1：截至 2005 年 7 月 12 日各澳大利亚司法管辖区的刑事责任年龄》，网址 www.aic.gov.au/research/jjustice/ definition.html.

9　根据 2002 年关于"未成年人及儿童权利保护委员会"的法律规定，行政管理委员会可以将所有未满 14 岁但涉嫌实施犯罪行为的儿童的情况予以考虑在内。而且，他们可以对这些儿童采取惩戒措施，包括在"特设的矫正学校"里进行隔离拘禁。参见 Azerbaijan NGO Alliance for Children's Rights, Juvenile Justice in Azerbaijan: NGO Alternative Report on Situation of Juvenile Justice System in Azerbaijan within the period of 1998—2005, Baku, 2005; and Committee on the Rights of the Child, *Second Periodic Reports of States Parties Due in 1999*: Azerbaijan, CRC/C/83/Add.13, 7 Apr 2005, pars. 436—444.

10　欧洲安全与合作组织民主制度和人权办公室的非官方翻译。网址：www.legislationline.org.

附件二 全球各国最低刑事责任年龄的规定及其法定渊源 413

11 巴林坚持认为该国1976年《刑法典》第32条将最低刑龄确定为15岁，而且1976年的第17号《青少年法令》对于更年轻的儿童，规定了非刑事化的改造和保护措施。实际上，15岁是成年人刑罚年龄，而且在明显是惩罚性的对策上，没有更低的年龄下限，"比如对于那些重罪，处以在社会福利中心最高长达10年的拘留（例如，1976年《青少年法》第12条）"。儿童权利委员会观察到，根本不存在最低刑龄。参见 Concluding observations: Bahrain, CRC/C/15/Add.175, 7 Feb 2002, par. 47; and Initial reports of States parties due in 1994: Bahrain, CRC/C/11/Add. 24, 23 Jul 2001.

12 由 softinform 工程信息公司翻译，jurinform 信息系统提供白俄罗斯立法资料，网址：www.belarus.net/softinfo/lowcatal.htm.

13 Sodjiedo hounton, rita-félicité, "la Justice pour mineurs au bénin: protection juridique et judiciaire del'enfant au bénin," in *Nouvelle Tribune Internationale des droits de l'enfant*, nos. 8—9, défense des enfants international-belgique, september 2005.

14 高级代表法务部办公室，网址为 www.ohr.int/ohr-dept/legal.

15 Committee on the Rights of the Child, *Initial Reports of States Parties Due in 1997: Botswana*, crc/C/51/add.9, 27 feb 2004, par. 86. Boys younger than 12 years of age are presumed to be incapable of having "carnal knowledge."

16 Committee on the Rights of the Child., *Initial Reports of States Parties Due in 1998: Brunei Darussalam*, crc/C/61/add.5, 13 Mar 2003, par. 292.

17 《保加利亚刑法典》第32（2）条允许对那些实施了社会危险性行为但不满14岁的儿童适用矫正措施，正如《青少年违法犯罪法》规定的那样。预防青少年犯罪委员会可以从行政管理上对这些矫正措施进行排序，包括对7岁的儿童剥夺人身自由，将其安置在社会教育寄宿学校中，以及将8岁的儿童安置在矫正性寄宿学校中。例如可参见 Bulgarian Helsinki Committee, Memorandum of the Bulgarian Helsinki Committee, Sofia, 17 Oct 2005; and National Statistical Institute of the Republic of Bulgaria, Anti-Social Acts of Minor and Juvenile Persons in 2005, 31 Mar 2006, www.nsi.bg/index_e.htm.

18 由欧洲安全与合作组织民主制度与人权事务办公室翻译，网址：www.legislationline.org.

19 虽然从法律意义上严格来说，不满13岁的儿童无需承担刑事责任，但是，关于青少年犯罪及危险性儿童的1961年5月9日第19/61号法令没有阻却执法人员剥夺他们的人身自由："第19/61号法令对警方侦察阶段剥夺人身自由进行规定……由此产生的结果是，那些被假定无需对其行为承担责任的不满 13 岁的未成年人可能会被警方拘留……" Committee on the Rights of the Child, *Initial Reports of States Parties Due in 1997*: Burkina Faso, CRC/C/65/ Add.18,13 Feb 2002, par.440.

20　Committee on the Rights of the Child, *Initial reports of States parties due in 1997: Burkina Faso, crc/C/65/add.18, 13 feb 2002*, pars. 417 and 424.

21　国际儿童保护组织喀麦隆分部关于法律冲突及困境儿童的研讨会总报告，1993 年 8 月 30 日至 9 月 1 日于雅温得举行。

22　Committee on the Rights of the Child, *Periodic reports due in 1994: Cape Verde*, crc/C/11/ add.23, 9 Jan 2001, par. 59.

23　Committee on the Rights of the Child, *Initial reports of States parties due in 1994: Central African Republic*, crc/C/11/add.18, 18 nov 1998, par. 7.

24　劳动教养制度是行政拘留制度中的一种，被用来对没有受到正式控告、审判或者司法审查的大多数轻微犯罪进行惩罚。一个拼凑起来的监管框架明显限制了劳动教养制度对 13 岁以及更大儿童的适用。虽然在过去，小到 11 岁的儿童也可能被拘留。目前，剥夺人身自由的期限最长可达 4 年，这在很大程度上取决于公安警察的自由裁量权。再教育被作为一种儿童保护性措施，因帮助儿童新融入社会而正式被认为是正当的。但是，联合国酷刑问题特别报告员则认为这种再教育制度是一种不人道而且有辱人格的对待或惩罚。除此外参见 Committee of Experts on the Application of Conventions and Recommendations, Individual Observation concerning Worst Forms of Child Labour Convention, 1999 (No. 182); China, 2007; Trevaskes, Susan, Severe and Swift Justice in China, 47 British Journal of Criminology 23, 2007; 和 UN Commission on Human Rights, Report of the Special Rapporteur on torture and other cruel, inhuman or degrading treatment or punishment, Manfred Nowak: Mission to China, E/CN.4/2006/6/Add.6, 10 Mar 2006.

25　Zhou, Mi, and Shizhou Wang, "China," 2001, in Fijnaut, Cyrillus, and Frankk Verbruggen, eds, "Criminal Law," in Blanpain, Roger, ed., *International Encyclopaedia of Laws*, the Hague, Kluwer law international, 2004.

26　在 2007 年至 2009 年期间，司法管辖区逐步开始执行《儿童和青少年法典》中有关刑事责任的规定，替代 1989 年 11 月 27 日法令第 2739 号法令《未成年人法典》中的非常规情况条款。

附件二　全球各国最低刑事责任年龄的规定及其法定渊源

27 正如《科摩罗刑法典》中规定的那样，科摩罗规定其最低刑龄是 13 岁。然而，《科摩罗刑法典》和伊斯兰法在法律上都是公认的法律渊源，而且目根据穆斯林法典，根本不存在一个固定的年龄下限。14—15 岁的生理成熟度是男孩儿需承担刑事责任的界限，而女孩儿的刑事责任年龄下限标准则是结婚，不管结婚时的年龄是多大。Committee on the Rights of the Child, *Initial reports of States parties due in 1995*: Comoros (Additional Info from State Party), CRC/C/28/Add.13, 7 Oct 1998, pars. 52, 79 and 141—142.

28 虽然被明显地归类为保护性措施，但不满 13 岁的儿童可以被宣告有罪，被关押在候审机构中，被安置在"一个适当的教育机构或专业培训机构中，或者提供儿童照看服务的任何公共或私人机构中，或者为学龄罪犯而设的适当的寄宿学校中。"参见 Committee on the Rights of the Child, *Initial reports of States parties due in 1999*: Congo, CrC/C/Cog/1, 20 feb 2006, pars. 428—430.

29 Cvjetko, boica, Croatia: Criminal responsibility of Minors in the republic of Croatia,75 *International Review of Penal Law (Revue internationale de droit pénal)* 263, 2004.

30 古巴宣称其规定的最低刑龄是 16 岁，但这个年龄下限实际上是《古巴刑法典》第 16（2）条规定的法定刑罚年龄。主要的少年司法立法，即 Decreto-Ley No. 64 del Sistema para la Atención a Menores con Trastornos de Conducta del 30 de diciembre de 1982，并没有规定其应用的最低年龄。根据这一制度，相关的儿童被看作是触犯法律的罪犯，而且管理性的"预防和社会福利委员会"可以下令剥夺这些儿童的人身自由权，把他们关押在专门的再教育中心里。除此之外参见 Committee on the Rights of the Child, *Initial reports of States parties due in 1993*: Cuba, CRC/C/8/Add.30, 15 Feb 1996; Romero, Lidia, and Luis Gómez, La Política Cubana de Juventud Entre 1995 y 1999: Principales Características (La Experiencia del Pradjal en Cuba), La Habana, Centro de Estudios Sobre la Juventud, 2000; and Zaragoza Ramirez, Alina, and Bárbara Mirabent Garay, "Administración de justicia de menores: un desafío a la contemporaneidad," Cubalex: Revista Electrónica de Estudios Jurídicos, no. 9, July—September 1999.

31 Government of Cyprus, *Second Periodic Report: Implementation of the Convention on the Rights of the Child: Answers to Questionnaire Dated 7 February 2003* CRC/C/Q/CYP/2, 9 apr 2003, at 66—67. 假定 12 岁以下的男孩不具备"性交能力"。

32 Válková, helena, *New Juvenile Justice Law in the Czech Republic*, Presented at the Conference of the European Society of Criminology, Amsterdam, 25—28 august 2004.

33 2007 年朝鲜民主主义人民共和国任平壤发布关于执行《儿童权利公约》的第三次和第四次定期报告。

34 Otshudiin, henri Wembolua, l'anachronisme du décret du 6 décembre 1950 sur l'enfance délinquante: cas du flou sur la majorité pénale en R.D.C., in *Nouvelle Tribune Internationale des droits de l'enfant*, nos. 10—11, défense des enfants international-belgique, december 2005.

35 丹麦于 2004 年制定的司法行政法令第 75b 部分，授予警察任等候室、拘留室等场所拘留仅 12 岁嫌疑犯的权力。这种拘留最多可以延长至 24 小时，而且允许长达 6 个小时的单独拘禁。此外，警察还可以对这些儿童进行窃听、监视、搜身和没收。参见 Committee on the Rights of the Child, Written Replies by the Government of Denmark Concerning the List of Issues (CRC/C/Q/DNK/3), CRC/C/RESP/91, 19 Aug 2005; and National Council for Children, Report to the UN Committee on the Rights of the Child: Supplementary Report to Denmark's 3rd Periodic Report, Copenhagen, 2005.24.

36 Langsted, Lars Bo, Peter Garde, and Vagn Greve, "Denmark," 2003, in Fijnaut, Cyrillus, and Frankk Verbruggen, eds, "Criminal Law," in Blanpain, Roger, ed., *International Encyclopaedia of Laws*, the Hague, Kluwer law international, 2004.

37 République de Djibouti, *Rapport périodique portant sur la mise en œuvre de la Convention relative aux droits de l'enfant*, crc/C/dji, april 2007, at 19.

38 Committee on the Rights of the Child, *Initial Reports of States Parties Due in 1993: Dominica*, crc/C/8/add.48, 15 oct 2003, par. 69.

39 Committee on the Rights of the Child, *Periodic Reports of States Parties Due in 1997: Egypt*, crc/C/65/add.9, 11 nov 1999, pars. 50 and 189—90.

40 Committee on the Rights of the Child, *Periodic Reports of States Parties Due in 1997: Egypt*, crc/C/65/add.9, 11 nov 1999, pars. 50 and 189—90.

41 Unicef eritrea, correspondence with author, May 2002.

附件二　全球各国最低刑事责任年龄的规定及其法定渊源　　417

42　Committee on the Rights of the Child, *Summary record of the 1162nd meeting (Chamber B): Ethiopia*, crc/C/sr.1162, 21 sept 2006, par. 49.

43　芬兰司法部的非官方翻译。

44　所有的儿童都被认为具有辨别能力，而且一旦被认定实施了不法行为，就被认为需要承担刑事责任。如同 Ordonnance relative à l'enfance délinquante (as of March 2007) 中规定的那样，实施不法行为的儿童可能面临的措施因其年龄而异。受到裁决的所有年龄段的儿童都会受到 "mesures de protection, d'assistance, de surveillance et d'éducation"（除此外，参见第 1 条和第 2 条）。"Sanctions éducatives" ——任某些情况下会剥夺儿童的人身自由权——适用于 10 岁或 10 岁以上的儿童（第 15 条第 1 款）。"Peines" ——任某些情况下同样会剥夺儿童的人身自由权———适用于 13 岁或 13 岁以上的儿童（第 20 条第 2 款和第 20 条第 9 款）。

45　Committee on the Rights of the Child, *Initial reports of States parties due in 1996: Gabon*, crc/C/41/add.10, 13 Jul 2001, par. 76.

46　Saine, Marie, *Protecting the Rights of Children in Trouble with the Law: A Case Study of South Africa and the Gambia*, thesis, pretoria, university of pretoria, 2005.

47　2007 年的修正案原计划于 2008 年 7 月 1 日生效。这些规定对大多数犯罪行为有效 14 岁刑事责任年龄限制，但对预谋杀人（包括在加重情况下）、故意伤害健康、强奸、多数类型的抢劫、袭击以及携带刀具等罪行设立了较低的 12 岁刑事责任年龄门槛。格鲁吉亚声称，由于设施安排不完善，在可预见的未来内这些修正案无法生效。Committee on the Rights of the Child, Written Replies by the Government of Georgia to the List of Issues, crc/C/geo/Q/3/add.1, 20 May 2008, par. 48. Georgia, Additional Information on the Implementation of the Convention on the Rights of the Child in Respect of the Third Periodic Report of Georgia, circa May 2008.

48　如果行为发生时，由于其道德和心智发展程度，该年轻人已足够成熟，能够理解行为的错误性质，并能根据这种理解来行动，那么他就应当承担刑事责任……English translation by Crofts, Thomas, *The Criminal Responsibility of Children and Young Persons: A Comparision of English and German Law*, Aldershot (England), Ashgate, 2002, at 134.

49　Committee on the Rights of the Child, *Second Periodic Reports of States Parties Due in 1997: Ghana*, crc/C/65/add.34, 14

50 《希腊刑法典》正式规定的刑事责任年龄下限是 13 岁。然而,少年法庭对触犯法律的 8 岁或 8 岁以上的儿童有管辖权(《刑法典》第 121 条和 126 条),而且可以下令对这些儿童采取改过自新和治疗性措施(第 122—123 条分别规定),这样的措施可以剥夺儿童的人身自由权。除此外参见 World Organisation Against Torture et al., State Violence in Greece: An Alternative Report to the UN Committee against Torture 33rd Session, Athens, 2004.

51 Committee on the Rights of the Child, *Initial Reports of States Parties Due in 1992: Grenada*, crc/C/3/add.55, 28 nov 1997, pars. 39 and 170.

52 Toure n'fa, ousmane, and fanta oulen bakary Camara, "guinée," in lachat, Michel, ed., *Séminaire de formation en justice des mineurs pour magistrats et autres acteurs en justice juvénile de l'Afrique francophone: Séminaire de Ouagadougou du 29 novembre au 3 décembre 2004: Working report*, agence intergouvernementale de la francophonie, 2005, at 165.

53 Committee on the Rights of the Child, *Initial Reports of States Parties Due in 1992: guineabissau*, crc/C/3/add.63, 26 Jul 2001, par. 136. 54 Unofficial version compiled by the Canadian Ministry of Justice, www.oas.org/juridico/mla/ fr/hti.

54 Unofficial version compiled by the Canadian Ministry of Justice, www.oas.org/juridico/mla/ fr/hti.

55 由欧洲法学会翻译。网址:www.era.int/domains/corpus-juris/ public/texts/legal_text.htm.

56 冰岛司法和教会事务部的官方翻译。

57 Committee on the Rights of the Child, *Second Periodic Reports of States Parties Due in 1997: Indonesia*, crc/C/65/add.23, 7 Jul 2003, par. 472.

58 伊朗规定女孩的最低刑龄是九年 9 岁(也就是 8 岁零 9 个月),男孩的最低刑龄是衣历年 15 岁(也就是 14 岁零 7 个月)。

59 《伊斯兰刑法典》(Bolug-e-sharii)第 49 条,由联合国儿童基金会阿富汗事处提供的非官方翻译,定义"儿童"为尚未达到"宗教青春期"年龄的人,而"宗教青春期"的年龄则由民法典第 1210 条,由联合国儿童基金会阿富汗事处提供的非官方翻译,规定男孩为衣历年 15 岁,女孩为农历年 9 岁。参见 Ardebili, Mohammad-Ali, and Ali-Hossein Nadjafi, iran: la responsabilité pénale des mineurs en droit iranien,75 International Review of Penal Law (Revue

附件二 全球各国最低刑事责任年龄的规定及其法定渊源   419

internationale de droit pénal）401, 2004.

60　Translation by alavi & associates, www.alaviandassociates.com.

61　Committee on the Rights of the Child, *Summary record of the 483rd meeting: Iraq*, crc/C/SR.483, 30 Sept 1998, pars. 47—48; and UNICEF Middle East and North Africa Regional Office, "Juvenile Justice," in *Middle East and North Africa Child Protection Profile*, unpublished draft, amman, 2001.

62　巴勒斯坦被占领土。

63　Musleh, dahab, and Katherine taylor, *Child Protection in the Occupied Palestinian Territory: A National Position Paper*, secretariat of the national plan of action for palestinian Children, el Shurafeh, 2005; and UNICEF Middle East and North Africa Regional Office, *UN Study on Violence against Children: Regional Report: Middle East and North Africa Region*, draft, amman, June 2005.

64　Unofficial English translation. "Penal Law—Draft Proposal and New Code," 30 *Israel Law Review* 5, 1996, reproduced by buffalo Criminal law Center, state university of newyork at buffalo school of law, wings.buffalo.edu/law/bclc/israeli.htm.

65　《日本青少年法》2007年5月的修正案允许家事法庭下令对触犯法律的年仅11岁的儿童采取最严厉的处置措施——被安置在青少年培训学校，这些学校由司法部颁订正局负责监管。在这之前，采取这种措施的最低年龄通常是14岁。根据这一修正案，这些儿童也可能受到警方询问，搜身以及没收。14岁的年龄下限之所以经常被援引，是因为它是因某些严重犯罪而免于在成人刑事法庭受审的最低年龄（《日本刑法典》第41条）。除此外参见Ito, Masami, Diet lowers incarceration age to "about 12", The Japan Times, 26 May 2007; Jin, Guang-Xu, Japan: The Criminal Responsibility of Minors in the Japanese Legal System,75 International Review of Penal Law (Revue internationale de droit pénal) 409, 2004; and Juvenile crime wave prompts Justice Ministry crackdown,The Japan Times, 25 Aug 2004.

66　Ito, Masami, Diet lowers incarceration age to "about 12", The Japan Times, 26 May 2007; Jin, Guang-Xu, Japan: The Criminal Responsibility of Minors in the Japanese Legal System,75 International Review of Penal Law (Revueinternationale de droit pénal) 409, 2004; and Juvenile crime wave prompts Justice Ministrycrackdown,The Japan Times, 25 Aug 2004.

67　Committee on the Rights of the Child, *Third Periodic Report of States Parties Due in 2003: Jordan*, crc/C/Jor/3, 2 Mar 2006,

68 《哈萨克斯坦刑法典》第15条（评注）注解说，在某些特定条件下，法庭有权对11岁或者11岁以上的儿童适用强制性的矫正教育措施。这意味着在特殊教育机构中的关押期限最长可达三年，这些教育机构就是经过重整的矫正场所（也就是少年犯罪的管教所）。此外，适应、临时隔离，改过自新中心也可以关押那些实施了对公众有害的行为但未达到最低刑龄的儿童。例如参见 Children's Fund of Kazakhstan et al., Alternative Report of Non-Governmental Organizations of Kazakhstan with Commentaries to the Initial Report of the Government of Kazakhstan, Almaty, 2002; Committee on the Rights of the Child, *Second and Third Periodic Reports of States Parties Due in 2006: Kazakhstan*, CRC/C/KAZ/3, 23 Aug 2006, pars. 28 and 458–466; and Kazakhstan NGOs' Working Group "On Protection of Children's Rights," Alternative Report of Non-Governmental Organizations with the Comments to the Second and Third Reports of the Government of the Republic of Kazakhstan, Almaty, 2006.

69 由欧洲安全与合作组织民主制度与人权事务办公室翻译，网址：www.legislationline.org.

70 Situma, Francis d.p., "Kenya," 1999, in Fijnaut, Cyrillus, and Frankk Verbruggen, eds, "Criminal Law," in Blanpain, Roger, ed., International Encyclopaedia of Laws, the Hague, Kluwer law international, 2004. 假定年龄12岁以下的男孩没有能力进行"性交行为"，但如果能证明他们知道其行为在道德上是错误的，则可能因需要而被定罪。

71 Committee on the Rights of the Child, *Initial Reports of States Parties Due in 1993: Kuwait*, crc/C/8/add.35, 9 dec 1996, par. 22.

72 行政管理机构（未成年人事务委员会）对触犯法律但未满14岁的儿童有管辖权。该机构可以将11岁以上的儿童关押在"特设的矫正学校"里，关押期限为一至五年。这实际上剥夺了这些儿童的人身自由权。参见 Meuwese, Stan, ed., KIDS BEHIND BARS: A study on children in conflict with the law, Amsterdam, Defence for Children International The Netherlands, 2003; and Youth Human Rights Group, Alternative NGO Report to the UN Committee on the Rights of the Child, Bishkek, 2004.

73 Meuwese, stan, ed., KIDS BEHIND BARS: A study on children in conflict with the law, Amsterdam, Defence for Children International The Netherlands, 2003; and Youth Human Rights Group, Alternative NGO Report to the UN Committee on the

附件二　全球各国最低刑事责任年龄的规定及其法定渊源　421

Rights of the Child, bishkek, 2004.

74　根据《老挝刑法典》，对于最低年仅 12 岁的儿童，可以采取特殊的措施，包括剥夺其人身自由权，将其关押在监护性的再教育机构中。参见 Committee on the Rights of the Child, *Initial Reports of States Parties Due in 1993*: Lao People's Democratic Republic, CRC/C/8/Add.32, 24 Jan 1996, pars. 161 and 166; and UNICEF East Asia and Pacific Regional Office, Overview of Juvenile Justice in East Asia and the Pacific Region, Bangkok, 2001.

75　Committee on the Rights of the Child, *Initial Reports of States Parties Due in 1993: Lao People's Democratic Republic*, crc/C/8/ Add.32, 24 Jan 1996, pars. 43 and 161.

76　翻译与木语中心翻译，网址：www.ttc.lv, 2004.

77　Committee on the Rights of the Child, *Third periodic reports of States parties due in 2003: Lebanon*, crc/C/129/add.7, 25 oct 2005, pars. 500 and 502.

78　Committee on the Rights of the Child, *Initial Reports of States Parties Due in 1994: Lesotho*, crc/C/11/add.20, 20 Jul 1998, par. 26.

79　American Bar Association Africa Law Initiative and UNICEF, *Assessment of the Liberian Juvenile Justice System*, Monrovia, 2006, at 21.

80　尽管利比亚一直声称其规定的最低刑龄是 14 岁，但相关的刑法典条款规定，7 至 14 岁之间的儿童如果被证明实施了可归类为轻罪或者重罪的行为，就可以被采取防护性措施，这其中包括被关押在青少年教育和指导中心，为期不超过一年。除此外参见 Committee on the Rights of the Child., *Second Periodic Reports of States Parties Due in 2000: Libyan Arab Jamahiriya*, CRC/C/93/Add.1, 19 Sept 2002, pars. 29—30 and 76.

81　Committee on the Rights of the Child, *Second Periodic Reports of States Parties Due in 1999: Lithuania*, crc/C/83/add.14, 15 Jul 2005, par. 533.

82　一般而言，卢森堡认为 16 岁是其规定的最低刑龄和法定刑罚的最低年龄（Loi relative à la protection de la Jeunesse, Art. 32），而且，对于更低年龄的儿童，只能采取照管，治疗以及教育的保护性措施。然而，青少年法庭采取的好几种措施表明了对儿童行为所采取的刑罚性措施并没有更低的年龄下限。这些措施可以剥夺儿童

83 的人身自由权,而且任某些情况下,可以实施最多长达连续 10 天的单独监禁作为行政处分。例如参见 Committee on the Rights of the Child, Concluding observations of the Committee on the Rights of the Child: Luxembourg, CRC/C/15/Add.250, 31 Mar 2005.

84 Committee on the Rights of the Child, Initial Reports of States Parties Due in 1993: Malawi, crc/C/8/add.43, 26 Jun 2001, par. 56. 根据刑法典,还规定了 12 岁以下的男孩被推定为没有"性知识"(即无法进行性行为)的能力。

85 任有关儿童和刑事责任各种规定之解释中,马来西亚表明其《刑法典》第 82 节确立了 10 岁的最低刑龄。其他条款则明确规定了一个更低的年龄门槛。Committee on the Rights of the Child, Initial Report of States Parties Due in 1997: Malaysia, CRC/C/MYS/1, 22 Dec 2006, par. 131(f).

86 Hussin, nasimah, Juvenile Delinquencies in Malaysia: Legal Provisions and Prospects for Reforms, paper presented at 4th World Congress on family law and Children's rights, Cape town, southafrica, 20—23 March 2005, at footnote 16.

87 各州法律复制了这些条款以及第 1(2)(b)节的规定,该规定认为此法条仅适用于"信奉伊斯兰教的人"。参见 Committee on the Rights of the Child, Initial Report of States Parties Due in 1997: Malaysia,crc/C/Mys/1, 22 dec 2006, par. 131(h—i).

88 这一规定显然意味着儿童年满 10 岁时被假定承担刑事责任,无论青春期的身体迹象如何。参见 Committee on the Rights of the Child, Initial Reports of States Parties Due in 1993: Malawi, crc/C/8/add.43, 26 Jun 2001, par. 131(i).

89 Hussin, nasimah, Juvenile Delinquencies in Malaysia: Legal Provisions and Prospects for Reforms, paper presented at 4th World Congress on family law and Children's rights, Cape town, southafrica, 20—23 March2005, at 9.

90 Law reform Commission of hong Kong, Report on the Age of Criminal Responsibility in Hong Kong, Wanchai, 2000.

91 马尔代夫称,根据《对未成年人犯罪进行公正审讯、调查、宣判的规定》第 4(a)条的规定,马尔代夫规定的最低刑龄是 10 岁。然而,对于某些特定的犯罪,该规定以青春期为标准划定刑事年龄情况,而不考虑年龄情况。Committee on the Rights of the Child., Second and Third Periodic Reports of States Parties Due in 1998 and 2003: Maldives, CRC/C/MDV/3, 10 Apr 2006.

根据《刑法典》第 107 条的规定,马绍尔群岛称其规定的最低刑龄是 10 岁。然而,青少年违法犯罪条例确立了

附件二 全球各国最低刑事责任年龄的规定及其法定渊源

92 对儿童宣判为行为不良者的程度,而没有规定更低的年龄下限,而且,这种程序导致的结果是剥夺儿童的人身自由权。儿童权利委员会观察到,该国根本不就不存在最低刑龄规定。Committee on the Rights of the Child, *Concluding observations: Marshall Islands*, CRC/C/MHL/CO/2, 2 Feb 2007; 以及 Committee on the Rights of the Child, *Initial Reports of States Parties Due in 1995: Marshall Islands*, CRC/C/28/Add.12, 18 Nov 1998.

93 在某些特定情况下,那些被送法院作是不具有辨别能力的不满 14 岁的儿童——明显没有任何更低的年龄下限,可能被送到矫正机构中进行关押,直至 18 岁。法院也可以把那些被认为具有辨别能力的儿童送到矫正机构中进行关押,同样也没有任何更低的年龄下限。参见 Committee on the Rights of the Child, *Second Periodic Reports of States Parties Due in 1997: Mauritius*, CRC/C/65/ADD.35, 19 Jul 2005, pars. 125 and 477–478.

94 密克罗尼西亚联邦表明,根据《密克罗尼西亚联邦法律》的规定,16 岁是其规定的最低刑龄以及法定刑罚的最低年龄(Title 12 §1101,以及各个州法典的类似条款中)。然而,青少年违法犯罪条例确立了对儿童宣判为不良者的程序,而没有规定更低的年龄下限,而且,这种程序导致的结果是剥夺儿童的人身自由权。儿童权利委员会观察到,该国根本不存在明确规定的最低刑龄。Committee on the Rights of the Child, *Concluding observations: Micronesia (Federated States of)*, CRC/C/15/Add.86, 4 Feb 1998; and Id, *Initial Reports of States Parties Due in 1995: Micronesia (Federated States of)*, CRC/C/28/Add.5, 17 Jun 1996.

95 透明国际摩尔多瓦翻译,网址:www.transparency.md/laws.htm.

96 Committee on the Rights of the Child, *Initial Reports of States Parties Due in 1995: Monaco*, crc/C/28/add.15, 17 Jul 2000, par. 37.

97 联合国难民事务高级专员,由欧洲原籍国信息网发布,网址:www.ecoi.net。欧洲安全与合作组织民主制度与人权办公室翻译,网址:www.legislationline.org.

98 Committee on the Rights of the Child, *Second Periodic Reports of States Parties Due in 2000: Morocco*, crc/C/93/add.3, 12 feb 2003, par. 160.

99 莫桑比克表明,其规定的最低刑龄要么是 10 岁(《刑法典》第 43 条),要么是 16 岁(《刑法典》第 42 条),莫桑比克还特别说明,不满 16 岁的儿童只会面临与保护、帮助或者教育措施相对的惩罚,这种惩罚不会剥夺其人身自由权。然而，16岁看起来似乎是法定刑罚年龄，因为低于16岁的儿童会落入少年法庭的管辖范围，正如《未成年人法律援助条例》中规定的那样。对于那些实施了被认为是刑法中规定的犯罪或者不端行为的儿童，该条例第16条允许对其采取矫正措施，其中包括剥夺人身自由权的措施。参见 Committee on the Rights of the Child, *Initial Reports of States Parties Due in 1996*: Mozambique, CRC/C/41/Add.11, 14 May. 2001.

100 Zimba, r.f., and e. Zimba, Review of the compliance of Namibian domestic legislation to the Convention on the Rights of the Child, Windhoek, unicef and the Ministry of Women affairs and Child Welfare, 2004.

101 14岁或者14岁以上的儿童在成人法庭上被追究刑事责任。尽管成人法庭同样拥有自由裁量权来对那些被指控谋杀的更年轻的儿童进行审判。一般来说，不满14岁的儿童被认为是未成年人，他们的刑事责任是在个案基础上进行具体确定的，而没有任何更低的年龄下限。Russell Kun, Principal Legal Adviser, Department of Justice, telephone interview with author,19 Sept 2002.

102 根据《儿童法令》第11条的规定，尼泊尔指出其规定的最低刑龄是10岁，但对于某些特定的罪行，《恐怖主义者与破坏性活动（控制及惩罚）法令》适用于所有年龄段的儿童。Committee on the Rights of the Child, *Second Periodic Report of States Parties Due in 1997*: Nepal, CRC/C/65/Add.30, 3 Dec 2004. UNICEF Regional Office for South Asia, Juvenile Justice in South Asia: Improving Protection for Children in Conflict with the Law, Kathmandu, 2006

103 警察可以对不满12岁的儿童实施逮捕，并在警察局对他们进行审问，最多可长达6个小时。一些作者将这些措施以及相关的措施描述为实际有效的刑事责任年龄，即10岁。Detrick, Sharon, et al., Violence against Children in Conflict with the Law: A Study on Indicators and Data Collection in Belgium, England and Wales, France and the Netherlands, The Netherlands: Penal Welfarism and Risk Management,in Muncie, John, and Barry Goldson, eds, Comparative Youth Justice, London, Sage, 2006.

104 "第9条第1款，第10—22a条，第24c条，第37—38i条，第44条和第57—62条不适用于犯罪时已满12岁但尚未满18岁的人。第77d—77ggg条中规定的特殊条款适用于此。"英译文: "the Dutch Penal Code," The American Series of Foreign Penal Codes, Littleton (Colorado), fred b. Rothman & Co., 1997.

附件二 全球各国最低刑事责任年龄的规定及其法定渊源   425

105 Committee on the Rights of the Child, *Initial Reports of States Parties Due in 1992*: Niger, crc/C/3/add.29/rev.1, 17 oct 2001, par. 38.
106 在许多相互矛盾的说法中,尼日利亚援引多个不同年龄作为其各个州法律规定的最低刑龄。然而,对于通奸或婚外性行为,强奸,鸡奸,乱伦,女性同性恋,人兽性交,严重猥亵行为以及诬告他人通奸或婚外性行为等罪行,12个州的伊斯兰教刑法是以青春期为标准来划定刑事责任的,而不考虑行为人的年龄本身。对于其他年龄的犯罪,年满7岁的儿童就可能需要承担刑事责任。例如参见 Committee on the Rights of the Child, *Initial Reports of States Parties Due in 1993*: Nigeria, CRC/C/8/Add.26, 21 Aug 1995; and Nigerian Federal Ministry of Women Affairs, Convention on the Rights of the Child: *Second Country Periodic Report*, CRC/C/70/Add.24/Rev.2, Abuja, 2004.
107 World organisation against torture and the Centre for law enforcement education, *Rights of the Child in Nigeria: Report on the Implementation of the Convention on the Rights of the Child by Nigeria*, geneva, 2004, at 9.
108 12 岁以下的男孩"被认为不具备性知识"。
109 在 2000—2001 年间,这 12 个州根据赞法拉州法律,以几乎相同的法规采纳了伊斯兰教刑法。从理论上讲,这些法律适用于各自管辖范围内所有穆斯林和其他自愿同意其制度的人(参见《伊斯兰刑法典》引言(C))。
110 Nigerian federal Ministry of Women affairs, Convention on the Rights of the Child: Second Country Periodic Report, crc/C/70/add.24/rev.2, abuja, 2004 ,at 29.
111 参见 www.zamfaraonline.com/sharia/introduction.html.
112 根据《刑法典》第 82 条的规定,巴基斯坦的最低刑龄是 7 岁。然而,对于某些特定的犯罪,其他各种法律条款却没有设定刑事责任的最低年龄。Committee on the Rights of the Child, *Second Periodic Reports of States Parties Due in 1997*: Pakistan, CRC/C/65/Add.21, 11 Apr 2003.
113 1979 年《胡杜德法令》要求所有巴基斯坦人(无论年龄大小)对强奸、通奸、使用酒精和毒品、盗窃、持械抢劫和诽谤等特定罪行承担刑事责任。
114 根据该法案的规定,所有年龄段的儿童都将受到逮捕和审判以及死刑。参见 UNICEF Regional Office for South Asia, *Juvenile Justice in South Asia: Improving Protection for Children in Conflict with the Law*, Kathmandu, 2006.

115 Amnesty international, Pakistan: Denial of Basic Rights for Child Prisoners, London, 2003.
116 Committee on the Rights of the Child, *Initial Reports of States Parties Due in 1997*: Palau, crc/C/51/add.3, 23 Mar 2000, par. 234.
117 除了《巴布新几内亚刑法典》规定的最低刑龄条款之外, 1961 年的《儿童福利法案》(到 1990 年为止) 允许儿童法庭对任意年龄段的儿童罪犯处以剥夺人身自由权(除此外可参见 Arts. 32(2)(a)(ii) and 41(1)(b)(iii))。
118 严格从法律意义上来说, 菲律宾规定的最低刑龄是 15 岁零一天。参见 Bayoran, Gilbert, 56 minors to be cleared of criminal liability soon, The Visayan Daily Star, Bacolod City (Philippines), 23 May 2006, www.visayandailystar.com/2006/May/23.
119 为了应对儿童的"道德败坏"迹象——这其中就包括实施犯罪行为, 法庭可以下令对儿童采取教育措施、保护措施以及治疗措施。在某些情况下, 这些措施意味着将在一段不确定的时间内剥夺儿童的人身自由权。除此外参见 Committee on the Rights of the Child, *Periodic Reports of States Parties Due in 1998*: Poland, CRC/C/70/Add.12, 6 Feb 2002, par. 360; and Stando-Kawecka, Barbara, The Juvenile Justice System in Poland, presented at the Conference of the European Society of Criminology, Amsterdam, 25—28 August, 2004.
120 Committee on the Rights of the Child, *Initial Reports of States Parties Due in 1997*: Qatar, crc/C/51/add.5, 11 Jan 2001, pars. 21 and 28. Penal Code article numbers not cited.
121 12 岁或者 12 岁以上的儿童, 如果被指控实施了刑事犯罪行为, 或者被认为很可能实施了犯罪行为, 并且不受父母管教的, 就会作为青少年保护案件来处理。这些儿童不会被判决在少年犯管教所里服刑——如同 14 岁或者 14 岁以上的儿童那样, 但他们可能面临保护性的处置措施, 包括被关押在儿童福利机构、未成年人保护机构以及少年犯教养所或者青少年教养院中。除此外参见 Republic of Korea, The Juvenile Protection Education Institution, www.jschool.go.kr/HP/JSC80/jsc_01/jsc_1020.jsp.
122 Committee on the rights of the Child, *Periodic Reports of States Parties Due in 1998*: Republic of Korea, crc/C/70/add.14, 26 Jun 2002, pars. 36 and 196.
123 欧洲安全与合作组织民主制度和人权办公室的非官方翻译, www.legislationline.org.

124 俄罗斯联邦 1999 年制定的关于"预防和打击青少年无家可归者和青少年犯罪"的法律，允许凭借司法判决或者法官的命令，将未达到最低刑龄的儿童关押的青少年罪犯在青少年犯罪暂时监禁中心，作为对"社会危险性行为"的回应措施。这种关押的期限虽然被限定为 30 天，但 1999 年的关押人数达 54 800 人，2000 年为 30 000 人，2001 年为 24 400 人。参见 Committee on the Rights of the Child, *Third Periodic Reports of States Parties Due in 2001*, Russian Federation, CRC/C/125/Add.5, 15 Nov 2004, par. 323; and Stoecker, Sally W., Homelessness and criminal exploitation of Russian minors: Realities, resources, and legal remedies, Demokratizatsiya, Spring 2001.

125 translation by www.russian-criminal-code.com.

126 Committee on the Rights of the Child, *Second Periodic Reports of States Parties Due in 1998*: Rwanda, crc/C/70/add.22, 8 oct 2003, par. 92.

127 Committee on the Rights of the Child, *Initial Reports of States Parties Due in 1992*: Saint Kitts and Nevis, crc/C/3/add.51, 5 May 1997, par. 16.

128 Prof. Hazel Thompson-Ahye, Eugene Dupuch Law School, Bahamas, correspondence with author, July 2005.

129 Committee on the Rights of the Child, *Initial Reports of States Parties Due in 1995*: Saint Vincent and the Grenadines, crc/C/28/add.18, 10 oct 2001, par. 34.

130 根据圣多美和普林西比共和国未成年人司法援助条例做的规定，不满 16 岁的儿童如果实施了被认为是犯罪的行为，只会被少年法庭下会采取保护性措施、援助性措施或者教育性措施。这些措施可能包括剥夺人身自由权，比如被关押在教育机构或者私立教育机构中。尽管这些措施在实践中似乎没有被适用。除此外参见 Committee on the Rights of the Child, *Initial Reports of States Parties Due in 1993*: Sao Tome and Principe, CRC/C/8/Add.49, 1 Dec 2003, pars.103, 107 and 109.

131 Committee on the Rights of the Child, *Initial Reports of States Parties Due in 1993*: Sao Tome and Principe, CRC/C/8/Add.49, 1 Dec 2003, pars.103 and 111.

132 对于包括通奸、叛教、世俗堕落、贩毒、蓄意破坏、(政治上的)叛乱、持械抢劫期间杀人、谋杀和过失杀人在内的犯罪，以反对于允许法院可以自由裁量施以处罚的广泛类别范围内的行为，已经进入青春期的儿童可能面临死刑。此外，法官可以在审讯或者量刑的时候考虑青春期的生理特性，而不会考虑行为人在实施被指控罪行时的年龄，而且法官任意对哪些生理特性进行评定这一问题上，可以行使重要的自由裁量权。Human Rights Watch, Adults before Their Time: Children in Saudi Arabia's Criminal Justice System, New York, 2008.

133 至少直到最近几年，除可处死刑的犯罪外，需对犯罪承担刑事责任的年龄是 7 岁。关于有意或者批准将最低刑龄提高至 12 岁的政府声明和政策，在很大程度上是不一致的，而且无论发生何种情况，这只可能适用于男童。Human Rights Watch, Adults before Their Time: Children in Saudi Arabia's Criminal Justice System, New York, 2008. Committee on the Rights of the Child, *Initial Reports of States Parties Due in 1998*: Saudi Arabia, CRC/C/61/Add.2, 29 Mar 2000, par.55.

134 由欧洲安全与合作组织驻塞尔维亚和黑山特派团翻译，网址：www.legislationline.org.

135 2002 年 9 月塞舌尔全国儿童委员会与作者的通信。

136 Committee on the Rights of the Child, *Second Periodic Reports of States Parties Due in 1999*: Slovakia, crc/C/svk/2, 21 sept 2006, pars. 49—50.

137 虽然斯洛文尼亚名义上规定的最低刑龄是 14 岁，但被称为"社会工作中心"的福利机关有权将更低年龄的儿童关押在青少年机构里，这些青少年机构大体上相当于在刑事案件中关押更大年龄儿童的教育性机构。参见 Filipcic, Katja, Slovenia: Dealing with Juvenile Delinquents in Slovenia,75 International Review of Penal Law (Revue de droit pénal) 493, 2004.

138 参见 Filipcic, Katja, "slovenia: dealing with Juvenile delinquents in slovenia," 75 International Review of Penal Law (Revue internationale de droit penal) 493, 2004,at 498.

139 所罗门群岛表明，该国《刑法典》第 14 节设定的最低刑龄是 8 岁。然而，《青少年罪犯法令》对于拘留那些实施了犯罪行为的儿童——由此产生的结果是，这些儿童的人身自由权被剥夺——并没有设定任何更低的年龄下限。Committee on the Rights of the Child, *Initial Reports of States Parties Due in 1997*: Solomon Islands, CRC/C/51/Add.6, 12 Jul 2002.

140 索马里那些相互重叠的习惯法（或者说传统法），伊斯兰法以及法典化的刑事法律中虽然都包含有相关的标准，但却不存在实际有效的最低刑龄。在习惯法（或者说传统法）中，最低刑龄被理解为 15 岁。伊斯兰法授予法官就不满 15 岁的少年犯的实际有效的危险性程度进行决定的权力，并且可以下令将这些儿童关押在少年犯拘管教所中，期限最长可以达

附件二 全球各国最低刑事责任年龄的规定及其法定渊源 429

三个月。根据《索马里刑法典》的规定,第 59 条名义上将最低刑龄设定为 14 岁,但第 177 条详细规定了儿种情况,在这儿种情况下,法官可以下令将实施了犯罪行为的更年幼的儿童关押在少年犯教养所中,期限可达 2 年甚至更长。UNICEF Somalia, Juvenile Justice in Post-Conflict Situations: Somalia,unpublished draft presented at the conference Juvenile Justice in Post-Conflict Situations, UNICEF Innocenti Research Centre, Florence, May 2001.

141 Milton, J.r.l., s.e. Van der Merwe, and d. Van Zyl Smit, Republic of South Africa," 1994, in Fijnaut, Cyrillus, and Frank Verbruggen, eds, "Criminal Law, in Blanpain, Roger, ed., International Encyclopaedia of Laws, the Hague, Kluwer law international, 2004.

142 日不管苏丹提出的各种主张如何,《苏丹刑法典》第 3 条和第 9 条仅仅在名义上将刑事责任限定为 15 岁的儿童或者已经进入青春期的更大的儿童,以反 18 岁或 18 岁以上的成年人。第 47 条允许法院下令实施了犯罪行为的 7 岁以上的儿童关押在矫正机构中,期限为 2 到 5 年,而且,对于贩运或消费酒精或者毒品以及婚外性行为在内的犯罪,根本不存在最低年龄下限。此外,在某些情况下,对于实施了谋杀、hadd 犯罪,或者属于 qasas 犯罪的 7 到 18 岁之间的儿童,第 27(2)条允许判处死刑。参见 Committee on the Rights of the Child, Initial Reports of States Parties Due in 1992: Sudan, CRC/C/3/Add.3,16 Dec 1992, par.33. Committee on the Rights of the Child, Periodic Reports of States Parties Due in 1997: Sudan, CRC/C/65/Add.17, 6 Dec 2001, pars. 40—41, 52 and 347.

143 Committee on the Rights of the Child, Initial Reports of States Parties Due in 1995: Suriname, crc/C/28/add.11, 23 sept 1998, par. 456.

144 Committee on the Rights of the Child, Initial Report of States Parties Due in 1997: Swaziland, crc/C/swz/1, 16 feb 2006, par. 18.

145 Human Rights Committee, Consideration of Reports Submitted by States Parties under Article 40 of the Covenant, Third Periodic Report: Syria, ccpr/C/syr/2004/3, 19 oct 2004, pars. 126, 250—251 and 384.

146 根据 1995 年 2 月 23 日颁布的 "塔吉克斯坦总统第 178 号令"(即《未成年人委员会条例》)的规定,行政管理委员会负责对不满 14 岁的儿童涉嫌实施犯罪行为的案件进行审理。在这方面,行政管理委员会会受命审理的案件根本不存在最低年龄下限,而且该委员会可以对仅 7 岁的儿童实施以包括剥夺人身自由在内的处罚。有迹象表明,只要

147 违反了《未成年人委员会条例》，甚至更年幼的儿童也可能被剥夺人身自由权。例如参见 World Organisation against Torture, Human Rights Violations in Tajikistan: Alternative Report to the UN Committee Against Torture 37th Session, Geneva, 2006.

148 欧洲安全与合作组织民主制度和人权办公室的非官方翻译，www.legislationline.org.

Committee on the Rights of the Child, *Initial Reports of States Parties Due in 1994*: Thailand, crc/C/11/add.13, 30 sept 1996, par. 82.

149 欧洲安全与合作组织民主制度和人权办公室翻译，www.legislationline.org.

150 Committee on the Rights of the Child, *Second Periodic Reports of States Parties Due in 1999*: Trinidad and Tobago, crc/C/83/add.12, 15 nov 2004, pars. 248–250.

151 根据《土耳其刑法典》的规定，不满 12 岁的儿童——12 至 15 岁之间的儿童亦是如此，被认为不具有理解其犯罪行为之法律意义及法律后果的能力，或者缺乏对自己的行为进行控制的能力——可能被采取安全措施或者预防措施。此外，根据 2005 年《未成年人保护法》的规定，那些触犯法律但被认为不负刑事责任的儿童，都可能面临"保护性措施和支持性措施"，这些措施中就包括剥夺人身自由权，被关押在教育机构以及私立照看机构中。这些措施的应用根本不存在更低的年龄下限，关押的期限可以直至儿童年满 18 岁之后，而且，法官在下令采取这些措施之前不需要举行听证会。除此以外参见 Arts. 3(1)(a)(2), 5(1)(b–c), 7(6), 11(1) and 13(1).

152 欧洲安全与合作组织民主制度和人权办公室的非官方翻译，www.legislationline.org.

153 Committee on the Rights of the Child, *Initial Reports of States Parties Due in 1995*: Turkmenistan, crc/C/tkm/1, 5 dec 2005, pars. 54 and 194.

154 Foundation for human rights initiative, The Human Rights Reporter 1998, Kampala, 1999, note 59.

155 《乌克兰刑法典》第十五章关于"未成年人刑事责任及处罚的具体特征"的规定，该章对实际有效的最低刑龄提出了质疑。刑法典第 97（2）条规定："任何人达到刑事责任年龄之前……如果其实施了具有社会危险性的行为……法庭同样可以对其适用强制性的改造措施。"这些措施包括"将未成年人关押在为儿童和青少年特设的教育机构和矫正机构中，直到被关押的未成年人得到充分矫正，但有关押期限不能超过 3 年"（第 105（2）条）。由欧洲安

附件二 全球各国最低刑事责任年龄的规定及其法定渊源 431

156 由欧洲安全与合作组织的民主制度和人权办公室翻译，网址：www.legislationline.org.
157 Committee on the Rights of the Child, *Initial Reports of States Parties Due in 1999*: United Arab Emirates, crc/C/78/add.2, 24 oct 2001, par. 97.
158 根西岛辖区、泽西岛辖区和直布罗陀辖区的规定未列出。参见 UK Government, The Consolidated 3rd and 4th Periodic Report to UN Committee on the Rights of the Child: United Kingdom Overseas Territories and Crown Dependencies: Summary Reports, crc/C/gbr/4, July 2007, pars. 8, 17, 247(a), 299, 333(a—b), 390(a—b), 426 (a—b), and 459(c). Committee on the Rights of the Child, *Initial Reports of States Parties Due in 1996*: Overseas Dependent Territories and Crown Dependencies of the United Kingdom of Great Britain and Northern Ireland, crc/C/41/add.7, 22 feb 2000, pars. 62(a) and 136(a). Committee on the rights of the Child., *Initial Reports of States Parties Due in 1996*: Overseas Dependent Territories and Crown Dependencies of the United Kingdom of Great Britain and Northern Ireland, crc/C/41/add.9, 29 May 2000, pars. 26 and 146. 英属维尔京群岛推定 12 岁以下的男孩不具备"性交能力"。
159 Mashamba, J. Clement, Basic Elements and Principles to be Incorporated in New Children Statute in Tanzania, national network of organisations Working with Children in Tanzania, Dar Es Salaam, 2003.
160 Committee on the Rights of the Child, *Initial Reports of States Parties Due in 1993*: United Republic of Tanzania, crc/C/8/add.14/rev.1, 25 sept 2000, par. 96.
161 美国的青少年司法主要是各州自己的法律进行监督和管理。美国各州还有各自的缩写如下：阿拉巴马州 -AL，阿拉斯加州 -AK，亚利桑那州 -AZ，阿肯色州 -AR，加利福尼亚州 -CA，科罗拉多州 -CO，康涅狄格州 -CT，特拉华州 -DE，哥伦比亚特区 -DC，佛罗里达州 -FL，乔治亚州 -GA，夏威夷州 -HI，爱达荷州 -ID，伊利诺斯州 -IL，印第安纳州 -IN，爱荷华州 -IA，堪萨斯州 -KS，肯塔基州 -KY，路易斯安那州 -LA，缅因州 -ME，马里兰州 -MD，马萨诸塞州 -MA，密歇根州 -MI，明尼苏达州 -MN，密西西比州 -MS，密苏里州 -MO，蒙大拿州 -MT，内布拉斯加州 -NE，内华达州 -NV，新罕布什尔州 -NH，新泽西州 -NJ，新墨西哥州 -NM，纽约州 -NY，北卡罗来纳州 -NC，北达科塔州 -ND，俄亥俄州 -OH，俄克拉荷马州 -OK，俄勒冈州 -OR，宾夕法尼亚州-PA、罗德岛州-RI、南卡罗来纳州-SC、南达科塔州-SD、田纳西州-TN、德克萨斯州-TX、犹他州-UT、佛蒙特州-VT、弗吉尼亚州-VA、华盛顿州-WA、西弗吉尼亚州-WV、威斯康星州-WI、怀俄明州-WY。

162 正如两个青少年性侵犯案件中例证说明的那样,新泽西州法律体系可论证地支持普通法中的无犯罪能力限定在少年法庭犯罪诉讼程序中的适用(参见 State of New Jersey in the Interest of J.P.F., 845 A.2d 173 (2004); In the Matter of Registrant J.G., 777 A.2d 891 (2001); and Carter, Andrew M., Age Matters: The Case for a Constitutionalized Infancy Defense, 54 Kansas Law Review 687, 2006)。然而,这两个案件的判决都没有试图援引《刑事司法法典》中性侵犯一章的内容,将这种适用性写下述条款进行调和,即"根据本章规定,行为人不能因为年龄原因而被限定不具有实施某一犯罪的能力……"(New Jersey Statutes § 2C:14—5(b))。在另一起青少年性侵犯案件中,一个较低层级的法院将这个条款解释为"成文法对古老的普通法三层结构规则的明确否定。"(State of New Jersey in the Interest of C.P. & R.D. 514 A.2d 850, 854 (1986))。

163 在成文法和/或者判例法中,这些州要么对于在少年法庭诉讼程序中审判的儿童行为不良者没有规定最低年龄,要么对于原来的成人刑事庭辖司法管辖权政府对于审判儿童行为不良者,没有规定最低年龄下限;联邦法律法律执法官员每年逮捕大约 400 名儿童,美国联邦政府对于审判儿童行为不良者,没有在行审理。"其他州"包括阿拉巴马州、阿拉斯加州、康涅狄格州、哥伦比亚特区、特拉华州、佛罗里达州、乔治亚州、夏威夷州、爱达荷州、伊利诺斯州、印第安纳州、爱荷华州、肯塔基州、缅因州、密歇根州、密苏里州、蒙大拿州、内布拉斯加州、内华达州、新罕布什尔州、新墨西哥州、北达科塔州、俄亥俄州、俄克拉荷马州、俄勒冈州、罗德岛州、南卡罗来纳州、田纳西州、犹他州、弗吉尼亚州、西弗吉尼亚州以及怀俄明州。除此外参见 King, Melanie, and Linda Szymanski, National Overviews,State Juvenile Justice Profiles, Pittsburgh, National Center for Juvenile Justice, 2006, www.ncjj.org/stateprofiles; and Snyder, Howard N., and Melissa Sickmund, Juvenile Offenders and Victims: 2006 National Report, Washington, United States Department of Justice, Office of Juvenile Justice and delinquency prevention, 2006.

164 这个表格记录了两个州——加利福尼亚州和华盛顿州——在这两个州的少年犯诉讼程序中,某些类型的无犯罪能力测试目前是可适用的。其他大约 20 个州中的判例州法,仅仅在成人刑事法庭中支持普通法无犯罪能力规定的适

附件二 全球各国最低刑事责任年龄的规定及其法定渊源　　433

165 用，同时并不必然禁止未成年人犯罪特别诉讼程序在少年法庭中的适用。虽然从理论上来说，这些条款适用于成人法庭中的所有相关的儿童，但无犯罪能力限定通常都是废而不用，而目各个州的判例法通常都是过时的。参见Carter, Andrew M., Age Matters: The Case for a Constitutionalized Infancy Defense, 54 Kansas Law Review 687, 2006; Thomas, Tim A., Annotation: Defense of Infancy in Juvenile Delinquency Proceedings, 83 ALR4th 1135, 1991 and August 2002 Supplement; and King et al., King, Melanie, and Linda Szymanski, "National Overviews".
乌兹别克斯坦各地区和各市的未成年人事务委员会对于处理不满13岁的触犯法律的儿童问题负有主要职责，并且受检察官监督。委员会可以将这些儿童送还家长监管，也可以把这些儿童送到儿童机构，期限至少为3年。参见Danish Centre for Human Rights and UNICEF, Juvenile Justice in Uzbekistan: Assessment 2000, Copenhagen, 2001; and World Organisation Against Torture, Rights of the Child in Uzbekistan, Geneva, 2006.

166 欧洲安全与合作组织民主制度和人权办公室的翻译，网址：www.legislationline.org.

167 根据1997年颁布的第33/CP号《政府法令》第1条和2002年制定的《行政违法行为制裁条例》第5(1)(a)条规定的行政管理程序，12岁以上的儿童如果实施了《越南刑法典》规定的违法行为，将会被关押在少年犯管教所，期限为6个月至2年。参见Human Rights Watch, "Children of the Dust": Abuse of Hanoi Street Children in Detention, New York, 2006; and Committee on the Rights of the Child, Periodic Reports of States Parties Due in 1997: Viet Nam, CRC/C/65/Add.20, 5 Jul 2002, pars. 114(b) and 232(a).

168 由越南一法国法律之家翻译，www.maisondudroit.org.

169 Committee on the Rights of the Child, Second Periodic Reports of States Parties Due in 1998: Yemen, crc/C/70/add.1, 23 Jul 1998, par. 6.

170 Geltoe, Geoffrey, Zimbabwe,2000, in Fijnaut, Cyrillus, and Frankk Verbruggen, eds, "Criminal Law," in Blanpain, Roger, ed., International Encyclopaedia of Laws, the Hague, Kluwer law international, 2004.12岁以下的男孩被无可辩驳地推定为无性交能力，并且不能作为主犯作有强奸罪或乱伦罪。

图书在版编目(CIP)数据

儿童权利和最低刑事责任年龄 : 基于全球视野的考察 /(意)唐·西普里亚尼著 ; 姜敏译. -- 上海 : 上海三联书店, 2024.12. -- ISBN 978-7-5426-8792-0
Ⅰ. D914.104
中国国家版本馆 CIP 数据核字第 2024UB8388 号

著作权合同登记图号：09-2024-0899
Authorised translation from the English language edition published by Routledge, a member of the Taylor & Francis Group.
All Rights Reserved.

儿童权利和最低刑事责任年龄——基于全球视野的考察

著　者 /[意]唐·西普里亚尼
译　者 / 姜　敏

责任编辑 / 郑秀艳
装帧设计 / 一本好书
监　制 / 姚　军
责任校对 / 王凌霄

出版发行 / 上海三联书店
　　　　　(200041)中国上海市静安区威海路 755 号 30 楼
邮　箱 / sdxsanlian@sina.com
联系电话 / 编辑部：021-22895517
　　　　　发行部：021-22895559
印　刷 / 上海展强印刷有限公司

版　次 / 2024 年 12 月第 1 版
印　次 / 2024 年 12 月第 1 次印刷
开　本 / 890 mm × 1240 mm　1/32
字　数 / 240 千字
印　张 / 14.25
书　号 / ISBN 978-7-5426-8792-0/D·667
定　价 / 78.00 元

敬启读者，如发现本书有印装质量问题，请与印刷厂联系 021-66366565